창세기 1·2·3장 꼼꼼히 읽기

창세기 1·2·3장 꼼꼼히 읽기

2019년 3월 15일 초 판 1쇄 인쇄
2019년 3월 20일 초 판 1쇄 발행

저 자 • 김 인 철
발행인 • 조 경 혜
발행처 • 도서출판 그리심
07030 서울시 동작구 사당로2길 72 인정 인정 B동 (B01)

등록번호 • 제 7-258호(1998. 4. 23)
출 판 사 • 전화 523-7589 팩스 523-7590
홈페이지 • http://grisim.biz
전자우편 • grisimcho@hanmail.net

값: 표지 뒷면에

ISBN 978-89-5799-421-4 93230

1급 2급 1급 2급

1:1 WTT בְּרֵאשִׁ֖ית בָּרָ֣א אֱלֹהִ֑ים אֵ֥ת הַשָּׁמַ֖יִם וְאֵ֥ת הָאָֽרֶץ׃

하아레쯔 뵈에트 하샤마임 에트 엘로힘 바라 베레쉬트

2급 1급 2급 2급 3급 3급

2 וְהָאָ֗רֶץ הָיְתָ֥ה תֹ֙הוּ֙ וָבֹ֔הוּ וְחֹ֖שֶׁךְ עַל־פְּנֵ֣י תְה֑וֹם וְר֣וּחַ אֱלֹהִ֔ים

엘로힘 뵈루아흐 테홈 프네이-알 뵈호셰크 바보후 토후 하이타 뵈하아레쯔

1급 2급

מְרַחֶ֖פֶת עַל־פְּנֵ֥י הַמָּֽיִם׃

하마임 알프네이 메라헤페트

1급 1급 2급

3 וַיֹּ֥אמֶר אֱלֹהִ֖ים יְהִ֣י א֑וֹר וַֽיְהִי־אֽוֹר׃

오르 봐예히 오르 예히 엘로힘 봐요메르

2급 2급 1급 2급 3급

4 וַיַּ֧רְא אֱלֹהִ֛ים אֶת־הָא֖וֹר כִּי־ט֑וֹב וַיַּבְדֵּ֣ל אֱלֹהִ֔ים בֵּ֥ין הָא֖וֹר וּבֵ֥ין

우베인 하오르 베인 엘로힘 봐야브델 키 토브 에트 하오르 엘로힘 봐야르

1급

הַחֹֽשֶׁךְ׃

하호셰흐

1급 2급 2급 3급

5 וַיִּקְרָ֨א אֱלֹהִ֤ים ׀ לָאוֹר֙ י֔וֹם וְלַחֹ֖שֶׁךְ קָ֣רָא לָ֑יְלָה וַֽיְהִי־עֶ֥רֶב

에레브-봐예히 라일라 카라 빌라호셰흐 욤 라오르 엘로힘 봐이크라

1급 2급

וַֽיְהִי־בֹ֖קֶר י֥וֹם אֶחָֽד׃ פ

에하드 욤 보케르 봐예히

2급 2급 1급 2급 2급

6 וַיֹּ֣אמֶר אֱלֹהִ֔ים יְהִ֥י רָקִ֖יעַ בְּת֣וֹךְ הַמָּ֑יִם וִיהִ֣י מַבְדִּ֔יל בֵּ֥ין מַ֖יִם

마임 베인 마브딜 뷔히 하마임 베토흐 라키아 예히 엘로힘 봐요메르

1급

לָמָֽיִם׃

라마임

7 וַיַּעַשׂ אֱלֹהִים֮ אֶת־הָרָקִיעַ֒ וַיַּבְדֵּל בֵּין הַמַּיִם אֲשֶׁר מִתַּחַת לָרָקִיעַ

2급 3급 2급 3급 2급 3급

라라키아 미타하트 아쉐르 하마임 베인 봐야브델 에트-하라키아 엘로힘 봐야아쓰

וּבֵין הַמַּיִם אֲשֶׁר מֵעַל לָרָקִיעַ וַיְהִי־כֵן׃

1급 1급 2급 2급

헨 - 봐예히 라라키아 메알 아쉐르 하마임 우베인

8 וַיִּקְרָא אֱלֹהִים לָרָקִיעַ שָׁמָיִם וַיְהִי־עֶרֶב וַיְהִי־בֹקֶר יוֹם שֵׁנִי׃ פ

1급 2급 1급 2급 3급

셰니 욤 보케르-봐예히 에레브-봐예히 샤마임 라라키아 엘로힘 봐이크라

9 וַיֹּאמֶר אֱלֹהִים יִקָּווּ הַמַּיִם מִתַּחַת הַשָּׁמַיִם אֶל־מָקוֹם אֶחָד

2급 3급 4급 3급

에하드 엘-마콤 하샤마임 미타하트 하마임 이카부 엘로힘 봐요메르

וְתֵרָאֶה הַיַּבָּשָׁה וַיְהִי־כֵן׃

1급 1급 2급

봐예히-헨 하야바샤 뵈테라에

10 וַיִּקְרָא אֱלֹהִים ׀ לַיַּבָּשָׁה אֶרֶץ וּלְמִקְוֵה הַמַּיִם קָרָא יַמִּים וַיַּרְא

1급 2급 2급 3급 1급

봐야르 야밈 카라 하마임 울미크베 에레쯔 라야바샤 엘로힘 봐이크라

אֱלֹהִים כִּי־טוֹב׃

1급 2급

키-토브 엘로힘

11 וַיֹּאמֶר אֱלֹהִים תַּדְשֵׁא הָאָרֶץ דֶּשֶׁא עֵשֶׂב מַזְרִיעַ זֶרַע עֵץ פְּרִי

4급 2급 3급 2급 3급 3급

프리 에쯔 제라 마즈리아 에쎄브 데셰 하아레쯔 타드셰 엘로힘 봐요메르

עֹשֶׂה פְּרִי לְמִינוֹ אֲשֶׁר זַרְעוֹ־בוֹ עַל־הָאָרֶץ וַיְהִי־כֵן׃

1급 1급 2급 2급 3급 3급

헨 봐예히 하아레쯔 알 보 자르오 아쉐르 레미노 프리 오쎄

12 וַתּוֹצֵא הָאָרֶץ דֶּשֶׁא עֵשֶׂב מַזְרִיעַ זֶרַע לְמִינֵהוּ וְעֵץ עֹשֶׂה־פְּרִי

3급 2급 3급 4급 4급

프리 봐토쩨 뵈에쯔 레미네후 제라 마즈리아 에쎄브 데셰 하아레쯔 봐토쩨

אֲשֶׁר זַרְעוֹ־בוֹ לְמִינֵהוּ וַיַּרְא אֱלֹהִים כִּי־טוֹב׃

1급 2급 1급 2급

키-토브 엘로힘 봐야르 레미네후 보-자르오 아쉐르

1급 2급
13 וַֽיְהִי־עֶ֥רֶב וַֽיְהִי־בֹ֖קֶר י֥וֹם שְׁלִישִֽׁי׃ פ
슐리쉬 욤 보케르 봐예히 에레브 봐예히

2급 2급 2급 3급 3급
14 וַיֹּ֣אמֶר אֱלֹהִ֗ים יְהִ֤י מְאֹרֹת֙ בִּרְקִ֣יעַ הַשָּׁמַ֔יִם לְהַבְדִּ֕יל בֵּ֥ין הַיּ֖וֹם
하욤 베인 레하브딜 하샤마임 비르키아 메오로트 예히 엘로힘 봐요메르

1급 2급 2급 3급 1급
וּבֵ֣ין הַלָּ֑יְלָה וְהָי֤וּ לְאֹתֹת֙ וּלְמ֣וֹעֲדִ֔ים וּלְיָמִ֖ים וְשָׁנִֽים׃
뵈샤님 울야밈 울모아딤 레오토트 뵈하유 할라일라 우베인

1급 1급 2급 2급 3급
15 וְהָי֤וּ לִמְאוֹרֹת֙ בִּרְקִ֣יעַ הַשָּׁמַ֔יִם לְהָאִ֖יר עַל־הָאָ֑רֶץ וַֽיְהִי־כֵֽן׃
헨 - 봐예히 하아레쯔 - 알 레하이르 하샤마임 비르키아 레메오로트 뵈하유

3급 1급 2급 2급
16 וַיַּ֣עַשׂ אֱלֹהִ֔ים אֶת־שְׁנֵ֥י הַמְּאֹרֹ֖ת הַגְּדֹלִ֑ים אֶת־הַמָּא֤וֹר הַגָּדֹל֙
하가돌 하마오르-에트 하그돌림 하메오로트 슈네이-에트 엘로힘 봐야쓰

2급 2급 3급 2급
לְמֶמְשֶׁ֣לֶת הַיּ֔וֹם וְאֶת־הַמָּא֤וֹר הַקָּטֹן֙ לְמֶמְשֶׁ֣לֶת הַלַּ֔יְלָה וְאֵ֖ת
뵈에트 할라일라 레멤쉘레트 하카톤 하마오르-뵈에트 하욤 레멤쉘레트

1급
הַכּוֹכָבִֽים׃
하코하빔

1급 2급 1급 2급 3급
17 וַיִּתֵּ֥ן אֹתָ֛ם אֱלֹהִ֖ים בִּרְקִ֣יעַ הַשָּׁמָ֑יִם לְהָאִ֖יר עַל־הָאָֽרֶץ׃
하아레쯔-알 레하이르 하샤마임 비르키아 엘로힘 오탐 봐이텐

1급 2급 2급 2급 3급
18 וְלִמְשֹׁל֙ בַּיּ֣וֹם וּבַלַּ֔יְלָה וּֽלֲהַבְדִּ֔יל בֵּ֥ין הָא֖וֹר וּבֵ֣ין הַחֹ֑שֶׁךְ וַיַּ֥רְא
봐야르 하호셰흐 우베인 하오르 베인 울라하브딜 우발라일라 바욤 뵐림숄

1급 2급
אֱלֹהִ֖ים כִּי־טֽוֹב׃
토브-키 엘로힘

1급 2급
19 וַֽיְהִי־עֶ֥רֶב וַֽיְהִי־בֹ֖קֶר י֥וֹם רְבִיעִֽי׃ פ
르비이 욤 보케르-봐예히 에레브-봐예히

3급 1급 2급 2급 2급

20 וַיֹּאמֶר אֱלֹהִים יִשְׁרְצוּ הַמַּיִם שֶׁרֶץ נֶפֶשׁ חַיָּה וְעוֹף יְעוֹפֵף

예오페프 뵈오프 하야 네페쉬 셰레쯔 하마임 이슈레쭈 엘로힘 봐요메르

1급 2급 2급

עַל־הָאָרֶץ עַל־פְּנֵי רְקִיעַ הַשָּׁמָיִם׃

하샤마임 르키아 알프네이 알-하아레쯔

4급 1급 2급 2급

21 וַיִּבְרָא אֱלֹהִים אֶת־הַתַּנִּינִם הַגְּדֹלִים וְאֵת כָּל־נֶפֶשׁ הַחַיָּה ׀

하하야 콜-네페쉬 뵈에트 하그돌림 하타니님-에트 엘로힘 봐이브라

2급 3급 3급 3급 4급 4급

הָרֹמֶשֶׂת אֲשֶׁר שָׁרְצוּ הַמַּיִם לְמִינֵהֶם וְאֵת כָּל־עוֹף כָּנָף לְמִינֵהוּ

레미네후 카나프 콜 -오프 뵈에트 레미네헴 하마임 샤르쭈 아쉐르 로메쎄트

1급 2급

וַיַּרְא אֱלֹהִים כִּי־טוֹב׃

토브 키 엘로힘 봐야르

2급 3급 3급 1급 2급 3급

22 וַיְבָרֶךְ אֹתָם אֱלֹהִים לֵאמֹר פְּרוּ וּרְבוּ וּמִלְאוּ אֶת־הַמַּיִם בַּיַּמִּים

바야밈 에트-하마임 우밀우 우르부 프루 레에모르 엘로힘 오탐 봐예바레흐

1급 2급

וְהָעוֹף יִרֶב בָּאָרֶץ׃

바아레쯔 이레브 뵈하오프

1급 2급

23 וַיְהִי־עֶרֶב וַיְהִי־בֹקֶר יוֹם חֲמִישִׁי׃ פ

하미쉬 욤 보케르 - 봐예히 에레브 - 봐예히

3급 2급 3급 4급 3급

24 וַיֹּאמֶר אֱלֹהִים תּוֹצֵא הָאָרֶץ נֶפֶשׁ חַיָּה לְמִינָהּ בְּהֵמָה וָרֶמֶשׂ

봐레메쓰 베헤마 레미나 하야 네페쉬 하아레쯔 토쩨 엘로힘 봐요메르

1급 1급 2급

וְחַיְתוֹ־אֶרֶץ לְמִינָהּ וַיְהִי־כֵן׃

헨 - 봐예히 레미나 에레쯔 뵈하예토

3급 2급 3급 3급 4급

25 וַיַּעַשׂ אֱלֹהִים אֶת־חַיַּת הָאָרֶץ לְמִינָהּ וְאֶת־הַבְּהֵמָה לְמִינָהּ וְאֵת

뵈에트 레미나 하베헤마 - 뵈에트 레미나 하아레쯔 하야트 - 에트 엘로힘 봐야아쓰

כָּל־רֶ֥מֶשׂ הָֽאֲדָמָ֖ה לְמִינֵ֑הוּ וַיַּ֥רְא אֱלֹהִ֖ים כִּי־טֽוֹב׃
토브 - 키 엘로힘 봐야르 레미네후 하아다마 레메쓰 - 콜

26 וַיֹּ֣אמֶר אֱלֹהִ֔ים נַֽעֲשֶׂ֥ה אָדָ֛ם בְּצַלְמֵ֖נוּ כִּדְמוּתֵ֑נוּ וְיִרְדּוּ֩ בִדְגַ֨ת הַיָּ֜ם
하얌 비드가트 뵈이르두 키드무테누 베짤메누 아담 나아쎄 엘로힘 봐요메르

וּבְע֣וֹף הַשָּׁמַ֗יִם וּבַבְּהֵמָה֙ וּבְכָל־הָאָ֔רֶץ וּבְכָל־הָרֶ֖מֶשׂ הָֽרֹמֵ֥שׂ
하로메쓰 하레메쓰 - 우베콜 하아레쯔 - 우베콜 우바베헤마 하샤마임 우베오프

עַל־הָאָֽרֶץ׃
하아레쯔 - 알

27 וַיִּבְרָ֨א אֱלֹהִ֤ים ׀ אֶת־הָֽאָדָם֙ בְּצַלְמ֔וֹ בְּצֶ֥לֶם אֱלֹהִ֖ים בָּרָ֣א אֹת֑וֹ
오토 바라 엘로힘 베쩰렘 베짤모 하아담 - 에트 엘로힘 봐이브라

זָכָ֥ר וּנְקֵבָ֖ה בָּרָ֥א אֹתָֽם׃
오탐 바라 우네케바 자카르

28 וַיְבָ֣רֶךְ אֹתָם֮ אֱלֹהִים֒ וַיֹּ֨אמֶר לָהֶ֜ם אֱלֹהִ֗ים פְּר֥וּ וּרְב֛וּ וּמִלְא֥וּ
우밀우 우르부 프루 엘로힘 라헴 봐요메르 엘로힘 오탐 봐예바레흐

אֶת־הָאָ֖רֶץ וְכִבְשֻׁ֑הָ וּרְד֞וּ בִּדְגַ֤ת הַיָּם֙ וּבְע֣וֹף הַשָּׁמַ֔יִם וּבְכָל־חַיָּ֖ה
하야 - 우베콜 하샤마임 우베오프 하얌 비드가트 우르두 뵈키브슈하 하아레쯔 - 에트

הָֽרֹמֶ֥שֶׂת עַל־הָאָֽרֶץ׃
하아레쯔 - 알 하로메쎄트

29 וַיֹּ֣אמֶר אֱלֹהִ֗ים הִנֵּה֩ נָתַ֨תִּי לָכֶ֜ם אֶת־כָּל־עֵ֣שֶׂב ׀ זֹרֵ֣עַ זֶ֗רַע אֲשֶׁר֙
아쉐르 제라 조레아 에쎄브 - 콜 - 에트 라헴 나타티 히네 엘로힘 봐요메르

עַל־פְּנֵ֣י כָל־הָאָ֔רֶץ וְאֶת־כָּל־הָעֵ֛ץ אֲשֶׁר־בּ֥וֹ פְרִי־עֵ֖ץ זֹרֵ֣עַ זָ֑רַע לָכֶ֥ם
라헴 자라 조레아 에쯔 - 프리 보 -아쉐르 에쯔 - 콜 - 뵈에트 하아레쯔 - 콜 프네이 - 알

יִהְיֶ֖ה לְאָכְלָֽה׃
레오흘라 이흐예

3급 4급 4급 4급

30 וּֽלְכָל־חַיַּ֣ת הָ֠אָרֶץ וּלְכָל־ע֨וֹף הַשָּׁמַ֜יִם וּלְכֹ֣ל ׀ רוֹמֵ֣שׂ עַל־הָאָ֗רֶץ

하아레쯔 - 알 로메쓰 울레콜 하샤마임 오프 - 울레콜 하아레쯔 하야트 - 울레콜

1급 1급 2급 2급 3급

אֲשֶׁר־בּוֹ֙ נֶ֣פֶשׁ חַיָּ֔ה אֶת־כָּל־יֶ֥רֶק עֵ֖שֶׂב לְאָכְלָ֑ה וַֽיְהִי־כֵֽן׃

헨 - 봐예히 레오흘라 에쎄브 콜 - 예레크 - 에트 하야 네페쉬 보 - 아쉐르

1급 2급 2급 3급

31 וַיַּ֤רְא אֱלֹהִים֙ אֶת־כָּל־אֲשֶׁ֣ר עָשָׂ֔ה וְהִנֵּה־ט֖וֹב מְאֹ֑ד וַֽיְהִי־עֶ֥רֶב

에레브 - 봐예히 메오드 토브 - 붸히네 아싸 아쉐르 - 콜 - 에트 엘로힘 봐야르

1급 2급

וַֽיְהִי־בֹ֖קֶר י֥וֹם הַשִּׁשִּֽׁי׃ פ

쉬쉬 욤 보케르-봐예히

1급 2급 3급

WTT 2:1 וַיְכֻלּ֛וּ הַשָּׁמַ֥יִם וְהָאָ֖רֶץ וְכָל־צְבָאָֽם׃

쯔바암 - 붸콜 붸하아레쯔 하샤마임 봐예훌루

3급 1급 2급 2급 3급

2 וַיְכַ֤ל אֱלֹהִים֙ בַּיּ֣וֹם הַשְּׁבִיעִ֔י מְלַאכְתּ֖וֹ אֲשֶׁ֣ר עָשָׂ֑ה וַיִּשְׁבֹּת֙ בַּיּ֣וֹם

바욤 봐이쉬보트 아싸 아쉐르 멜라흐토 하슈비이 바욤 엘로힘 봐예할

1급 2급 2급

הַשְּׁבִיעִ֔י מִכָּל־מְלַאכְתּ֖וֹ אֲשֶׁ֥ר עָשָֽׂה׃

아싸 아쉐르 멜라흐토 - 미콜 하슈비이

3급 1급 2급 2급 3급

3 וַיְבָ֤רֶךְ אֱלֹהִים֙ אֶת־י֣וֹם הַשְּׁבִיעִ֔י וַיְקַדֵּ֖שׁ אֹת֑וֹ כִּ֣י ב֤וֹ שָׁבַת֙

샤바트 보 키 오토 봐예카데쉬 하슈비이 욤 -에트 엘로힘 봐예바레흐

1급 2급 2급

מִכָּל־מְלַאכְתּ֔וֹ אֲשֶׁר־בָּרָ֥א אֱלֹהִ֖ים לַעֲשֽׂוֹת׃ פ

라아쏘트 엘로힘 바라 - 아쉐르 멜라흐토 - 미콜

3급 3급 1급 2급 3급

4 אֵ֣לֶּה תוֹלְד֧וֹת הַשָּׁמַ֛יִם וְהָאָ֖רֶץ בְּהִבָּֽרְאָ֑ם בְּי֗וֹם עֲשׂ֛וֹת יְהוָ֥ה

아도나이 아쏘트 베욤 베히바르암 붸하아레쯔 하샤마임 톨도트 엘레

1급 2급
אֱלֹהִים אֶרֶץ וְשָׁמָיִם׃
뵈샤마임 에레쯔 엘로힘

5
2급 2급 3급 3급 4급
וְכֹל | שִׂיחַ הַשָּׂדֶה טֶרֶם יִהְיֶה בָאָרֶץ וְכָל־עֵשֶׂב הַשָּׂדֶה טֶרֶם
테렘 하싸데 에쎄브 - 뵈콜 바아레쯔 이흐예 테렘 하싸데 씨아흐 뵈콜

2급 2급 2급 3급 4급 1급
יִצְמָח כִּי לֹא הִמְטִיר יְהוָה אֱלֹהִים עַל־הָאָרֶץ וְאָדָם אַיִן לַעֲבֹד
라아보드 아인 뵈아담 하아레쯔 - 알 엘로힘 아도나이 힘티르 로 키 이쯔마흐

1급
אֶת־הָאֲדָמָה׃
하아다마 - 에트

6
1급 2급 1급 2급
וְאֵד יַעֲלֶה מִן־הָאָרֶץ וְהִשְׁקָה אֶת־כָּל־פְּנֵי־הָאֲדָמָה׃
하아다마 - 프네이 - 콜 - 에트 뵈히쉬카 하아레쯔 - 민 야알레 뵈에드

7
2급 2급 3급 3급 4급
וַיִּיצֶר יְהוָה אֱלֹהִים אֶת־הָאָדָם עָפָר מִן־הָאֲדָמָה וַיִּפַּח בְּאַפָּיו
베아파브 봐이파흐 하아다마 - 민 아파르 하아담 - 에트 엘로힘 아도나이 봐이쩨르

1급 2급 1급
נִשְׁמַת חַיִּים וַיְהִי הָאָדָם לְנֶפֶשׁ חַיָּה׃
하야 라네페쉬 하아담 봐예히 하임 니쉬마트

8
2급 2급 1급 2급 3급 4급
וַיִּטַּע יְהוָה אֱלֹהִים גַּן־בְּעֵדֶן מִקֶּדֶם וַיָּשֶׂם שָׁם אֶת־הָאָדָם אֲשֶׁר
아쉐르 하아담 - 에트 샴 봐야쎔 미케뎀 베에덴 - 간 엘로힘 아도나이 봐이타

1급
יָצָר׃
야짜르

9
2급 3급 2급 3급 4급
וַיַּצְמַח יְהוָה אֱלֹהִים מִן־הָאֲדָמָה כָּל־עֵץ נֶחְמָד לְמַרְאֶה וְטוֹב
뵈토브 레마르에 네흐마드 에쯔 -콜 하아다마 - 민 엘로힘 아도나이 봐야쯔마흐

1급 2급 2급 2급 3급 1급
לְמַאֲכָל וְעֵץ הַחַיִּים בְּתוֹךְ הַגָּן וְעֵץ הַדַּעַת טוֹב וָרָע׃
봐라아 토브 하다아트 뵈에쯔 하간 베토흐 하하임 뵈에쯔 레마아할

10

3급		2급	2급	1급	3급	2급	2급	
וְנָהָר	יֹצֵא	מֵעֵדֶן	לְהַשְׁקוֹת	אֶת־הַגָּן	וּמִשָּׁם	יִפָּרֵד	וְהָיָה	לְאַרְבָּעָה
뵈나하르	요쩨	메에덴	레하슈코트	하간 - 에트	우미샴	이파레드	뵈하야	레아르바아

1급
רָאשִׁים׃
로쉼

11

	2급	1급		3급	3급		2급	2급
שֵׁם	הָאֶחָד	פִּישׁוֹן	הוּא	הַסֹּבֵב	אֵת	כָּל־אֶרֶץ	הַחֲוִילָה	אֲשֶׁר־שָׁם
쉠	하에하드	피숀	후	하쏘베브	에트	에레쯔 - 콜	하하뷜라	샴 - 아쉐르

1급
הַזָּהָב׃
하자하브

12

4급		2급	1급		2급		1급
וּזֲהַב	הָאָרֶץ	הַהִוא	טוֹב	שָׁם	הַבְּדֹלַח	וְאֶבֶן	הַשֹּׁהַם׃
우자하브	하아레쯔	하히	토브	샴	하브돌라흐	뵈에벤	하쇼함

13

	2급	1급		2급	2급		1급
וְשֵׁם־הַנָּהָר	הַשֵּׁנִי	גִּיחוֹן	הוּא	הַסּוֹבֵב	אֵת	כָּל־אֶרֶץ	כּוּשׁ׃
하나하르 - 뵈쉠	하쉐니	기혼	후	하쏘베브	에트	에레쯔 - 콜	쿠쉬

14

		3급	2급		2급		1급	
וְשֵׁם	הַנָּהָר	הַשְּׁלִישִׁי	חִדֶּקֶל	הוּא	הַהֹלֵךְ	קִדְמַת	אַשּׁוּר	וְהַנָּהָר
뵈쉠	하나하르	하슐리쉬	힛데켈	후	하홀레흐	키드마트	아슈르	뵈하나하르

2급		1급
הָרְבִיעִי	הוּא	פְרָת׃
하르비이	후	프라트

15

3급		2급	1급		2급	2급
וַיִּקַּח	יְהוָה	אֱלֹהִים	אֶת־הָאָדָם	וַיַּנִּחֵהוּ	בְגַן־עֵדֶן	לְעָבְדָהּ
봐이카흐	아도나이	엘로힘	하아담 - 에트	봐야니헤후	에덴 - 베간	레오브다

1급
וּלְשָׁמְרָהּ׃
울레쇼므라

16

3급		2급	2급	1급		2급		1급
וַיְצַו	יְהוָה	אֱלֹהִים	עַל־הָאָדָם	לֵאמֹר	מִכֹּל	עֵץ־הַגָּן	אָכֹל	תֹּאכֵל׃
봐예짜브	아도나이	엘로힘	하아담 - 알	레에모르	미콜	하간 - 에쯔	아콜	토헬

3급 3급 2급 2급 1급 3급 3급 2급

17 וּמֵעֵ֗ץ הַדַּ֙עַת֙ ט֣וֹב וָרָ֔ע לֹ֥א תֹאכַ֖ל מִמֶּ֑נּוּ כִּ֗י בְּי֛וֹם אֲכָלְךָ֥ מִמֶּ֖נּוּ

우메에쯔 하다아트 토브 봐라아 로 토할 미메누 키 베욤 아홀하 미메누

1급

מ֥וֹת תָּמֽוּת׃

모트 타무트

3급 2급 3급 2급 1급 2급

18 וַיֹּ֙אמֶר֙ יְהוָ֣ה אֱלֹהִ֔ים לֹא־ט֛וֹב הֱי֥וֹת הָֽאָדָ֖ם לְבַדּ֑וֹ אֶֽעֱשֶׂהּ־לּ֥וֹ עֵ֖זֶר

봐요메르 아도나이 엘로힘 토브 - 로 헤이요트 하아담 레바도 에에쎄 - 로 에제르

1급

כְּנֶגְדּֽוֹ׃

케네그도

4급 3급 3급 3급

19 וַיִּצֶר֩ יְהוָ֨ה אֱלֹהִ֜ים מִן־הָֽאֲדָמָ֗ה כָּל־חַיַּ֤ת הַשָּׂדֶה֙ וְאֵת֙ כָּל־ע֣וֹף

봐이쩨르 아도나이 엘로힘 하아다마 - 민 하야트 - 콜 하싸데 뵈에트 오프 - 콜

2급 3급 2급 2급 1급

הַשָּׁמַ֔יִם וַיָּבֵא֙ אֶל־הָ֣אָדָ֔ם לִרְא֖וֹת מַה־יִּקְרָא־ל֑וֹ וְכֹל֩ אֲשֶׁ֨ר יִקְרָא־ל֧וֹ

하샤마임 봐야베 하아담-엘 리르오트 로 - 이크라 - 마 뵈콜 아쉐르 로 - 이크라

3급 2급 1급

הָֽאָדָ֛ם נֶ֥פֶשׁ חַיָּ֖ה ה֥וּא שְׁמֽוֹ׃

하아담 네페쉬 하야 후 슈모

4급 3급 3급 2급 2급

20 וַיִּקְרָ֨א הָֽאָדָ֜ם שֵׁמ֗וֹת לְכָל־הַבְּהֵמָה֙ וּלְע֣וֹף הַשָּׁמַ֔יִם וּלְכֹ֖ל חַיַּ֣ת

봐이크라 하아담 쉐모트 레홀 - 하베헤마 울레오프 하샤마임 울레홀 하야트

1급 2급 2급 1급

הַשָּׂדֶ֑ה וּלְאָדָ֕ם לֹֽא־מָצָ֥א עֵ֖זֶר כְּנֶגְדּֽוֹ׃

하싸데 울레아담 로 - 마짜 에제르 케네그도

3급 2급 1급 3급 3급

21 וַיַּפֵּל֩ יְהוָ֨ה אֱלֹהִ֧ים ׀ תַּרְדֵּמָ֛ה עַל־הָאָדָ֖ם וַיִּישָׁ֑ן וַיִּקַּ֗ח אַחַת֙

봐야펠 아도나이 엘로힘 타르데마 하아담 - 알 봐이셴 봐이카흐 아하트

2급 3급 1급

מִצַּלְעֹתָ֔יו וַיִּסְגֹּ֥ר בָּשָׂ֖ר תַּחְתֶּֽנָּה׃

미짤오타브 봐이쓰고르 바싸르 타흐테나

22 וַיִּבֶן יְהוָה אֱלֹהִים ׀ אֶת־הַצֵּלָע אֲשֶׁר־לָקַח מִן־הָאָדָם לְאִשָּׁה

1급 2급 3급

레이샤 하아담 - 민 라카흐 - 아쉐르 하쩰라 - 에트 엘로힘 아도나이 봐이벤

וַיְבִאֶהָ אֶל־הָאָדָם׃

1급 2급

하아담 - 엘 봐예비에하

23 וַיֹּאמֶר הָאָדָם זֹאת הַפַּעַם עֶצֶם מֵעֲצָמַי וּבָשָׂר מִבְּשָׂרִי לְזֹאת

3급 1급 2급 2급 3급 3급 2급 3급

레조트 미브싸리 우바싸르 메에짜마이 에쩸 하파암 조트 하아담 봐요메르

יִקָּרֵא אִשָּׁה כִּי מֵאִישׁ לֻקֳחָה־זֹּאת׃

1급 2급 2급

조트- 루카흐 메이쉬 키 이샤 이카레

24 עַל־כֵּן יַעֲזָב־אִישׁ אֶת־אָבִיו וְאֶת־אִמּוֹ וְדָבַק בְּאִשְׁתּוֹ וְהָיוּ

2급 2급 1급 2급 2급 3급

뵈하유 베이쉬토 뵈다바크 이모 - 뵈에트 아비브 - 에트 이쉬 - 야아조브 캔 - 알

לְבָשָׂר אֶחָד׃

1급

에하드 레바싸르

25 וַיִּהְיוּ שְׁנֵיהֶם עֲרוּמִּים הָאָדָם וְאִשְׁתּוֹ וְלֹא יִתְבֹּשָׁשׁוּ׃

1급 2급 1급 2급 2급 3급

이트보샤슈 뵐로 뵈이쉬토 하아담 아루밈 슈네이햄 뵈이흐유

Genesis 3:1 WTT וְהַנָּחָשׁ הָיָה עָרוּם

2급 3급

아룸 하야 뵈하나하쉬

מִכֹּל חַיַּת הַשָּׂדֶה אֲשֶׁר עָשָׂה יְהוָה אֱלֹהִים וַיֹּאמֶר אֶל־הָאִשָּׁה אַף

3급 2급 3급 1급 2급 2급 3급

아프 하이샤 - 엘 바요메르 엘로힘 아도나이 아싸 아쉐르 하싸데 하야트 미홀

כִּי־אָמַר אֱלֹהִים לֹא תֹאכְלוּ מִכֹּל עֵץ הַגָּן׃

1급 2급 2급 2급

하간 에쯔 미홀 토홀루 로 엘로힘 아마르 - 키

1급 2급 1급 3급
2 וַתֹּ֥אמֶר הָֽאִשָּׁ֖ה אֶל־הַנָּחָ֑שׁ מִפְּרִ֥י עֵֽץ־הַגָּ֖ן נֹאכֵֽל׃
노헬 하간 - 에쯔 미프리 하나하쉬 - 엘 하이샤 봐토메르

2급 3급 3급 3급 2급 3급
3 וּמִפְּרִ֣י הָעֵץ֮ אֲשֶׁ֣ר בְּתוֹךְ־הַגָּן֒ אָמַ֣ר אֱלֹהִ֗ים לֹ֤א תֹֽאכְלוּ֙ מִמֶּ֔נּוּ וְלֹ֥א
벨로 미메누 토흘루 로 엘로힘 아마르 하간 - 베토흐 아쉐르 하에쯔 우미프리

1급 1급 2급
תִגְּע֖וּ בּ֑וֹ פֶּן־תְּמֻתֽוּן׃
테무툰 - 펜 보 티그우

1급 2급 1급 2급
4 וַיֹּ֥אמֶר הַנָּחָ֖שׁ אֶל־הָֽאִשָּׁ֑ה לֹֽא־מ֖וֹת תְּמֻתֽוּן׃
테무툰 모트 - 로 하이샤 - 엘 하나하쉬 봐요메르

3급 1급 2급 2급 3급 3급 2급 1급
5 כִּ֚י יֹדֵ֣עַ אֱלֹהִ֔ים כִּ֗י בְּיוֹם֙ אֲכָלְכֶ֣ם מִמֶּ֔נּוּ וְנִפְקְח֖וּ עֵֽינֵיכֶ֑ם וִהְיִיתֶם֙
뷔흐이템 에이네이헴 뵈니프케후 미메누 아홀헴 베욤 키 엘로힘 요데아 키

1급 2급 2급
כֵּֽאלֹהִ֔ים יֹדְעֵ֖י ט֥וֹב וָרָֽע׃
봐라아 토브 요드에이 켈로힘

3급 4급 4급
6 וַתֵּ֣רֶא הָֽאִשָּׁ֡ה כִּ֣י טוֹב֩ הָעֵ֨ץ לְמַאֲכָ֜ל וְכִ֧י תַֽאֲוָה־ה֣וּא לָעֵינַ֗יִם
라에이나임 후 - 타아봐 뵈키 레마아할 하에쯔 토브 키 하이샤 봐테레

2급 3급 1급 2급 2급 3급
וְנֶחְמָ֤ד הָעֵץ֙ לְהַשְׂכִּ֔יל וַתִּקַּ֥ח מִפִּרְי֖וֹ וַתֹּאכַ֑ל וַתִּתֵּ֧ן גַּם־לְאִישָׁ֛הּ עִמָּ֖הּ
이마 레이샤 - 감 봐티텐 봐토할 미프리요 봐티카흐 레하쓰킬 하에쯔 뵈네흐마드

1급
וַיֹּאכַֽל׃
봐요할

2급 3급 1급 2급 2급 2급 3급
7 וַתִּפָּקַ֙חְנָה֙ עֵינֵ֣י שְׁנֵיהֶ֔ם וַיֵּ֣דְע֔וּ כִּ֥י עֵירֻמִּ֖ם הֵ֑ם וַֽיִּתְפְּרוּ֙ עֲלֵ֣ה תְאֵנָ֔ה
테에나 알레 봐이트페루 헴 에루밈 키 봐예드우 슈네이헴 에이네이 봐티파카흐나

1급 2급
וַיַּעֲשׂ֥וּ לָהֶ֖ם חֲגֹרֹֽת׃
하고로트 라헴 봐야아쓔

8 וַיִּשְׁמְעוּ אֶת־קוֹל יְהוָה אֱלֹהִים מִתְהַלֵּךְ בַּגָּן לְרוּחַ הַיּוֹם וַיִּתְחַבֵּא

봐이슈메우 콜 - 에트 아도나이 엘로힘 미트할레흐 베간 레루아흐 하욤 봐이트하베

הָאָדָם וְאִשְׁתּוֹ מִפְּנֵי יְהוָה אֱלֹהִים בְּתוֹךְ עֵץ הַגָּן׃

하아담 뵈이쉬토 미프네이 아도나이 엘로힘 베토흐 에쯔 하간

9 וַיִּקְרָא יְהוָה אֱלֹהִים אֶל־הָאָדָם וַיֹּאמֶר לוֹ אַיֶּכָּה׃

봐이크라 아도나이 엘로힘 하아담 - 엘 봐요메르 로 아예카

10 וַיֹּאמֶר אֶת־קֹלְךָ שָׁמַעְתִּי בַּגָּן וָאִירָא כִּי־עֵירֹם אָנֹכִי וָאֵחָבֵא׃

봐요메르 콜하 - 에트 샤마아티 바간 봐이라 에롬 - 키 아노히 봐에하베

11 וַיֹּאמֶר מִי הִגִּיד לְךָ כִּי עֵירֹם אָתָּה הֲמִן־הָעֵץ אֲשֶׁר צִוִּיתִיךָ

봐요메르 미 히기드 레하 키 에롬 아타 하에쯔 - 하민 아쉐르 찌뷔티하

לְבִלְתִּי אֲכָל־מִמֶּנּוּ אָכָלְתָּ׃

레빌티 미메누 - 아홀 아할타

12 וַיֹּאמֶר הָאָדָם הָאִשָּׁה אֲשֶׁר נָתַתָּה עִמָּדִי הִוא נָתְנָה־לִּי

봐요메르 하아담 하이샤 아쉐르 나타타 이마디 후 리 - 나트나

מִן־הָעֵץ וָאֹכֵל׃

하에쯔 - 민 봐오헬

13 וַיֹּאמֶר יְהוָה אֱלֹהִים לָאִשָּׁה מַה־זֹּאת עָשִׂית וַתֹּאמֶר הָאִשָּׁה

봐요메르 아도나이 엘로힘 라이샤 조트 - 마 아씨트 봐토메르 하이샤

הַנָּחָשׁ הִשִּׁיאַנִי וָאֹכֵל׃

하나하쉬 히쉬아니 봐오헬

3급 2급 3급 3급 1급

14 וַיֹּאמֶר יְהוָֹה אֱלֹהִים ׀ אֶל־הַנָּחָשׁ כִּי עָשִׂיתָ זֹּאת אָרוּר אַתָּה

아타 아루르 조트 아씨타 키 하나하쉬 - 엘 엘로힘 아도나이 봐요메르

2급 2급 1급 2급 2급

מִכָּל־הַבְּהֵמָה וּמִכֹּל חַיַּת הַשָּׂדֶה עַל־גְּחֹנְךָ תֵלֵךְ וְעָפָר תֹּאכַל

토할 뵈아파르 텔레흐 게혼하 - 알 하싸데 하야트 우미콜 하베헤마 - 미콜

1급

כָּל־יְמֵי חַיֶּיךָ׃

하예이하 예메이 - 콜

3급 1급 2급 2급 3급 3급 4급

15 וְאֵיבָה ׀ אָשִׁית בֵּינְךָ וּבֵין הָאִשָּׁה וּבֵין זַרְעֲךָ וּבֵין זַרְעָהּ הוּא

후 자르아 우베인 자르아하 우베인 하이샤 우베인 베인하 아쉬트 뵈에바

1급 2급 2급

יְשׁוּפְךָ רֹאשׁ וְאַתָּה תְּשׁוּפֶנּוּ עָקֵב׃ ס

아케브 테슈페누 뵈아타 로쉬 예슈프하

2급 2급 3급 3급

16 אֶל־הָאִשָּׁה אָמַר הַרְבָּה אַרְבֶּה עִצְּבוֹנֵךְ וְהֵרֹנֵךְ בְּעֶצֶב תֵּלְדִי

텔디 베에쩨브 뵈헤로네흐 이쯔보네흐 아르베 하르바 아마르 하이샤 - 엘

1급 2급 2급 3급 1급

בָנִים וְאֶל־אִישֵׁךְ תְּשׁוּקָתֵךְ וְהוּא יִמְשָׁל־בָּךְ׃ ס

바흐 - 임숄 뵈후 테슈카테흐 이쉐흐 - 뵈엘 바님

2급 3급 2급 3급 3급

17 וּלְאָדָם אָמַר כִּי־שָׁמַעְתָּ לְקוֹל אִשְׁתֶּךָ וַתֹּאכַל מִן־הָעֵץ אֲשֶׁר

아쉐르 하에쯔 - 민 봐토할 이슈테하 레콜 샤마타 - 키 아마르 울레아담

3급 2급 3급 1급 2급 3급

צִוִּיתִיךָ לֵאמֹר לֹא תֹאכַל מִמֶּנּוּ אֲרוּרָה הָאֲדָמָה בַּעֲבוּרֶךָ בְּעִצָּבוֹן

베이짜본 바아부레하 하아다마 아루라 미메누 토할 로 레모르 찌뷔티하

1급 2급 2급

תֹּאכֲלֶנָּה כֹּל יְמֵי חַיֶּיךָ׃

하예이하 예메이 콜 토할레나

1급 2급 1급 2급

18 וְקוֹץ וְדַרְדַּר תַּצְמִיחַ לָךְ וְאָכַלְתָּ אֶת־עֵשֶׂב הַשָּׂדֶה׃

하싸데 에쎄브 - 에트 뵈아할타 라흐 타쯔미아흐 뵈다르다르 뵈코쯔

2급 2급 2급 3급 2급 3급

19 בְּזֵעַת אַפֶּיךָ תֹּאכַל לֶחֶם עַד שׁוּבְךָ אֶל־הָאֲדָמָה כִּי מִמֶּנָּה

미메나 - 키 하아다마 - 엘 슈브하 아드 레헴 토할 아페이하 베제아트

1급 2급 2급 1급

לֻקָּחְתָּ כִּי־עָפָר אַתָּה וְאֶל־עָפָר תָּשׁוּב׃

타슈브 아파르 - 뵈엘 아타 아파르 - 키 루카흐타

1급 2급 3급 1급 2급 3급

20 וַיִּקְרָא הָאָדָם שֵׁם אִשְׁתּוֹ חַוָּה כִּי הִוא הָיְתָה אֵם כָּל־חָי׃

하이 - 콜 엠 하이타 후 키 하봐 이쉬토 쉠 하아담 봐이크라

1급 2급 3급 4급

21 וַיַּעַשׂ יְהוָה אֱלֹהִים לְאָדָם וּלְאִשְׁתּוֹ כָּתְנוֹת עוֹר וַיַּלְבִּשֵׁם׃ פ

봐얄비쉠 오르 쿠트노트 울레이쉬토 레아담 엘로힘 아도나이 봐야아쓰

2급 2급 3급 3급 3급 4급

22 וַיֹּאמֶר ׀ יְהוָה אֱלֹהִים הֵן הָאָדָם הָיָה כְּאַחַד מִמֶּנּוּ לָדַעַת טוֹב

토브 라다아트 미메누 케아하드 하야 하아담 헨 엘로힘 아도나이 봐요메르

1급 2급 2급 3급 3급 3급 1급

וָרָע וְעַתָּה ׀ פֶּן־יִשְׁלַח יָדוֹ וְלָקַח גַּם מֵעֵץ הַחַיִּים וְאָכַל וָחַי לְעֹלָם׃

레올람 봐하이 뵈아할 하하임 메에쯔 감 뷜라카흐 야도 이슐라흐 - 펜 뵈아타 봐라아

2급 2급 3급 1급 2급 3급

23 וַיְשַׁלְּחֵהוּ יְהוָה אֱלֹהִים מִגַּן־עֵדֶן לַעֲבֹד אֶת־הָאֲדָמָה אֲשֶׁר לֻקַּח

루카흐 아쉐르 하아다마 - 에트 라아보드 에덴 - 미간 엘로힘 아도나이 봐예샬헤후

1급

מִשָּׁם׃

미샴

3급 4급 1급 2급

24 וַיְגָרֶשׁ אֶת־הָאָדָם וַיַּשְׁכֵּן מִקֶּדֶם לְגַן־עֵדֶן אֶת־הַכְּרֻבִים וְאֵת

뵈에트 하크루빔 - 에트 에덴 - 레간 미케뎀 봐야슈켄 하아담 - 에트 봐예가레쉬

1급 2급 2급 2급 3급

לַהַט הַחֶרֶב הַמִּתְהַפֶּכֶת לִשְׁמֹר אֶת־דֶּרֶךְ עֵץ הַחַיִּים׃ ס

하하임 에쯔 데레흐 - 에트 리슈모르 하미트하페헤트 하헤레브 라하트

이 책이 나오기까지
많은 분들의 도움을 받았습니다.
우선 예수아성서연구원 수강생들이 있었기에
교안을 만들 수 있었습니다.
조판과 편집을 맡아주신 장종길 장로님이 없었다면
출간을 생각조차 할 수 없었습니다.
비용 조달을 위해 기꺼이 펀딩에 참여해 주신
지인들께도 감사의 뜻을 전합니다.

머리말

창세기 1-3장의 창조 이야기는 구약 성경에서 가장 많이 읽혀지는 단락입니다. 하지만 대부분의 사람들은 히브리어 원문을 대조해가며 꼼꼼히 읽어 본 경험이 없습니다. 히브리어를 배운 적도 없거나, 일반인을 위한 히브리어 원문 강독 클래스가 태부족이기 때문입니다. 실제로 많은 사람들은 한글과 영어 성경을 대조하면 되는데, 굳이 히브리어 원문까지 읽어야 하는지 의문스러워 합니다. 히브리어 본문이 영어 성경이나 한글 성경과 다른 부분들을 아래와 같이 소개해 봅니다.

- 셋째 날에 창조된 것은 세 가지(풀과 채소와 열매 맺는 나무)가 아니라 두 가지(씨 맺는 채소의 싹과 과일 나무의 싹)입니다. 여기서 '씨 맺는 채소'는 곡식을 가리킵니다(1:11, 12, 29).
- 셋째 날의 식물과 여섯째 날의 동물은 땅이 낸 것이고(창 1:24, 25), 다섯째 날의 어류는 물이 번성하게 한 것입니다(1:20).
- 한글 성경에서 사람을 '생령'으로 번역한 것은 70인 역 헬라어 성경의 '프쉬켄 조산'을 따른 것이며, 히브리어 원문에는 그저 '생물(네페쉬 하야)'이라고 되어 있습니다(2:7).
- 노동은 선악과를 먹었기 때문에 받은 벌이 아니라, 처음부터 하나님이 아담을 에덴 동산에 두신 이유였습니다(창 2:15). 다만 선악과를 먹은 결과로, 땅이 저주를 받아 가시와 엉겅퀴를 내는 바람에 노동이 힘들게 된 것뿐입니다(3:17-19).
- '돕는 배필(에제르 케네그도)'을 직역하면 '반대편에서(대등하게) 돕는

자' 이며, 한국의 전통적 현모양처 이미지는 아닙니다.

- 하와가 선악과 섭취 금지 이유에 대해 '죽을까 하노라' 고 말한 것은, 하나님의 명령을 왜곡한 것이 아니라 '죽지 않기 위하여(펜 테무툰)' 라고 관용적으로 표현한 것입니다(3:3). 그것은 '그의 손을 내밀지 못하도록(펜 이쉘라흐 야도)' 과 같은 용법입니다(3:22).
- '하나님과 같이 되어 선악을 알 줄(뷔흐이템 켈로힘 요드에이 토브 봐라아)' 는 '신들처럼 되어 선악을 알 줄' 이라는 의미입니다. 그러니까 여기서 '하나님' 으로 번역된 '엘로힘' 은 '신들(gods)'을 가리킵니다.
- '보라 이 사람이 선악을 아는 일에 우리 중 하나 같이 되었으니' 라는 말은 문자대로의 의미가 아니라 풍자(sarcasm)일 수 있습니다(3:22).

창조 이야기를 읽기 위해 히브리어 수업을 들어야 하는 것은 아닙니다. 히브리어가 익숙하지 않은 분들도 이 책을 통해 창조 이야기를 읽을 수 있습니다. 이해를 돕기 위해 본문 전체를 14개의 단락으로 나누고, 매 단락마다 히브리어 원문을 액센트에 따라 읽을 수 있도록 배치했습니다. 히브리어 어순을 따라 한글로 직역하고, 중요한 단어의 뜻과 본문의 문화적 배경을 소개했습니다. 매 단락마다 단편적으로나마 교부들의 해석을 인용해서, 초기 기독교가 본문을 어떻게 이해하려 했는지 살펴보기도 했습니다. 창조 이야기를 왜 읽어야 하는지, 어떻게 읽어야 하는지, 창조 이야기의 짧은 본문이 말하는 것과 말하지 않는 것이 무엇인지에 대해서는 들어가는 말에 담았습니다.

저는 창세기 1장 1절의 첫 단어, '태초에(베레쉬트)' 의 의미를 깨닫는데 30년 가까이 걸렸습니다. 그만큼 오래 연구했다는 뜻이 아니라, 고대 근동 연구의 결과물들을 접하기까지 오랜 시간을 기다려야 했습니다. 부족한 제가 이 책을 쓰게 된 것도, 오래 전의 저와 같은 처지에 있는 분들과 공감하기 위해서입니다. 어떤 사람에게 읽을 가치가 없어 보이는 종이 조각도, 누군가에게 보물섬을 찾아가는 지도가 될 수 있다는 사실을 믿습니다. 하지만 이 책은 단지 '꼼꼼히 성경 읽기' 의 길라잡이에 불과합니다. 항구를 벗어난 배가 망망대해를 향해 나아가는 것은 전적으로 각자의 몫이라고 생각합니다.

창조 이야기는 언제나 감동과 경외심을 선사합니다. 따라서 머리로 이해하려고만 하지 말고 가슴으로 느끼고 받아들일 필요가 있습니다. 수 천 년의 기간을 견뎌 소멸되지 않고 우리에게 전해진 계시이기 때문입니다. 특히 본문이 고대인들의 세계관과 사고 방식을 그대로 드러내주기 때문에, 히브리어와 고대 근동의 배경을 이해할 때 더욱 진한 감동을 느낄 수 있습니다. 이 책에서 굳이 히브리어 본문 읽기를 시도하는 이유이기도 합니다.

2019년 3월

목 차

들어가는 말

들어가는 말

창조 이야기, 왜 읽어야 하나?

1. 창조는 구원의 뿌리이자 열매

이 책은 창조 이야기를 처음 읽는 분들이나 한 번 이상 읽은 분들 모두에게 유익합니다. 신자들이 창조 이야기를 다시 읽어야 할 첫 번째 이유는, 구원에 관해 균형 잡힌 시각을 가지게 해 주기 때문입니다. 구원은 창조에서 종말로 이어지는 역사의 연장선에서 생각할 필요가 있습니다. 물론 창조 이야기가 그리스도인들이 받는 구원에 대해 직접적으로 말해주고 있지는 않습니다. 어떤 면에서는 구원과 별로 상관 없어 보이기도 합니다. 실제로 많은 그리스도인들이 창조와 구원을 별개의 주제로 생각합니다. 하지만 구원은 창조의 또 다른 모습입니다. 구원이란 심판을 전제로 하는데, 심판은 창조주가 창조 질서를 스스로 파괴하는 행위입니다. 그러니까 창조 질서를 뒤집으면 심판이 되고, 심판 받은 상태를 원래의 질서로 되돌리면 구원이 되는 것입니다.

예를 들어 요한계시록 맨 마지막에는 신자들의 최종 구원 상태가 묘사되어 있는데, 새 하늘과 새 땅 등 창조 질서가 회복되는 모습으로 그려져 있습니다. 따라서 요한 계시록을 창세기와 무관하게 읽으면 안 됩니다. 창세기 안에서 창조와 구원의 관계를 찾아볼 수 있는 좋은 예가 노아의 홍수 이야기입니다. 하나님은 세상을 물로 심판하기 위해, 둘째 날 창조 시에 분리했던 궁창 위의 물과 셋째 날 분리했던 땅 아래의 물을 40일 동안 창조 이전 상태로 돌려놓았습니다. “그 날에 큰 깊음의 샘들이 터지며 하늘의 창문들이 열려 사십 주야를 비가 땅에 쏟아졌더라”(창 7:11하-12)는 구절이 그것을 말해줍니다. 그런 다음 노아의 가족을 구원하고 인류를 번성하게 하기 위해 다시 물을 원래 장소로 돌아가게 합니다. 그것이 “깊음의 샘과 하늘의 창문이 닫히고 하늘에서 비가 그치매”(창 8:2)라는 구절의 의미입니다. 뿐 아니라 하나님은 무지개 언약을 주시면서, 창조의 6일 동안 주셨던 환경들을 거꾸로 회복시키십니다. “땅이 있을 동안에는 심음과 거둠과 추위와 더위와 여름과 겨울과 낮과 밤이 쉬지 아니하리라”(창 8:22).[1] 그로 인해 노아는 단순히 홍수에서 구원받은 사람이 아니라, 인류의 두 번째 조상이 됩니다.

구원이 창조 질서의 회복이라는 것은 에덴 동산 회복이라는 모티프를 통해서도 확인할 수 있습니다. 요한계시록에서 에베소 교회에 주시는 그리스도의 약속은 구원을 에덴 동산 즉, 낙원의 회복으로 묘사하고 있습니다. “내가 하나님의 낙원에 있는 생명나무의 열매를 주어 먹게 하리라”(계 2:7). 한 구절을 더 찾아보겠습니다. 생명수의 강은 하나님과 어린 양의 보좌로부터 나아와 흘러내립니다. 그 강은 달마다 열매를 맺고 만국을 치료하는 생명나무의 잎사귀에 수분을 공급합니다.[2] 이것은 에덴 동산에서부터 시작되어 고대 문명의 발상지가 된 네 개의 강 이야기를 모티프로 합니다.[3] 또한 성전 문지방에서 시작된 물이 메마른 땅을 적시는 것을 보았다는 에스겔의 환상과도 맥을 같이 합니다. 에스겔의 환상에서도 강 좌

1) 노아에게 주신 언약에는 세 가지 자연의 기능 즉, 먹거리(심음과 거둠)와 기후(추위와 더위와 여름과 겨울)와 시간(낮과 밤)이 들어 있습니다. 이것은 홍수로 파괴되었던 창조 6일의 세 가지 패턴인 시간, 기후, 먹거리의 순서를 거꾸로 회복시키셨다는 의미입니다.

2) 계 22:1-2.

3) 창 2:10-14.

우의 과일 나무는 달마다 열매를 맺고, 잎사귀는 약 재료가 되고 있습니다.[4] 에스겔과 요한 계시록의 환상에서 생명의 강이 성전 혹은 하나님의 보좌로부터 흘러나왔다는 것은, 성경 시대 성도들이 에덴 동산을 최초의 성소로 간주했음을 보여주는 좋은 예라고 할 수 있습니다. 에덴 동산을 성소로 보는 이유는 하나님이 그곳에서 거니셨고,[5] 성전은 하나님이 안식하시는 곳이기 때문입니다.[6] 성전과 에덴 동산과의 관계에 대해서는 창 2장 강의 때 더 자세하게 다룰 것입니다.

신약 성경에서 창조 이야기로 구원을 설명하는 결정적 모티프는 그리스도의 신성입니다. 요한복음은 그리스도가 태초 이전부터 계셨던 말씀이자 하나님으로 소개합니다. "태초에 말씀이 계시니라 이 말씀이 하나님과 함께 계셨으니 이 말씀은 곧 하나님이시니라 그가 태초에 하나님과 함께 계셨고 만물이 그로 말미암아 지은 바 되었으니 지은 것이 하나도 그가 없이는 된 것이 없느니라"[7] 요한은 잠언에 나오는 의인화된 지혜를 그리스도로 해석했습니다.[8] "여호와께서 그 조화의 시작 곧 태초에 일하시기 전에 나를 가지셨으며.....내가 그 곁에 있어서 창조자가 되어 날마다 그의 기뻐하신 바가 되었으며 항상 그 앞에서 즐거워하였으며"[9] 그리스도를 창조주로 보는 관점은 마태복음에서도 확인됩니다. 마태복음의 첫 구절 "아브라함

4) 겔 47:1012.

5) 창 3:8.

6) 시 132:14.

7) 요 1:1-3. 한글 성경에서 '계셨고' '이시니라'로 번역된 헬라어 동사 ἦν 의 시제는 미완료형입니다. 따라서 그리스도는 창세 이전부터 계셨던 분으로 묘사하고 있음을 알 수 있습니다.

8) 주전 1세기 알렉산드리아의 유대인 철학자 필론은 잠언에 나오는 의인화 된 지혜를 그리스 철학의 로고스로 이해했습니다. 요한 또한 그리스도를 몸을 입기 전 로고스로 소개합니다.

9) 잠 8:22-30.

과 다윗의 자손 예수 그리스도의 계보라"[10]에서 '계보(Βίβλος γενέσεως)'라는 단어를 직역하면 '족보'입니다. 이때 사용된 '출생' 혹은 '기원'을 의미하는 헬라어 게네시스(γένεσις)는 70인역 창세기의 헬라어 제목과도 같습니다. 그러니까 마태는 그리스도를 창조 질서를 회복하는 구원자로 암시하고 있다는 것을 알 수 있습니다. 마태는 최후 심판에 대한 그리스도의 예언을 다음과 같이 소개했습니다. "인자가 자기 영광으로 모든 천사와 함께 올 때에 자기 영광의 보좌에 앉으리니... 그 때에 임금이 그 오른편에 있는 자들에게 이르시되 내 아버지께 복 받을 자들이여 나아와 창세로부터 너희를 위하여 예비된 나라를 상속 받으라".[11]

여기서 '나라'가 창세로부터 예비되었다는 표현에 주목할 필요가 있습니다. 그 나라는 최초로 하나님이 다스리셨던 에덴동산을 연상시키고, 그 나라를 주시는 그리스도 또한 창조주임을 암시합니다. 바울 서신에서 그리스도는 새로운 피조물을 만드는 분인데[12], 창조주가 인간을 창조한 것을 연상시킵니다. 첫 사람 아담은 물과 흙이 합쳐진 진흙으로 만들어졌고, 새로운 피조물은 물과 성령으로 만들어집니다. "예수께서 대답하시되 진실로 진실로 네게 이르노니 사람이 물과 성령으로 나지 아니하면 하나님의 나라에 들어갈 수 없느니라 육으로 난 것은 육이요 영으로 난 것은 영이니 내가 네게 거듭나야 하겠다 하는 말을 놀랍게 여기지 말라".[13]

2. 토라의 기초

이제 창조 이야기를 다시 읽어야 할 다른 이유를 찾아보겠습니다. 창조

10) 마 1:1.
11) 마 25:31,34.
12) 고후 5:17.
13) 요 3:5-7.

이야기는 토라(תּוֹרָה)의 맨 앞 부분에 있습니다. 토라는 모세 오경을 가리키는 고유명사이며, 보통명사로는 '교훈(instruction)'이라는 의미를 가지고 있습니다. 그러니까 부모나 스승의 가르침도 모두 토라입니다. 이 단어가 고유명사로 쓰일 때는 주(야훼)와 주의 길(법도)에 대한 가르침을 의미하게 됩니다. 토라에는 여러 장르의 글들이 수록되어 있습니다. 법조문도 있고, 시도 있으며, 이야기도 있고, 연설문도 있습니다. 이 모든 글들은 하나님께 대한 신학과 이웃에 대한 윤리라는 두 가지 주제로 요약될 수 있습니다. 이 두 가지 주제를 잘 보여주는 것이 '쉐마'입니다. "들으라 이스라엘아(쉐마 이스라엘)"로 시작하는 신명기 6장 4절의 첫마디를 딴 이름입니다. "이스라엘아 들으라 우리 하나님 여호와는 오직 유일한 여호와이시니 너는 마음을 다하고 뜻을 다하고 힘을 다하여 네 하나님 여호와를 사랑하라 오늘 내가 네게 명하는 이 말씀을 너는 마음에 새기고"[14] 이 구절이 보여주는 주제는 "하나님은 한 분이신 야훼이다"와 "야훼의 법을 지켜 그를 사랑하라"입니다.

그런데 토라 중에서도 창조 이야기는 가장 기초가 되는 교훈이라고 할 수 있습니다. 법으로 말하자면 모든 법의 기초가 되는 헌법과도 같은 가르침입니다. 비록 이야기 형태이지만 창조 이야기는 교훈적인 의도를 가지고 매우 정교한 문체로 기록되어 있습니다. 그래서 창조 이야기를 읽으면 자연스럽게 하나님과 하나님이 하시는 일과 사람이 지켜야 할 근본적인 도리에 대해 알게 됩니다. 시 19편이 이것을 잘 보여줍니다.

시인은 첫 번째 단락(1-6절)에서 자연계를 창조하신 하나님의 도를 찬양합니다. 그리고 뒤이어 두 번째 단락(7-10절)에서 사람이 지켜야 할 하나님의 도를 찬양합니다. 앞에 것은 자연에 새겨진 법칙이고, 뒤에 것은 문자

14) 신 6:4-6.

로 기록된 법칙입니다. 그래서 앞 단락에서는 "언어도 없고 말씀도 없고 들리는 소리도 없으나 그의 소리가 온 땅에 통하고 그의 말씀이 세상 끝까지 이르도다"라고 말합니다.[15] 그리고 두 번째 단락은 "여호와의 율법은 완전하여 영혼을 소성시키며 여호와의 증거는 확실하여 우둔한 자를 지혜롭게 하며"라고 시작합니다.[16] 그러니까 창조 이야기가 토라의 맨 앞에 있는 것은 단순히 세상과 이스라엘 민족의 기원에 대한 호기심을 충족시키기 위해서가 아닙니다. 창조 이야기가 어떤 교훈을 주기 위해서 기록되었을지 먼저 생각해야 합니다.

창조 이야기에 들어 있는 교훈을 찾아내는 두 가지 방법이 있습니다. 하나는 토라의 나머지 부분에서 창조 이야기에 나오는 동일한 주제나 이슈를 찾는 것입니다. 예를 들어 우선 손쉽게 찾아지는 이슈 중의 하나가 안식일의 의미와 지키는 방법입니다. 물론 창조 이야기의 제 7일과 안식일이 동일한 의미를 가지고 있지는 않습니다. 창조 이야기의 제 7일은 매 7일 마다 반복되는 날도 아니고, 제 8일의 전 날도 아닙니다(창조 이야기는 제 7일로 완성됩니다). 창조이야기는 안식일이라는 단어를 사용하지 않고 일곱째 날이라는 이름만 사용합니다.[17] 왜냐하면 일곱째 날은 인간들이 안식하는 날이 아니라, 하나님이 창조 사역을 완성한 날이기 때문입니다. 그럼에도 불구하고 토라의 출애굽기에서는 안식일 준수 의무가 창조의 제 7일에 기초하고 있음을 밝히고 있습니다. "이는 엿새 동안에 나 여호와가 하늘과 땅과 바다와 그 가운데 모든 것을 만들고 일곱째 날에 쉬었음이라 그러므로 나 여호와가 안식일을 복되게 하여 그 날을 거룩하게 하였느니

15) 시 19:3-4.
16) 시 19:7.
17) 창 2:2,3.

라"[18] 안식일 준수 외 다른 교훈들은 본문을 다루면서 하나씩 찾아볼 것입니다.

창조 이야기의 교훈을 찾는 또 다른 방법은 토라 이외의 성경 혹은 근동 신화와 비교하는 것입니다. 예를 들어 창세기의 창조 이야기에는 욥기, 시편, 예언서의 창조 이야기에 나오는 신화적 표현들이 전혀 나오지 않습니다. 심지어 해와 달도 태양신과 달신을 연상시킬 수 있는 '셰메쉬'나 '야레아흐'라는 대신 '큰 등불(하마오르 하가돌)'과 '작은 등불(하마오르 하카톤)'로 부르고 있습니다. 그리고 바다도 바다 신을 연상시킬 수 있는 '얌' 대신 '야밈'으로 부르고 있습니다. 그와 대조적으로 토라 이외의 성경에 있는 창조 이야기들은 비교적 자유롭게 신화적 모티프들을 사용합니다.

예를 들어 메소포타미아의 창세 신화 <에누마 엘리쉬>에서는 '마르둑' 신이 강의 신 '압수'와 바다의 신 '티아맛'과 싸워 죽이고, 우가릿의 바알 신화집에서는 폭풍의 신 '바알'이 바다의 신 '얌'을 곤봉으로 때려 죽입니다. 그와 동일한 모티프들이 토라 이외의 창조 이야기에서는 자주 발견됩니다.

"바다가 그 모태에서 터져나올 때에 문으로 그것을 가둔 자가 누구냐 그 때에 내가 구름으로 그 옷을 만들고 흑암으로 그 강보를 만들고 한계를 정하여 문빗장을 지르고 이르기를 네가 여기까지 오고 더 넘어가지 못하리니 네 높은 파도가 여기서 그칠지니라 하였노라"[19]

"그는 능력으로 바다를 잔잔하게 하시며 지혜로 라합을 깨뜨리시며"[20]

"여호와여 주께서 말을 타시며 구원의 병거를 모시오니 강들(나하림)을

18) 출 20:11.
19) 욥 38:8-11.
20) 욥 26:12.

분히 여기심이니이까 강들(나하림)을 노여워하심이니이까 바다(얌)를 향하여 성내심이니이까 주께서 활을 꺼내시고 화살을 바로 쏘셨나이다(셀라) 주께서 강들(나하림)로 땅을 쪼개셨나이다 산들이 주를 보고 흔들리며 창수가 넘치고 바다(테홈)가 소리를 지르며 손을 들었나이다.... 주께서 말을 타시고 바다(얌) 곧 큰 물(마임 라비임)의 파도를 밟으셨나이다"[21)]

"여호와의 팔이여 깨소서 깨소서 능력을 베푸소서 옛날 옛 시대에 깨신 것 같이 하소서 라합을 저미시고 용을 무찌르신 이가 어찌 주가 아니시며"[22)]

"여호와의 말씀이니라 너희가 나를 두려워하지 아니하겠느냐 내 앞에서 떨지 아니하겠느냐 내가 모래를 두어 바다의 한계를 삼되 그것으로 영원한 한계를 삼고 지나치지 못하게 하였으므로 파도가 거세게 뛰노나 그것을 넘지 못하느니라"[23)]

이 구절들이 보여주는 신화적 모티프가 토라의 창조 이야기에 등장하지 않는 것은 작은 예에 불과합니다. 고대 근동 혹은 이집트의 창세 신화에 나오는 다른 모티프들도 토라의 창조 이야기에서는 발견되지 않습니다. 토라는 그런 신화적 요소들을 배제할 뿐 아니라, 오히려 의도적으로 그런 것들을 논박(elenctic)하고 있음을 보여줍니다. 따라서 창세기의 창조 이야기를 읽을 때는 이스라엘 이웃 나라들의 어떤 신화적 요소들이 배제되고 있는지 살펴보는 것이 중요합니다.[24)] 물론 창조 이야기가 단순히 이웃 나라

21) 합 3:8-10,15.

22) 사 51:9.

23) 렘 5:22.

24) 이스라엘 민족은 주변 나라들보다 1000년 이상이나 늦게 역사의 무대에 등장했습니다. 따라서 고대 세계의 신화적 우주관의 틀을 아주 벗어버릴 수는 없었습니다. 그럼에도 그들은 야훼 하나님 한 분에 의해 세상이 만들어졌고 유지된다는 관념을 고수하며, 다신교적 세계관으로부터 자신들을 지속적으로 분리시켜갔습니다.

들의 신화를 논박하기 위해 기록되었다고 볼 수는 없습니다. 그렇게 보는 것은 창조 이야기를 고대 근동의 창세 신화 모조품으로 보는 것만큼이나 극단적인 견해입니다. 하지만 토라의 중요한 키워드가 '부정하고 악한 것으로부터의 구별'인 점을 생각해볼 필요가 있습니다. 창조 이야기는 신화적 투쟁 모티프로부터 스스로를 구별시키며, 창조의 과정도 구별이라는 개념으로 설명하고 있습니다.

창조 이야기가 말하는 것

이제 우리 논의는 창세기의 창조 이야기에 나오지 않는 것을 살펴보는 데까지 왔습니다. 이쯤에서 짚고 넘어가야 할 질문은 '그렇다면 창세기의 창조 이야기에서 우리가 알 수 있는 것은 무엇인가?'입니다. 이 질문을 좀 더 쪼개어 보면 세 가지로 나눌 수 있습니다. 하나는 '창세기의 창조 이야기에는 우리가 창조에 대해 지금까지 믿고 있는 내용이 다 들어있는가?', 또 하나는 '창세기의 창조 이야기의 의미를 우리는 정확히 알고 있는가?', 마지막 하나는 '창세기의 창조 이야기는 소위 창조과학자들이 설명하는 젊은 지구 창조모델을 말하고 있는가?' 혹은 '성경을 축자적으로 믿는 신자들은 젊은 지구 창조모델을 따라야 하는가?'입니다.

먼저 첫 번째 질문을 가지고 이야기해보겠습니다.

우리가 창조에 대해 믿고 있는 모든 내용들이 창세기 창조 이야기에 다 들어 있는 것은 아닙니다. 우리의 믿음은 구약과 신약 전체에 흩어져 있는 창조 진술들에 근거하고 있습니다. 그것은 성경이 만들어지는 약 1000년의 역사에서 시대마다 성경 저자들의 창조에 대한 해석이 가미되어 있다는 사실을 말해줍니다. 그리고 우리가 창조에 대해 믿고 있는 것은 2000년 기독교 역사를 통해 성경의 진술들을 해석하고 정리한 교리입니다. 그러니까 우리가 현재 창조에 대해 믿고 있는 교리는 약 3000년의 역사를 정리한 것이라고 할 수 있습니다. 물론 그 진술들과 교리의 원형은 창세기의 창조 이야기입니다. 그럼에도 그 원형 본문이 모든 진술들을 담고 있지는 않습니다. 따라서 현재 우리가 믿고 있는 내용들을 추출하기 위해 창세기 창조 이야기를 읽어서는 안 됩니다. 그런 태도는 성경 본문이 말하는 것을 석의(exegesis)하는 것이 아니라 자기의 생각을 성경 본문에 투영시킨 자의적 해석(eisegesis)입니다. 유감스럽게도 많은 신실한 그리스도인들이 축자적 해석(literal interpretation)이라는 명분 아래 마치 본문이 그렇게 말하는 것처럼 자기 주장을 내세웁니다. 당연히 해당 본문에는 그런 의미가 들어 있지 않습니다.

두 번째 질문 '우리는 창세기 창조 이야기의 의미를 정확히 알고 있는가?'로 넘어가겠습니다. 이 질문에 대한 답이 "예"일지라도, 그 의미는 사람마다 다를 것입니다. 아마도 교리에 정통한 신자는 교리를 정확히 안다는 의미에서 그렇게 대답하겠지요. 원어에 밝은 신자는 원어의 의미를 파악하고 있다는 뜻으로 대답할 것입니다. 신학자는 성경 신학의 주제에 대해 안다는 의미로 대답할 수 있을 것입니다. 하지만 창조 이야기의 의미는 성경이 기록된 시대의 관점에서 읽을 때 비로소 정확히 파악할 수 있습니다. 소위 '삶의 자리'(*Sitz im Leben*)의 관점으로 성경을 읽을 필요가 있습니다.[25] 그런 이유로 20세기 이후 성경 학자들은 본문이 말하는 원래의 의미를 알아내기 위해 다양한 방법들을 개발해왔습니다.[26] 특히 고고학의

25) 삶의 자리(Sitz im Leben)란 용어는 양식비평(form criticism) 방법으로 성경을 이해하려고 했던 궁켈(Herman Gunkel)이 1906년 '백성들의 삶의 자리(Sitz im Volksleben)'란 말을 사용하면서 시작되었습니다. 성경을 동 시대 저자와 원 독자(Original Readers)의 입장에서 해석하려는 오늘날 성경연구방법의 물꼬를 튼 용어입니다.

26) 비평 방법론을 본격적으로 사용하기 시작한 사람은 벨하우젠(Julius Wellhausen, 1844-1918)입니다. 그는 비터나 아스트뤽 같은 학자가 이전부터 주장하기 시작한 가설을 토대로 소위 문서가설(Documentary Hypothesis)의 틀을 완성했습니다. 모세 오경이 J, E, D, P로 이름 붙여지는 조각들을 편집한 작품이라는 것입니다. 그의 고전

발달로 고대 근동의 문헌들이 해독되면서 창조 이야기의 첫 부분은 신전 텍스트(Temple Text)로 읽어야 할 필요가 제기되었습니다.[27] 신전 텍스트 이야기는 뒤에서 자세히 다루도록 하겠습니다. 창조 이야기를 '삶의 자리'의 관점으로 읽어야 할 예를 하나 들어보겠습니다. 하나님이 사람을 창조하신 다음에 "생육하고 번성하여 땅에 충만하라, 땅을 정복하라, 바다의 물고기와 하늘의 새와 땅에 움직이는 모든 생물을 다스리라"고 하셨습니다.[28] 여기에서 사람은 자연을 정복하고 다스리는 존재로 세워졌음을 알 수 있습니다. 이것은 동물들의 권리를 인간과 평등하게 보려는 21세기 동물애호가들의 관점과 다릅니다. 고대 세계에서는 심지어 노예들조차 결코 자유민처럼 평등한 권리를 갖지 못했습니다. 한마디로 위계질서의 세계였던 것입니다. 창조주 하나님이 피조 세계를 다스리고, 인간은 신을 대리해서 자연세계를 다스립니다. 물론 인간사회에서는 통치자가 신을 대리해서 더 낮은 계층의 인간들을 다스립니다. 출생에 의해 신분이 결정되는 사회제도였던 것입니다.

이처럼 두 번째 질문에 대한 결론은 "우리는 창세기 창조 이야기의 원래 의미를 알아가고 있는 중이다"입니다. 이스라엘에 가보면 지금도 유적지 발굴이 활발하게 이루어지고 있는 현장들을 볼 수 있습니다. 그런데 이스라엘 정부는 유적지의 유물 70%만 발굴을 허가한다고 합니다. 나머지 30%는 과학이 더 발달한 다음에 발굴해서, 자칫 일어날 수도 있는 유물

적 문서설은 궁켈같은 양식비평학자나 렌토르프(Rolf Rendtorff, 1925-2014)같은 전승비평학자의 도전에 직면해야 했습니다. 특히 유대인 성서학자 카수토(Umberto Cassuto, 1883-1951)는 창세기 연구를 통해 히브리어의 의미론적 관점에서 문서설의 문제점을 조목조목 비판했습니다.

27) 존 왈튼 저, 김 인철 역, 창세기 1장의 잃어버린 세계, 그리심, 2011년, 105~126쪽 참조.

28) 창 1:28.

훼손을 예방하자는 것입니다. 우리가 창조 이야기에 대해 알고 있는 것도 현재까지의 학문적 성과일 뿐입니다. 창조 이야기를 익숙하게 알고 있다는 생각 때문에 본문의 의미에 무뎌진 사람에게 이런 말이 필요할 듯 합니다. "교회는 때때로 성서의 메시지를 색다르게, 즉 신성한 종교적 기대에 의한 익숙함으로 인해 무뎌지지 않고 예리하게 들을 필요가 있다. 교회와 성서의 매일의 대화로부터 한 발자국 떨어져 있는 역사적 연구는 가치 있는 역할을 한다"[29)]

이제 세 번째 질문으로 넘어가겠습니다.

오늘날 근본주의 신자들은 창조과학자들의 소위 '젊은 지구 이론'을 마치 정통 교리를 대하듯 비판 없이 받아들입니다. 진화론에 맞서 창조 신앙을 수호할 유일한 대안이라는 이유에서입니다. 그런데 창조과학이란 성경 창조 이야기에 대한 과학적 설명입니다. 소위 창조 과학은 20세기 중반에 등장한 이론입니다. 교회가 진화논자들의 공격에 맥을 못 추고, 성서비평학의 연구 결과물들로 전통적 신념들이 흔들릴 때 과학으로 신앙을 수호해보려는 동기에서 시작된 움직임입니다. 창조과학자들은 모든 성경 구절을 문자적으로 해석하고, 과학적으로 설명할 수 있다고 믿습니다. 지질학적 데이터에 의해 지구의 연대가 45억년이 되었다는 이론에 맞서 창조과학자들이 내세우는 이론은 홍수 때문에 그렇게 보이는 것이라는 '홍수지질이론'입니다. 이 이론을 주장하는 안식교인 출신 조지 프라이스나 헨리 모리스의 이론은 주류 과학계에서 인정 받지 못합니다. 그런데 창조과학자들의 주장을 대할 때마다 소설가 이병주의 공산주의에 대한 정의가 생각납니다. "공산주의는 증오의 과학이다. 그런데 증오에는 성공하고 과학

---

29) Robert Morgan and John Barton, *Biblical Interpretation*, (Oxford: Oxford University Press, 1988) P179; 마크 해리스 지음, 장재호 옮김, 창조의 본성, 두리반, 2016년, 26쪽에서 재인용.

에는 실패했다" 곱씹을 수록 맛깔 나는 표현이 아닐 수 없습니다. 이 말에 빗대어 창조과학을 평가하자면 "창조과학은 창조 신앙의 과학이다. 그런데 신앙에는 성공하고, 과학에는 실패했다"고 할 수 있습니다. 신앙은 종교 혹은 형이상학의 영역입니다. 과학은 신의 존재나 창조에 대해 증명하거나 반증할 수 없습니다. 창조론자들이 창조를 과학적으로 증명할 수도 없고, 진화론자들이 신의 부재를 증명할 수도 없습니다. 그런데 창조과학자들은 과학적 방법으로 창조를 증명해 보이고 싶어합니다. 종교를 과학의 영역에서 증명해 보이려는 것입니다. 창조과학자들은 지구의 역사가 1만년 안팎일 것이라는 전제를 가지고 시작합니다. 창세기부터 족보를 따져보면 그 정도 밖에 되지 않았다는 것입니다.[30)]

그러나 과학자들이 제시하는 오래된 지구의 증거들에 맞서 속 시원한 변론을 펼치지 못합니다. 예를 들어 대륙판 이동으로 만들어진 히말라야 산맥이라든가, 달에서 가져온 암석 표본과 운석, 현생 인류의 유골 등은 젊은 지구 가설로는 설명이 안 됩니다. 과학이 창조를 증명할 수 없는 것은 진화논자들에게도 해당됩니다. 우주 물리학자 스티븐 호킹이 설명하는 이론이나, 과학적 무신론의 전사이자 동물행동학자 리차드 도킨스가 제시하는 어떤 증거도 세상이 창조주에 의해 창조되지 않았다는 주장을 증명하지 못합니다. 창조 과학자들이 진화론의 허점을 공격할 수 있고, 진화논자들이 창조과학자들의 이론을 반박할 수 있지만, 창조 이야기 본문을 논거로 삼을 수는 없습니다. 창조 이야기는 과학적 진술이 아니기 때문입니다.

---

30) 1648년 제임스 어셔(James Ussher, 1581-1656)는 성서에 나오는 족보들과 날짜들을 고대 근동의 자료들과 비교하면서, 창조가 기원전 4004년 10월 22일 토요일 저녁에 발생했고, 대홍수는 기원전 2349년 12월 7일 일요일에 발생했다고 계산했습니다(창조의 본성, 23~24쪽). 참고로 유대인의 달력은 2016년 현재 아담이 창조된 후 5776째 해로 계산됩니다.

어떻게 읽을 것인가?

히브리어 원문 대조 읽기

우선 선입견 없이 본문을 읽으려는 태도가 중요합니다. 우리가 성경을 펼치는 순간 고정관념으로 본문을 대하기 쉽습니다. 우리가 지금까지 창조 이야기에 대해 들었던 설교나 강연, 읽었던 주석과 참고 서적, 묵상을 통해 얻은 교훈 등이 고정관념을 구성하고 있습니다. 그 고정관념은 우리가 읽는 본문에서 익숙하게 알고 있는 것들만 보게 만듭니다. 그래서 항상 놓치고 있는 것들을 보지 못하게 만듭니다. 그렇기 때문에 열린 마음으로 본문을 대하는 것이 제일 중요합니다. 일단 선입견을 버리고 창조 이야기를 처음 대하는 마음으로 읽을 필요가 있습니다. 그렇게 여러 번 정독하다 보면 예전에 보지 못했던 것들이 보이게 됩니다. 가능하다면 한글 성경 이외에 외국어로 된 번역본도 읽을 필요가 있습니다. 번역본을 읽으면 한글 어순으로 읽었을 때 미처 파악하지 못했던 문장의 의미가 새롭게 다가올 수 있습니다.

가장 좋은 방법은 본문을 원어로 읽는 것입니다. 창조 이야기는 토라의 다른 부분처럼 히브리어로 되어 있습니다. 특히 성경 히브리어는 액센트를 따라 읽는 것이 중요합니다. 주후 5-6세기에 맛소라 학자들이 개발한 액센트는 단어와 구의 분리와 연결을 통해 문장의 의미를 정확히 알 수 있게 해줍니다. 만약 액센트를 따라 읽지 않는다면 비록 단어의 뜻을 안다고 하더라도, 띄어쓰기와 문장 부호가 없는 문장을 읽었을 때처럼 수많은 오해와 의문을 불러 일으킬 수 밖에 없습니다. 이 책에서는 히브리어 원문을 액센트와 함께 읽었을 때의 의미를 먼저 소개하려고 합니다. 그런 다음 창조 이야기를 지금까지 해석해왔던 유대교와 기독교의 관점들을 소개할 것입니다. 역사적으로 창조 이야기를 어떤 이슈로 어떻게 다루어 왔는지 아는 것은 매우 중요합니다. 그런 해석들을 살펴봄으로써 우리가 창조 이야기 본문을 어떻게 해석해야 하는지, 또는 어떻게 해석하지 말아야 하는지 도움을 받을 수 있습니다.

이제는 본문 읽기에 대해 말씀 드리겠습니다. 성경 히브리어를 배우지 않은 일반인이 원어로 본문을 직접 읽을 수는 없습니다. 어떻게 보면 수많은 영어 번역본을 한글 성경과 대조하면서 읽는 것으로 대신할 수도 있을 것 같습니다. 그런데 히브리어 성경을 읽을 수 있어도, 액센트를 모른다면 정확한 의미를 이해하기가 어렵습니다. 왜냐하면 각각의 단어와 구의 의미를 파악한다고 해도, 단어와 구가 어디에 연결되고 어디서 분리되는지 모른다면 어순을 따라 이해하기가 어렵기 때문입니다. 오래 전 맛소라 학자들은 성경 본문을 누구나 읽을 수 있도록 모음부호와 함께 액센트 체계를 개발했습니다.[31)]

그래서 이 책에서는 우선 띄어쓰기에 해당되는 분리 액센트 중 중요한 것 몇 가지만 활용해보기로 했습니다. 분리 액센트는 문장에서 차지하는 비중에 따라 1급, 2급, 3급, 4급으로 분류됩니다. **먼저 1급 액센트의 영역 안에 2급, 3급, 4급이 들어 있다는 것에 유의할 필요가 있습니다.** 그래서 이 액센트가 붙어 있는 단어의 우측이 그 액센트의 지배를 받는 영역이 됩니다. 대개 한 절에는 1급 액센트가 두 개 나옵니다. 그러니까 한 절은 두 문장으로 나누어서 읽어야 합니다. 더 자세한 것은 본문을 읽어가면서 살펴보기로 하겠습니다.

---

31) 액센트는 여러 가지 기능을 가지고 있습니다. 음악적 기능, 음성적 기능(강세), 통사적 기능도 있습니다. 이 모든 것은 독법(케레)을 따라 읽게 하기 위한 것입니다. 더 자세한 내용은 권성달 저, 구약성경히브리어, 그리심, 2016년, 237-244쪽을 참고하세요.

▶ **분리악센트**

<table>
<tr><th>계급</th><th colspan="5">분리악센트의 명칭과 부호</th></tr>
<tr><td>제1급</td><td colspan="3">סִלּוּק (סוֹף פָּסוּק:) 씰룩
:○○○</td><td colspan="2">אֶתְנַחְתָּא 에트나흐타
○○○</td></tr>
<tr><td>제2급</td><td>זָקֵף קָטֹן
자켑 카톤
○○○</td><td>זָקֵף גָּדוֹל
자켑 가돌
○○○</td><td>שַׁלְשֶׁלֶת
샬쉘레트
○○○</td><td>טִפְחָא
티프하
○○○</td><td>סֶגוֹל
세골
○○○</td></tr>
<tr><td>제3급</td><td>יְתִיב
예티브
○○○</td><td>פַּשְׁטָא
파쉬타
○○○</td><td>תְּבִיר
트비르
○○○</td><td>זַרְקָא
자르카
○○○</td><td>רְבִיעַ
르비아
○○○</td></tr>
<tr><td rowspan="2">제4급</td><td colspan="2">תְּלִישָׁא גְדוֹלָה
틀리샤 그돌라
○○○</td><td colspan="2">קַרְנֵי פָרָה
카르네이 파라
○○○</td><td>פָּזֵר
파제르
○○○</td></tr>
<tr><td colspan="2">גֵּרֵשׁ
게레쉬
○○○</td><td colspan="2">גֵּרְשַׁיִם
게르샤임
○○○</td><td>מֻנַּח לְגַרְמֵיהּ
무나흐 레가르메
|○○○</td></tr>
</table>

네러티브로 읽기

창세기 1-3장의 장르는 1장 1절부터 2장 3절까지의 첫째 이야기와, 2장 4절부터 3장 24절까지의 둘째 이야기로 구성된 '네러티브(narratives)'입니다. 네러티브를 한글로 번역하면 '설화'가 되지만, 많은 신자들이 '설화'라는 단어를 허구적 전설과 같은 의미로 생각하기 때문에 '이야기'라는 용어로 대신하게 되었습니다. 어떤 분들은 창조 이야기를 역사 이야기(historical narratives)라고 생각합니다. 그러나 창조 이야기에는 역사 이야기의 필수 요소인 연대기적 서술이 빠져 있습니다. 따라서 굳이 이름을 붙이자면 '창조 이야기(creation narratives)'가 더 낫다고 봅니다. 네러티브는 화자가 청중에게 등장 인물의 대화를 간접화법으로 이야기하기도 하고, 자신의 견해를 직접화법으로 말하기도 합니다.

예를 들어 창조 이야기에는 하나님의 말, 아담의 말, 하와의 말, 뱀의 말이 간접화법으로 인용되어 있고, 화자가 직접화법으로 창조 이야기를 설명하고, 때때로 평가하고 교훈을 주기도 합니다. 예를 들어 아담과 하와의 결합에서 "이러므로 남자가 부모를 떠나 그의 아내와 합하여 한 몸을 이룰지로다 아담과 그의 아내 두 사람이 벌거벗었으나 부끄러워하지 아니하니라"[32)]는 말은 화자의 직접 화법입니다.

창세기는 대부분 이야기들(Narratives)로 구성되어 있으며, 창조 이야기도 예외가 아닙니다. 이야기는 핵심 주제가 화자(Narrator)의 관점을 따라 스토리 방식으로 전개됩니다. 다시 말해서 화자는 이미 말하려는 주제를 알고 있으며, 자신의 판단 기준에 따라 등장인물 혹은 사건을 구성하고, 마치 자신이 현장에서 보고 있는 것처럼 묘사합니다. 창조 이야기에서 화자는 마치 천지를 창조하시는 하나님의 면전에 서서 중계방송하고 있는 것처럼 말합니다.[33)] 따라서 청중들은 마치 화자와 함께 그곳에 있는 것 같은 느낌을 받습니다.

이야기(Narratives)는 역사 기록과 달리 시간적 순서에 크게 구애되지 않고 사건이 전개되며, 법률조문과 달리 논리적 순서에 매이지 않을 뿐 아니라 문장과 단어 하나 하나에 의미를 부여하지도 않습니다. 이를테면 창조 이야기에서 천지 창조가 시작되기도 전에 물과 땅이 나오고, 해 달 별이 만들어지기 전에 빛이 만들어 집니다. 화자는 오히려 자신의 문체(style)와 대

---

32) 창 2:24-25.

33) John H. Stek, *What Says The Scripture?, Portraits of Creation*, Eerdmans, 1990년, 235쪽

구법(parallelism)을 통한 구조의 통일에 더 신경을 씁니다. 예를 들어 창조 이야기의 화자는 7이라는 수를 즐겨 사용합니다. 1장 1절은 7단어로 구성되어 있고, 첫 단락에서 빛 혹은 낮을 의미하는 단어가 7번 나옵니다. 전체적으로 "하나님이 보시기에 좋았더라"가 일곱 번 나오고, 일곱 번째 단락은 일곱째 날이라는 단어가 세 번 나오면서 모두 35 단어로 되어 있습니다.[34] 화자는 "저녁이 되며 아침이 되니 이는 .... 날이니라"는 어구로 단락 구분하기를 좋아하고, 창세기 전체를 통해 "대략(족보)는 이러하니라(אֵלֶּה תּוֹלְדוֹת 엘레 톨르도트)"는 어구로 단원 나누기를 좋아합니다.[35] 그리고 1장 1절에서 "하나님이 천지를 창조하시니라"는 어구는 2장 1-3절에서 다시 반복되어 수미쌍관(inclusion)를 이루며, 6일 창조는 전반부와 후반부의 창조가 서로 대칭을 이루도록 되어 있습니다.[36]

두 개의 이야기로 읽기

먼저 창조 이야기 첫 부분(section I)으로 들어가기 전에 알아야 할 것들부터 말씀 드리고 싶습니다. 창조 이야기는 창 1:1-2:3과 2:4-3:24의 두 부분으로 나누어 읽는 것이 좋습니다. 그 이유 중 하나는, 2:4이 창세기 전체 이야기를 연결하는 관용구 "이것은 족보이다(אֵלֶּה תּוֹלְדוֹת 엘레 톨르도트)"로 시작하기 때문입니다(2:4, 5:1, 6:9, 10:1, 11:10, 11:27, 25:12, 25:19, 36:1,(9), 37:2). 그리고 두 이야기는 형식과 내용에 있어서 뚜렷한 차이를 보이고 있습니다.

---

34) U. Cassuto, *Commentary on Genesis I*, Magness Press, Jerusalem, 1998, 14-15쪽

35) 창 2:4, 5:1, 6:9, 10:1, 11:10, 11:27, 25:12, 25:19, 36:1,(9), 37:2.

36) 이를 테면 전반부 첫째 날의 빛은 후반부 첫째 날의 해 달 별, 전반부 둘째 날의 궁창과 물은 후반부 둘째 날의 새와 물고기, 전반부 셋째 날의 땅과 식물은 후반부 셋째 날의 짐승과 사람으로 대칭을 이룹니다.

앞 부분이 정교하고 시적인(poetic) 평행법(parallelism)을 사용하고 있는 반면, 뒤 부분은 담백하고 스토리 중심적입니다. 물론 두 부분 모두 서사시(epic poem)가 아니라, 산문(prose)입니다. 내용면에서 앞 부분은 보편적 우주와 창조주와의 관계에 초점을 맞추었고, 뒤 부분은 창조주와 인간과의 관계를 중심으로 서술해 나갑니다. 그래서 이 번 강의도 창조 이야기를 두 부분으로 나누어 진행합니다.[37]

창조 이야기의 두 번째 부분은 2장에 가서 살펴보기로 하고, 첫 부분 주제는 '하나님 한 분이 세상을 창조하셨고, 만물은 그 하나님과 의존관계에 있다'는 것입니다. 우선 창조 이야기에는 고대 근동이나 이집트 창세 신화에서 등장하는 신들의 계보(theogony)가 나오지 않습니다. 메소포타미아 창세 신화에서는 먼저 복잡한 신들의 족보가 나오고, 신들의 투쟁 결과 세상이 만들어졌다고 설명합니다.[38] 주전 1700년 대에 씌어진 아트라하시스의 태초 이야기에는 반역하는 신의 피를 가지고 인간을 만들었다는 이야기가 나옵니다. 주전 600년대에 씌어진 에누마 엘리쉬에는 마르둑이 바다의 신 티아맛의 시신을 둘로 쪼개 하늘과 땅을 만들었다는 이야기가 나옵니다. 수메르 신화에서 확인되는 신들의 이름만 2000개가 넘습니다. 하지만 성경 창조 이야기에서는 오직 하나님 한 분의 이름만 35번 반복됩니

37) 비평학자들은 두 개의 창조 이야기를 1:1-2:4a와 2:4b-3:24로 나누어야 한다고 생각합니다. 2:4a까지의 이야기는 소위 P문서이고 2:4b 부터의 이야기는 J문서이기 때문이라는 것입니다. P 문서는 하나님을 '엘로힘'으로 부르던 사람들이 보존한 자료이고, J 문서는 하나님을 '야훼(여호와)'로 부르던 사람들이 보존한 자료이기 때문이라는 것입니다. 하지만 성경에서 하나님의 이름은 관계하는 대상에 따라 달라집니다. 온 우주와 인류의 창조주로서의 하나님 이름은 '엘로힘'을 사용하고, 선택된 백성과 언약을 맺으시는 하나님의 이름은 '야훼'를 사용합니다. 예를 들어 열방과 관계된 하나님의 이름은 언제나 '엘로힘'이고, '야훼'를 사용하지 않습니다.

38) 이집트 창세 신화에서는 투쟁 모티프가 발견되지 않습니다. 물론 후대로 가면서 '오시리스'와 '세트'의 대결 구도가 첨가되기는 합니다.

다. 창조의 시작과 마지막, 그리고 매 단계에서 오직 하나님 한 분이 계획하고, 명령하고, 시행하고, 평가합니다. 하나님이 한 분이시기에 신들의 계보나 투쟁 관계가 성립될 수 없습니다. 무엇보다 성경 창조 이야기에서 창조주는 자연과 구별되며 초월해 계시다는 점이 근동 신화와 뚜렷이 다릅니다.

이웃 나라 신화들에서 자연은 신의 일부이거나 신 그 자체입니다. 이집트의 헤르모폴리스 창세 신화에서는 최초의 여덟 신이 태초의 대양 '누'로부터 자연발생적으로 분화되어 존재합니다. 헬리오폴리스[39] 창세 신화에서는 최초의 태양 신 '아툼'이 낳은 자녀 신들이 자연이 됩니다. 건조한 공기는 남신 '슈'이고, 습기는 여신 '테프누트'입니다. 하늘이 '누트' 여신의 몸이고, 땅은 남신 '겝'의 몸입니다. 하지만 성경 창조 이야기에서 하나님의 존재 기원이나 자손들은 전혀 언급되지 않습니다. 모든 자연은 하나님의 피조물이며, 하나님은 만물 위에 초월해 계십니다. 예를 들어 이집트의 아툼 신이 물속에서 발생한 것과 달리, 하나님의 영(바람)은 이미 존재한 상태로 물 위를 맴돌고 있습니다. 만물은 신이 아니라 피조물로서 하나님께 의존합니다. 태양과 달은 하나님의 명령대로 질서 있게 움직이고, 동식물들은 하나님의 축복대로 생장하고 번성합니다.

이제는 창조 이야기 첫 부분의 구조와 특징을 살펴보겠습니다. 두드러진 특징은 다양한 단어나 관용어를 7번 혹은 7의 배수로 반복 사용하거나, 단락이 7개가 되게 한다는 점입니다. 그렇게 함으로써 서로 다른 이야기들이 조밀하고 조화롭게 한 덩어리를 이루고 있습니다. 구체적으로 살펴

---

39) 헬리오폴리스는 성경에서 '온' 혹은 '아웬'이란 이름으로 나옵니다(창 41:45,50; 46:20, 겔 30:17). 이집트어로는 '이웨누'인데, 기둥들이라는 뜻을 가지고 있습니다. 평지에 우뚝 세워진 신전 기둥들에서 파생한 지명이라고 할 수 있습니다.

보면 아래와 같습니다.

첫째, 전체가 일곱 단락(paragraph)으로 되어 있는데, "저녁이 되고 아침이 되니 이는 ~째 날이니라"는 관용구를 중심으로 나누어집니다. 맛소라 학자들은 이 관용구를 따라 단락을 나누었는데, 오늘까지도 가장 효과적인 읽기 방식으로 받아들여 집니다.

둘째, 첫 문장은 7개의 단어, 둘째 문장은 14 단어, 7 번째 단락은 35 단어로 되어 있습니다. 일곱째 날을 설명하는 구절들(2:2-3)은 세 문장으로 되어 있는데, 각각의 문장은 7 단어로 되어 있습니다. 전체 이야기에서 하나님이라는 단어는 35번, 하늘 혹은 궁창이라는 단어는 21번, 땅은 21번 사용됩니다. 이것은 1절에 나오는 핵심 명사 '하나님' '하늘' '땅'이라는 단어를 7의 배수로 사용한 것입니다.

셋째, '생겨나라 혹은 내어라(1:3, 6, 9, 11, 14, 20, 24); '그대로 되니라(1:3, 7, 9, 11, 15, 24, 30)' '보시기에 좋았더라(1:4, 10, 12, 18, 21, 25, 31)'도 각각 7번씩 나옵니다. 사실 '그대로 되니라'는 관용구는 다섯째 날에 생략되어 있고, '보시기에 좋았더라'도 둘째 날에 생략되어 있습니다. 그렇지만 '그대로 되니라'를 셋째 날과 여섯째 날에 두 번씩(1:9, 11, 24, 30), '보시기에 좋았더라'도 넷째 날과 여섯째 날에 두 번씩(10, 12, 25, 31) 사용해서 전체적으로 7번을 맞추고 있습니다.

넷째, 일곱째 날에 초점이 맞춰져 있습니다. 저명한 유대인 학자 카수토(U. Cassuto)는 창세기 주석에서, 6일 동안의 중요한 작업을 통해 7일 째 완성하는 식의 7일 프레임 묘사는, 우가릿 문헌이나 메소포타미아 문헌에서 자주 볼 수 있는 형태라고 말합니다. 다만 근동 문헌에서 <첫째 날과 둘째 날>, <셋째 날과 넷째 날>, <다섯째 날과 여섯째 날>이 한 조를 이루는데 비해, 성경 창조 이야기에서는 <첫째 날과 넷째 날>, <둘째 날

과 다섯째 날>, <셋째 날과 여섯째 날>이 한 조를 이루고 있는 것이 다를 뿐이라고 합니다.[40] 따라서 우리는 창세기 이야기를 전반부 3일과 후반부 3일의 구조로 읽을 필요가 있습니다. 실제로 전반부를 매듭짓는 셋째 날과 후반부를 매듭짓는 여섯째 날에는 '하나님이 이르시되'와 '하나님이 보시기에 좋았더라'의 관용구가 각각 두 번씩 기록되어 있습니다. 만약 각각의 6일이 시간적 순서나 논리적 순서를 따라 진행되는 것이라면, 이런 이중적 관용구가 사용된 이유를 설명하기 어려워집니다.

창조의 7일 대조표

	제 1일	제 2일	제 3일	제 4일	제 5일	제 6일	제 7일
이르시되	√	√	√	√	√	√	
분리	√	√	√	√			
만드사		√		√		√	√
부르시니라	√	√	√		?	?	
보시기에 좋았더라	√		√√	√	√	√	
그대로 되니라		√	√√	√		√√	
~째 날이니라	√	√	√	√	√	√	√√√
먹거리						√√	
복을 주시며					√	√	√
내어라(번성시켜라)			√		√	√	
창조하시니라					√	√	√

40) Cassuto, Umberto, *A Commentary on The Book of Genesis*, Part I, Magnes Press, The Hebrew University, 1998, pp. 12-13.

첫째 이야기

태초에 1장 1-2절

창세기 1장 1절은 읽기와 단락 나누기에 따라서 의미가 달라집니다. '태초'의 시점에 대해 여러 견해가 있는 이유이기도 합니다.

먼저 한글 개역개정 성경과 히브리어 성경을 대조해서 읽겠습니다.

1 태초에 하나님이 천지를 창조하시니라
2 땅이 혼돈하고 공허하며 흑암이 깊음 위에 있고 하나님의 영은 수면 위에 운행하시니라 (한글 개역개정판)

▼ 히브리어는 오른쪽에서 왼쪽으로, 한글은 왼쪽에서 오른쪽으로 읽습니다.

1급 2급 1급 2급
1:1 WTT בְּרֵאשִׁ֖ית בָּרָ֣א אֱלֹהִ֑ים אֵ֥ת הַשָּׁמַ֖יִם וְאֵ֥ת הָאָֽרֶץ׃
하아레쯔 뵈에트 하샤마임 에트 엘로힘 바라 베레쉬트

2급 1급 2급 2급 3급 3급
2 וְהָאָ֗רֶץ הָיְתָ֥ה תֹ֙הוּ֙ וָבֹ֔הוּ וְחֹ֖שֶׁךְ עַל־פְּנֵ֣י תְה֑וֹם וְר֣וּחַ אֱלֹהִ֔ים
엘로힘 뵈루아흐 테홈 알프네이 뵈호셰크 봐보후 토후 하이타 뵈하아레쯔

1급 2급
מְרַחֶ֖פֶת עַל־פְּנֵ֥י הַמָּֽיִם׃
하마임 알프네이 메라헤페트

이제 분리 액센트를 따라 직역한 히브리어 본문을 읽어 보겠습니다. 1급 액센트를 표시한 (//)과, 2급 액센트를 표시한 (/)와, 표시한 3 급 액센트를 표시한 (*)와, 4급 액센트를 표시한 (#)를 모두 적용해봅니다. 히브리어 어순과는 조금 다르지만, 1급 액센트가 있는 단어는 **고딕**처리를 했습니다. 히브리어 본문에서 그 단어가 (//) 바로 앞에 있다고 보시면 됩니다. 문장의 맨 처음에 나오는 2급 액센트가 전체 문장의 1/4 비중을 차지하고, 두 번째로 나오는 2급 액센트가 1/8을 차지하고, 세 번째로 나오는

2급 액센트는 1/16을 차지하는 원칙을 따라 읽어봅니다.

1 맨 처음에(베레쉬트)/**하나님이** 창조하셨다(바라 **엘로힘**)//하늘을(에트 하샤마임)/ 그리고 **땅을**(뵈에트 **하아레쯔**)//

2 그런데(*) 땅은 혼돈하고(*) 공허했고(뵈하아레쯔 하이타 토후 봐보후)/ 어둠이 **큰 물** 위에(뵈호셰크 알프네이 **테홈**)//그리고 하나님의 영은(뵈루아흐 엘로힘)/ 맴돌았다/ **수면 위를**(알프네이 **하마임**)//

위의 번역에서 내용보다 구문을 먼저 보시기 바랍니다. 매 절은 1급 액센트(//)를 중심으로 두 부분으로 나누어집니다. 그것은 두 부분이 대등한 비중을 가진다는 것을 의미합니다. 예를 들어 1절에서 앞부분의 '처음에 하나님이 창조하셨다'는 문장과 뒤에 '하늘을 그리고 땅을'의 전치사구가 1급 액센트를 중심으로 대등합니다. 그러니까 하나님이 창조하신 것이 곧 하늘과 땅이라는 것을 알 수 있습니다. 더 세부적으로는 앞의 문장에서 '태초에'라는 전치사구와 '하나님이 창조하셨다'는 문장이 분리되어 있습니다. 그것은 두 부분이 대등한 비중을 가진다는 것을 의미합니다. 비록 '태초에'라는 단어가 어떤 의미인지 모른다고 해도, 하나님의 창조에 대해 중요한 정보를 주고 있음을 알게 됩니다. 그리고 두 번째 부분인 '하늘을'과 '그리고 땅을'도 '하늘'에 붙은 2급 액센트로 분리되어 있습니다. 이것 또한 두 전치사구가 대등한 비중을 가진다는 것을 의미합니다. 이런 식으로 읽으면 단어와 구의 정확한 의미를 모른다고 해도, 문장이 어떻게 구성되어 있는지 잘 알게 됩니다.

이제는 전체 단락에서 문장이 어떻게 연결되는지 살펴보겠습니다. 특히 1절부터 3절까지의 문장 연결에 대해서는 다양한 견해가 있습니다. 첫째로, 1절을 주절로 보고 "하나님이 천지의 창조주이셨다(견해 1)" 혹은 "하나님이 첫 번 창조 행위를 하셨다(견해 2)"고 해석하는 견해들이 있습니다. 이 견해들은 '태초에(베레쉬트)'를 연계형이 아닌 절대형으로 해석합니다. 그러니까 '창조하시는 태초에'가 아니라, '태초에 창조하셨다'로 읽는 것입니다. 실제로 히브리어 '베레쉬트'는 성경에서 한 번도 연계형으로 사용된 적이 없습니다. 견해 1의 경우 1절이 창조 이야기 I에 대한 표제 역할을 하게 되는데, 2절은 3절을 시작하는 상황절이 됩니다.[1] 견해 1은 네 개의 견해 중 가장 폭넓게 지지를 받습니다.[2] 이 견해는 1절이 창세기의 각 이야기들의 연결 고리인 '족보는 이러하다 אלה תולדות (엘레 톨도트)'와 같은 기능을 하고 있다는 관점입니다.

견해 2는 히브리어 성경 문맥을 바탕으로 하는 견해입니다. 맛소라 판본을 따라 읽으면 3절이 "하나님이 이르시되(봐요메르 엘로힘)"라는 바브 전환법(waw consecutive) 문장으로 시작하는 것을 알 수 있습니다. 이것은 3절이 독립된 주절이 아니라 1절에서 시작된 이야기가 시간적인 연속성을 가지고 이어지고 있음을 나타냅니다. 따라서 2절과 3절은 1절의 창조 행위 다음 단계로 진행됨을 의미한다는 것입니다. 더 설명하자면, 하나님이 천지를 창조하신 후에 땅이 혼돈하고 공허하며 흑암이 깊음(큰 물) 위에 있었다는 의미가 됩니다.[3] 이 견해는 무로부터의 창조(*creatio ex nihilo*)라는 신학적 견해를 반영합니다.[4] 구약 성경을 헬라어로 번역한 70인 역 번역

---

1) 아랍어 문법에 비추어 볼 때 2절을 시작하는 바브는 소위 상황을 설명하는 '할(hal)' 문장의 시작 단어로 보아도 무방합니다.

2) Gunkel, von Rad, Cassuto, Westermann, Beauchamp 같은 학자들이 지지하는 견해입니다.

3) 주전 3세기의 70인역부터 주후 10세기 맛소라 텍스트까지 이 견해가 주류를 이루어왔으며, Bellhausen, Ridderbos, Young, Childs 같은 현대 학자들도 지지합니다.

4) 주전 7세기 그리스 철학자들이 물질의 기원과 우주의 일관된 원리에 대해 탐구

자들이나, 라틴어로 성경을 번역한 히에로니무스의 불가타역도 '무로부터의 창조'라는 신학적 견해를 반영시켰습니다. 이 견해는 6일 간의 창조 이전에 1절이 말하는 또 다른 창조행위가 있었다는 결론에 이르게 합니다.

둘째로, 1절을 종속절로, 2절 혹은 3절을 주절로 해석하는 견해들이 있습니다. 우선 2절을 주절로 보고 "하나님이 천지를 창조하신 태초에(1절), 땅이 혼돈하고 공허했고, 흑암이 깊음(큰 물) 위에 있었으며 하나님의 영은 물 위에 날아다니셨다"로 읽는 견해가 있습니다(견해 3).[5)]

마지막 견해는 3절을 주절로, 2절을 삽입구로 보고 "하나님이 천지를 창조하신 태초에(1절), 땅이 혼돈하고 공허하며 흑암이 깊음(큰 물)위에 있었으며 하나님의 영은 물위에 날아다니셨는데(2절), 하나님이 이르시되 빛이 있으라(3절)"가 됩니다(견해 4).[6)] 견해 4의 해석 근거는 1절의 첫 단어인 '베레쉬트(태초에)'가 정관사를 가지고 있지 않으며, 절대적인 의미를 갖고 있지 않다고 보고 '베레쉬트'를 연계형으로 읽습니다. 그러니까 '태초에'가 대부분의 영어 역본에서처럼 "In the beginning"이 되려면 정관사가 붙은 형태의 '바레쉬트'가 되어야 하는데, '베레쉬트'로 되어 있다는 것입니다. 그렇다면 '베레쉬트'는 "in a beginning"으로 번역되어야 한다는 것이지요. 라쉬 같은 랍비는 한 걸음 더 나아가 '베레쉬트'가 연계형이기

하기 시작한 이래 유대인들도 헬라 사상의 영향을 받기 시작했습니다. 이를테면 마카비 후서의 저자는 명백히 '무로부터의 창조'를 선언합니다. 랍비들도 창세기 1장을 우주와 물질의 기원을 설명하는 문헌으로 보았습니다. 따라서 하나님이 우주를 창조하기 이전에 물질이 존재했다는 것은 상상할 수조차 없었습니다. 그들은 창세기 1장이 고대인들의 우주관을 반영하고 있다는 사실을 중요하게 생각하지 않았습니다. 만약 1장이 우주와 물질의 기원을 설명하는 문헌이라면 창세기의 저술 연대 또한 주전 7세기를 넘어서지 못한다고 해야 합니다. 우주의 기원에 관한 논쟁에 대해 더 자세히 알기 원하면 존 H. 왈튼의 '창세기 1장의 잃어버린 세계'(김인철 역, 그리심) 35-55쪽을 참고하세요.

5) Ibn Ezra가 주장하기 시작했고, Gross 같은 학자가 지지했지만, 주류의 지지를 받지 못했습니다.

6) Rashi가 주장하기 시작했으며, Bauer, Skinner 같은 학자가 이 견해를 지지합니다.

때문에, 그 뒤에 나오는 '창조하셨다(바라)'를 부정사 연계형인 '브로'로 읽어야 한다고 주장했습니다. 그런가 하면 현대 비평학자들은 1절이 2:4a와 교차대구를 이루고 있다고 생각하기 때문에 연계형으로 보기도 합니다. 그러나 때를 나타내는 구절이 종종 관사를 갖지 않습니다. 그리고 이사야 46장 10절 같은 곳에서 '메레쉬트(시초)'는 절대적인 의미를 갖습니다. 무엇보다도 3절의 첫 단어 "이르시되(봐요메르)"가 바브 전환법 문장이기 때문에 3절이 주절이 될 수가 없습니다. 내러티브 텍스트에서 바브 전환법은 앞의 문장과 시간적 연속의 의미를 가지기 때문입니다. 만약 바브 전환법으로 시작하는 주절 문장의 예가 있다면 가능할 수도 있겠지만, 구약 성경에서 그런 예를 찾을 수 없습니다. 그리고 교차대구로 보려면 1:2-2:3의 전체 내용이 교차대구를 이루어야 하는데 실제로는 그렇지 않습니다. 무엇보다 맛소라 사본에서 '베레쉬트'에 붙여진 분리형 액센트 '티프하'는 이 단어가 독립적이고 절대형이라는 사실을 말해줍니다.[7] 따라서 '태초에(베레쉬트)'를 연계형으로 보는 견해는 언어학적인 난관에 부딪칠 수밖에 없습니다.

이상의 견해들을 정리하자면 1절의 '베레쉬트'는 연계형이 아니라 절대형이므로, 1절이 2절의 종속절이 아니라 주절로 보는 것이 좋습니다. 그리고 2절은 1절의 창조 결과가 아니라, 3절부터 시작되는 첫째 날 창조 이전의 상황을 설명하는 문장으로 볼 수 있습니다.[8] 그러니까 첫째 날 빛과 낮의 창조 이전 상태가 2절의 '혼돈과 공허'로 묘사된 것이라고 볼 수 있습니다. 이제 남은 과제는 3절을 시작하는 "이르시되"의 시제가 시간의 연

7) 김의원 지음, 하늘과 땅, 그리고 족장들의 톨레돗, 총신대학교출판부, 2004년, 45쪽

8) 고대인들은 세상이 만들어지기 이전 상태를 현실 상태의 반대 개념으로 이해했습니다. 예를 들어 질서 정연한 세계 이전의 상태는 무질서와 혼돈입니다. 따라서 창조의 개념도 무에서 유의 창조가 아니라 무질서한 상태에서 질서 있는 상태로의 전환입니다.

속을 말해주는 바브 전환법인 것을 어떻게 해결하느냐 하는 것입니다. 그리고 1절의 '태초'와 3절의 '첫째 날'과의 관계에 대한 이해입니다. 1절의 '태초'는 3절에서 말하는 첫째 날 창조 이전 창조 행위가 있었던 때를 말하는 것일까요? 아니면 1절에서 말하는 태초와 3절의 첫째 날은 같은 날을 가리키는 것일까요? 아니면 제 3의 관점도 있는 걸까요? 이제 본문을 한 절씩 읽으면서 생각해보겠습니다.

관찰과 해석

1절은 창조 이야기 I의 표제라고 할 수 있습니다. 조금 전에 읽은 것처럼 '태초에 하나님이 창조하시니라'와 '하늘과 땅을'이 대등한 비중의 문장입니다. 무엇보다 관심을 끄는 단어는 '태초에 בראשית(베레쉬트)'입니다. 앞서 살펴본 것처럼 학자들은 1절과 2, 3절과의 관계를 파악하기 위해 이 단어를 중요하게 취급했습니다. 그런데 '베레쉬트'의 정확한 의미를 알기 위해서는 용례를 살펴보는 것이 필요합니다. '시작' '최상' '처음' '첫째' '첫 열매' 등의 의미를 가진 '레쉬트'는 구약 성경에 51번이나 나옵니다. 그러나 전치사 '베'가 들어간 단어는 구약 성서에 다섯 번 밖에 나오지 않습니다. 예레미야에서 네 번 사용되었는데, 여호야김(26:1)과 시드기야(27:1, 28:1, 49:34)의 즉위 연도를 가리킬 때 사용되었습니다. 즉, "왕권의 시작에 있어서"라는 의미의 숙어적 표현 בראשית ממלכות(베레쉬트 맘레쿠트)에 사용되었습니다. 이 용어는 왕이 즉위한 후 첫 새해를 맞아 즉위 제 1년으로 공인되기 이전의 미 확정된 통치기간을 가리키며, 유다 왕국에도 적용됩니다.[9] 만약 여호야김 시대의 새해가 봄이었다면 왕권의 시작(베레쉬트 맘레쿠트)는 주전 609년 8/9월에서 608년 3/4월 사이의 미 확정된 기

9) Simon J. De Vries, "Chronology of the Old Testament" IDB 1;586a, 587a.

간을 가리킵니다.[10)] 이 용법은 수메르어 mu-sag(첫해), nam-lugal-la(왕권의) 혹은 아카드어 rēšh šarrūti에서도 그대로 인정됩니다.[11)] 이집트 문헌들에서도 계속되는 사건의 첫 발생을 암시하는 '첫 번째 시기'에 대해서 사용됩니다.[12)] 호세아 9:10의 בְּרֵאשִׁיתָהּ(베레쉬타흐)는 "그것(무화과)의 첫 계절에"라는 의미로 해석되는데, 그 단어 바로 앞의 "무화과 나무의 첫 열매"와 연어(collocation) 관계에서 햇무화과(탁쉬)를 생산하는 6월의 미 확정된 기간을 가리킵니다.[13)] 이처럼 '베레쉬트'가 시작과 관계된 기간을 가리킨다는 것은 '마지막 날들' 을 가리키는 대조어 באחרית(베아하리트)를 보아서도 알 수 있습니다(창 49:1, 사 46:9-10 참조).[14)] 따라서 '태초'는 일반적으로 알려진 것처럼 찰나적 순간(a point in time)이 아니라 일정 기간(a period of time)을 가리킨다고 볼 수 있습니다.[15)] 한글 개역 개정성경 왕하 19:25과 사 37:26에서 '태초부터(미메이 케뎀)'로 번역된 히브리어도 복수형으로 되어 있습니다. 그러니까 '태초에(베레쉬트)'는 창조의 6일 기간을 가리키는 것이라고 할 수 있습니다.

'태초에(베레쉬트)' 다음으로 중요한 단어는 '창조하다 ברא(바라)'입니다. 구약 성서에 약 50번 나오는 이 단어는 전적으로 하나님의 창조 행위를 진술할 때만 사용되었습니다(창 1:1, 21, 27x2, 2:3, 5:1, 2, 6:7, 시 51:10, 89:12, 47, 사 40:26, 41:20; 렘 31:22; 암 4:13) 다시 말해 이 단어가 사용될 때 주어

---

10) William L. Holladay, *Jeremiah* V. 2, Hermenia; Mineapolis; Fortress, 1989년, 103쪽.

11) 김진섭, 고대근동학의 배경에서 본 창조 이해, 103쪽, 통합연구 45, 통합연구학회, 2005년

12) 존 왈튼, 앞의 책 67쪽.

13) 위의 책, 104쪽.

14) 위의 책, 105쪽.

15) John Sailhamer, *Genesis Unbound*(Sisters, Ore.:Multnomah, 1996), 38쪽.

혹은 암시적 주어는 언제나 하나님입니다.[16] 창 1:1-2:23에는 이 단어 외에도 '짓다'로 번역된 יצר(야짜르; 2:7,19)와 '만들다' '짓다'로 번역된 עשה(아싸; 1:7, 25, 26, 31, 2:18)가 함께 사용되고 있습니다. 그러나 다른 단어들은 구약 성서에서 인간들의 행위를 설명할 때도 사용되었습니다. ברה(바라)의 뜻은 '어떤 것을 존재하게 하다(bring something into being)'입니다.[17] 그런데 이 단어가 사용된 용례를 살펴보면 반드시 물질적인 것만이 아닌 비물질적인 것도 목적어가 되어 있음을 알 수 있습니다. 이를테면 정결한 마음(시 51:10), 북쪽과 남쪽(시 89:12), 어둠(사 45:7), 환난(사 45:7)등입니다.[18] 이 사실은 창조 이야기에서 하나님의 창조 행위가 물질의 창조 뿐 아니라 기능의 창조에도 초점이 맞춰져 있음을 알게 해줍니다.[19]

1절의 세 번째 단어는 복수 형태의 단수 명사 '하나님 אֱלֹהִים(엘로힘)'입니다. 창조 이야기 첫 부분(1:1-2:3)에는 '하나님(엘로힘)'이란 단어가 35번이나 나옵니다. 아마도 창조 이야기의 화자-내레이터는 신성한 상징적 숫자 7의 배수를 염두에 두었을 것입니다. 구약성서에 2570번 등장하는 '엘로힘'은 יהוה(야훼)와 함께 하나님을 가리킬 때 가장 빈번하게 사용되었습니다. 대부분의 경우 보통 명사 엘로힘은 우주 혹은 전인류의 하나님으로서, 고유 명사 야훼는 이스라엘과 언약 관계에 있는 하나님을 묘사할 때 사용됩니다. '엘로힘'이란 이름의 의미는 '강한 자' 혹은 '전능자'입니다. 그

---

16) 위의 책 60쪽.

17) John H. Stek, *What Says The Scripture?, Portraits of Creation*, Eerdmans, 1990, 213쪽.

18) 존 왈튼, 앞의 책 63-64쪽을 참고하십시오.

19) 둘째 날 궁창(하늘)의 창조는 새로운 물질을 창조한 것이라고 보기 어렵습니다. 셋째 날도 마찬가지입니다. 그러나 기능의 창조라는 관점에서 본다면 인간에게 절대적으로 필요한 것들이 존재하게 된 기원의 설명이 됩니다.

런데 '엘로힘'이 언제나 한 분 하나님을 가리키지는 않습니다. 많은 경우 '신들'을 가리킬 때도 사용되었습니다(창 3:5; 출 12:12, 20:3, 23:24, 34:15,16; 민 25:2, 33:4; 신 4:28, 6:14, 10:17, 13:6, 29:18, 32:17; 수 23:7, 24:15; 삿 2:3, 3:6, 5:8, 6:10, 10:6,14; 룻 1:15; 삼상 17:43; 삼하 7:23; 왕상 11:2, 19:2; 왕하 17:33, 18:33; 시 82:1,6, 86:8, 138:1; 단 11:8,37; 렘 2:28, 43:12, 48:35; 나 1:14; 습 2:11).

'천지 הַשָּׁמַיִם הָאָרֶץ(하샤마임 뵈하아레쯔)'는 수사법의 일종인 '분할법(merismus)'으로서, 상반되는 단어 두 개로 전체를 나타낼 때 사용됩니다. 예를 들어 인간을 가리킬 때 '영과 육'이라고 한다든가(고전 7:34), 우주를 가리킬 때 '하늘과 땅'이라고 하는 식입니다(신 30:19). 무엇보다도 고대인들의 우주에 대한 생각은 우리처럼 통합되어 있지 않았습니다. 우리가 우주(cosmos)라는 단어를 사용할 때는 통합된 체계로서 우주를 의미합니다. 그러나 고대인들에게는 하늘과 지구가 별과 달이 있는 하나의 우주에 속해 있다는 개념이 없었습니다. 하늘과 땅과 별은 엄연히 따로 존재하는 자연이었습니다.

특히 고대 이스라엘 백성들은 하늘이 하나님이 거하시는 성소이고, 땅은 인간이 거주하는 곳이라고 생각했습니다. 그래서 시 115:16에는 "하늘은 여호와의 하늘이라도 땅은 사람에게 주셨도다"라고 노래했습니다. 그런데 이 히브리어 관용적 표현 '하늘과 땅'에서 땅은 하늘 아래 있는 것의 총칭이며, 바다와 지하수를 포함합니다. 왜냐하면 아직 땅은 물에 덮여 있었기 때문입니다. "옷으로 덮음 같이 주께서 땅을 깊은 바다로 덮으시매 물이 산들 위로 솟아 올랐으나"(시 104:6)[20] 이처럼 성경은 우주를 하늘과 땅으로 이분(bipartite)하기도 하고, 하늘과 땅과 바다로 3분(tripartite)하기

20) David Toshio Tsumura, *Creation and Destruction,* Winona Lake, Indiana, Eisenbrauns, 2005년, 70쪽.

도 합니다. 1절을 창조 행위로 보는 김경래 같은 학자는 1절의 하늘과 8절 이하에 나오는 하늘을 구분 짓습니다. 마치 하늘을 두 번 창조한 것처럼 보이기 때문입니다. 그래서 1절의 하늘은 우주와 천상계 혹은 영계로, 8절 이하의 하늘은 지구(아레츠)의 일부로 해석합니다. 1절의 하늘은 '하샤마임'으로 불렀지만 14, 15, 17, 20절의 하늘은 '하늘의 궁창(라키아 하샤마임)'이라고 불렀기 때문이라는 것입니다.[21)]

그러나 8절에서 '궁창(라키아)'를 '하늘(샤마임)'이라고 부르고 있다는 점에 유의할 필요가 있습니다. 1절에서 창조 이야기의 화자가 '하늘(샤마임)'이라는 단어를 선택했을 때 이미 머리 속에 둘째 날에 창조된 궁창의 이름이 '하늘'이라는 것을 알고 있었기 때문입니다. 어쨌거나 하나님은 하늘과 땅을 만드신 창조주이십니다. "하늘이 주의 것이요 땅도 주의 것이라 세계와 그 중에 충만한 것을 주께서 건설하셨나이다"(시 89:11). 하늘과 땅에 대해서는 둘째 날과 셋째 날 창조에서 더 자세히 살펴보기로 합니다.

2절은 '땅이 혼돈하고 공허하며 흑암이 깊음 위에'와 '하나님의 영은 수면 위에 운행하시니라'가 대등한 비중의 문장입니다. 2절은 '땅'의 상태를 설명하는 것으로 시작합니다. 여기서 땅의 상태를 설명하고 있는 비(Be) 동사 '하이타(הָיְתָה)'가 '이었다(was)'인지 '되었다(became)'인지 살펴볼 필요가 있습니다. 가끔 유튜브의 동영상 중에 '되었다'를 고집하는 유대인 강사들이 있는 것을 봅니다. 그러니까 '땅이 혼돈하고 공허하게 되었다'로 해석하는 전제는, 1절을 표제로 보지 않고 창조 사실에 대한 진술로 보는 것입니다. 그런데 이 단어가 '되었다'로 해석되기 위해서는 '레(ל)' 같은 전치사를 반드시 필요로 합니다. 본문에 그런 전치사가 없고 시제가 과거

---

21) 김경래, 구약성경난제 I, 대장간, 1999, 22-24쪽.

완료인 것은 '이었다'로 해석하도록 이끕니다. 인간이 거주하고 먹거리를 얻는 땅에 초점을 맞추어, 창조 이전의 상태를 설명하고 있는 것입니다. 2절에서 내레이터는 위 아래의 수직적 공간 개념을 강조합니다. 흑암이 깊음 위에 있고, 하나님의 영은 수면 위에 있었다는 식입니다. 2절 앞 부분의 명사구 '혼돈과 공허 תֹהוּ וָבֹהוּ(토후 봐보후)'는 중언법(hendiadys)으로 읽어야 합니다. 즉, 같은 뜻의 다른 단어를 붙여서 말하는 것입니다. 이 명사구 '혼돈과 공허'는 분할법을 사용한 앞 절의 '하늘과 땅'과 대비되는 수사법입니다. 대부분의 영어 성경에서 이 말은 'formless and void(형태가 없고 비어있음)' 로 번역되었습니다. 이것은 영어 역본의 모체가 되는 헬라어 70인 역에서 '보이지 않고 꼴을 갖추지 않음(unsightly and unfurnished)'라고 번역한 것에 기인합니다. 그러나 이 히브리어 관용적 표현은 구약 성서에서, 경작지가 아닌 황무지(토후)와 폐허가 된 거주지(보후)를 가리킬 때 사용되었습니다.[22] 예컨대 하나님은 야곱을 황무지(토후)에서 만나주셨다고 했습니다(신 32:10).

따라서 창 1:2에서 땅이 혼돈하고 공허했다는 것은 아직 식물이 나지 않았고, 사람이 거주하지 않은 장소였다는 의미입니다.[23] 땅은 원래 인간을 위해 식물을 내거나 사람이 사는 장소여야 하지만, 태고의 물에 잠겨있어 아직 그런 기능을 갖추지 못했다는 것입니다. 앞서 궁창과 하늘 개념을 살펴보았을 때처럼 내레이터는 이미 인간에게 식물을 주는 땅(경작지)을 염두에 두고 있습니다. 그러므로 땅이 혼돈하고 공허했다는 것은 창조과학자들이 말하는 것처럼 원초적 지구가 진흙과 가스 덩어리였다는 진술이 아닙니다. 구약 성서에서 단지 3번 사용된 בֹהוּ(보후)는 20번이나 사용된 תֹהוּ(토후)와 함께 사용되며, 단독으로 사용되지 않습니다. 특히 예레미야

22) 더 자세한 것은 존 왈튼, 앞의 책 73쪽 '토후' 일람표를 참고하십시오.

23) David Toshio Tsumura 위의 책, 35쪽. 더 자세한 것은 22-35 쪽을 읽어보십시오.

4:23과 이사야 34:11에서 하나님의 심판을 받은 상태를 진술할 때 사용되었습니다. 이집트 창세 신화 중 가장 오래된 헤르모폴리스 창세 신화에는 태초의 대양(primeval ocean)의 구성요소인 대양(누)와 무량(혜후), 그 원초적 대양의 특성으로서 암흑(케쿠)와 혼돈(테넴)에 대해 언급합니다.[24] 이때 혼돈은 형태가 없거나 뒤죽박죽이 되어 있다는 의미가 아니라, 동서남북의 일정한 방향이 없다는 의미입니다. 대부분의 영어 성경이 '토후'를 '형태 없음(formless)'으로 번역한 것은 주전 7세기 이후 일관되게 이어져온 물질 중심의 헬라적 사고를 반영한 것입니다. 주전 4세기에 살았던 아우구스티누스도 예외일 수 없어서 <미완성창세기 문자적 해설 3,10>에서 혼돈과 공허를 물질이 꼴을 갖추지 않은 상태로 이렇게 설명했습니다. "성경은 하늘과 땅을 우주의 꼴을 갖추지 않은 물질이라고 합니다. 이 물질은, 말로 표현할 수 없는 하느님의 명령으로 꼴을 갖추고 아름다운 자연으로 변했습니다. ... 하늘과 땅은 혼돈되고 뒤섞여 있었지만, 조물주이신 하느님께서 꼴을 갖추기에 적당한 상태가 되었습니다".[25] 이것은 헬라 철학의 영향을 받아 창 1장을 물질의 기원에 대한 설명으로 보았던 교부들의 입장을 보여줍니다.

"흑암이 깊음 위에 있고"라는 명사구는 앞의 "땅이 혼돈하고 공허하며"라는 명사절과 2급 액센트로 대등한 의미를 가집니다. 즉, 창조 이전 상태를 설명하는 것입니다. 빛이 창조되기 전, 땅이 물에서 올라오기 전의 상태에 대한 진술입니다. 그리고 "흑암이 깊음 위에, 하나님의 영은 물 위에"라는 표현은 "~ 위에(알 프네이)'라는 부사구를 통한 평행법(parallelism)

---

24) Coffin Text 76.

25) 앤드루 라우스, 교부들의 성경주해 구약성경 I, 하성수 옮김 분도 출판사, 2008년, 58쪽.

입니다. 이 평행법과 액센트를 통해 "깊음"이 "물"이라는 것을 알 수 있습니다. 첫 단어 '흑암 חֹשֶׁךְ(호셰흐)'은 구약성서에서 하나님의 현존을 묘사할 때 특징적으로 사용됩니다. 이집트 창세신화에서 태초의 대양의 특성 자체가 '암흑'인 것에 비해, 창세기에서 암흑은 '깊음(큰 물)' 위에 있습니다. 즉, 어둠이 큰 물을 덮고 있고 있습니다. 이스라엘 민족이 하나님이 계신 곳-성막과 성전의 지성소를 조명장치나 창문이 없이 캄캄하게 만든 이유도 여기에 있습니다. 왜냐하면 태초에 하나님의 루아흐(영)가 테홈(큰 물) 위 흑암(호셰흐) 속을 맴돌았기 때문입니다. 이집트에서도 신전 지성소들은 가장 깊숙한 곳에 있으며 캄캄하게 만들었습니다. 다음의 성경 구절들은 지성소가 왜 캄캄해야 하는지 이유를 말해줍니다.

> "너희가 가까이 나아와서 산 아래에서 서니 그 산에 불이 붙어 불길이 충천하고 어둠과 구름과 흑암이 덮혔는데"(신 4:11)

> "그가 흑암을 그의 숨는 곳으로 삼으사 장막 같이 자기를 두르게 하심이여 곧 물의 흑암과 공중의 빽빽한 구름으로 그리하시도다"(시 18:11)

> "그 때에 솔로몬이 이르되 여호와께서 캄캄한 데 계시겠다 말씀하셨사오나 내가 주를 위하여 계실 성전을 건축하였사오니 주께서 영원히 계실 처소로소이다 하고"(왕상 8:12-13)

그러니까 흑암은 하나님의 현존을 사람들이 목도할 수 없게 하기 위한 장치라고 할 수 있습니다. 이집트 신화에서도 민족의 신 아문은 모습을 드러내지 않습니다. 사람들에게 존재가 드러날 경우 주술로 조종당할 수 있기 때문입니다.

'깊음 תְּהוֹם(테홈)'은 구약 성경에 36번 나오며, 바다(창 1:2, 욥 41:32, 시 38:6, 42:7, 104:6, 106:9, 107:26, 사 51:10, 63:13, 암 7:4, 욘 2:5, 합 3:10) 혹은

지하수(창 7:11, 8:2, 욥 28:14, 38:16, 시 33:7, 71:20, 135:6, 잠 8:24, 28 겔 31:4)와 같이 거대한 물 덩어리(water mass)를 가리킵니다. 현대 히브리어에서 '테홈'은 바다와 맞닿은 절벽 같은 곳을 가리키기도 합니다. 구약 성경에서 바다를 가리킬 때 가장 빈번하게 사용하는 단어는 ים(얌)입니다.

예를 들어 하늘/땅/바다의 3중 구조로 우주를 설명할 때 ים(얌)을 사용했을 뿐 תהום(테홈)을 사용하지 않았습니다(출 20:11, 시 146:6, 학 2:6, 시 96:11, 69:35, 135:6).[26] 궁켈 같은 학자들은 창 1장을 바빌론의 창조 신화 에누마 엘리쉬에 맞추어 해석하기 위해 히브리어 '테홈'이 아카드어 '티아맛'에서 왔다고 주장해왔습니다. 마르둑이 바다의 여신 티아맛을 죽여 그 시체로 하늘과 땅을 만든 신화가 반영되어 있다는 것입니다. 그러나 그런 주장은 언어학적으로 이치에 맞지 않습니다. 테홈이나 티아맛 둘 다 셈어의 'tíhām(거대한 양의 물)' 에서 각각 파생했다고 보아야 하며, 신화에서 차용된 단어가 아닙니다. 오히려 히브리어의 테홈은 우가릿어의 tahāmu(타하무)에 더 가까우며 더 오래된 것입니다.[27] 그 뿐 아니라 히브리어의 테홈은 지하수(단물)와 바다(짠물)를 포함한 거대한 물 덩어리를 가리키고, 마르둑 신화에서 티아맛은 바닷물을 가리키므로 창세기1:2을 신들의 투쟁 신화로 해석할 수 없습니다.[28] 베스터만도 <에누마엘리쉬>와 달리 창 1에서는 투쟁 이야기가 들어있지 않음을 분명히 했습니다.[29] 결국 테홈은 세상이 만들어질 때 있었던 태고의 물(primeval water)을 가리킨다고 볼 수 있습니다. 이집트의 헤르모폴리스 창세 신화가 들어 있는 CT 76, 헬리오폴리스 창세신화와 멤피스 창세신화가 들어 있는 CT 714 모두 태초의 대

26) David Toshio Tsumura, 위의 책, 63쪽.
27) David Toshio Tsumura, 위의 책 53쪽.
28) David Toshio Tsumura 위의 책 75쪽.
29) 클라우스 베스터만, 창조, 분도출판사, 1991년, 62-63쪽.

양 누(Nj)가 창조의 출발점임을 말하고 있습니다. 창세기의 내레이터가 동시대 고대인들과 동일한 우주 지리학(cosmic geography)의 관점을 가지고 있다고 전제할 때, '테홈'은 태초의 우주 창조 결과가 아니라, 6일 창조가 시작될 때의 질료라고 볼 수 있습니다. 이집트 창세신화에 등장하는 "태초의 대양"은 "공허"라기 보다는 "무한하고 어두운 물"에 더 가깝게 해석될 수 있습니다. 성각문자(hieroglyph)로 "태초의 대양"은 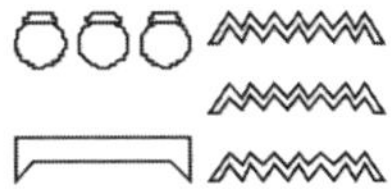

nw(j) 즉, "물의 속성을 가진 자(the watery one)"로 불리며 "누(Nu)"라는 신으로 숭배되었습니다. 성각문자로 표현된 "단지"와 "물결무늬" 등을 통해 "태초의 대양"이 "공허" 혹은 "무"가 아닌, 창조의 질료를 포함한 물질로 표상되었다는 것을 알 수 있습니다.30) 다만 이 "태초의 대양"은 아직 활성화되지 않았기 때문에  *n(j)n(j)* 다시 말해, "불활성(inert)"인 성질을 가지고 있다고 생각되었고, 여기에서 "눈(Nun)"이라는 신의 이름이 파생되었습니다 "태초의 대양"과 "불활성" 간의 상관관계가 최초로 언급되는 문서는 아래의 코핀 텍스트 CT V 312e-f; cf. CT V 316f-g입니다.

나는 물(nw)이로다.
나는 기력이 없는 존재(njnj)로다.
나는 그 어미의 아기(nw)로다.

---

30) James P. Allen "The Cosmology of the Pyramid Texts." Pages 1-28 in *Religion and Philosophy in Ancient Egypt*. Edited by William Kelly Simpson. Yale Egyptological Studies 3. New Haven: Yale Egyptological Seminar, Department of Near Eastern Languages and Civilizations, Graduate School, Yale University. 1989. 10쪽.

나는 아이, 하토르의 아들이로다.

나는 물(nw) 속에서 불활하는 존재(njnj)로다.[31]

'하나님의 영 רוח אלהים(루아흐 엘로힘)'은 '하나님의 영' 혹은 '하나님의 바람' 어느 쪽으로도 번역이 가능합니다. 전자는 신학적으로 해석된 의역이고, 후자는 직역이기 때문입니다.[32] 폰 라트(Von Rad)는 '하나님의 폭풍' 으로 해석했습니다.[33] '하나님의'를 최상급에 대한 표현으로 보고 해석했기 때문입니다. 그러나 창 1장에서 '엘로힘'은 항상 하나님을 가리키기 때문에 유독 이 구절만 최상급의 표현으로 보는 것은 어색합니다. 가톨릭 평신도 신학자 주원준은 '루아흐 엘로힘'을 하나님의 사자로 해석했습니다(삼하 22:11, 시 104:4).[34] 하나님의 사자가 날개를 가졌다는 시편 저자의 표현과 하나님의 영이 수면 위를 운행하신다(날아다니신다)는 표현이 잘 어울리는 해석이라고 볼 수 있습니다. 그런데 바람을 뜻하는 '루아흐'는 때로 '입김(욥 15:30)' 으로 번역되며, '루아흐 엘로힘'은 '(하나님의)영' 또는 '(하나님의)신' 으로 번역됩니다. 하나님의 바람이 생명을 일으키기 때문입니다. 욥기 33:4에서는 רוח אלהים(루아흐 엘로힘)이 사람을 창조하셨다고 하고, 창 2:7에서 하나님이 흙으로 만든 사람의 코에 생기(니쉬마트 하임)을 불어

---

31) James P. Allen, *Genesis in Egypt: The Philosophy of Ancient Egyptian Creation Accounts*. Yale Egyptological Studies 2. New Haven: Yale Egyptological Seminar, Department of Near Eastern Languages and Civilizations, Graduate School, Yale University. 1988. 3-4쪽, 유성환 역을 인용했습니다.

32) 하나님에 대한 의인화를 극도로 기피했던 타르굼 옹켈로스는 '바람'으로 해석했습니다. 따라서 "주님 앞에서 나온 바람이 물 위에 불고 있었다"로 되어 있습니다. 타르굼 옹켈로스 창세기, 배철현 역주, 한님성서연구소, 2001년, 115쪽.

33) G. Von Rad, *Genesis: A Commentary*, Philadelphia:Westminster, 1972, 49-50 쪽.

34) 주원준, 구약성경과 신들, 한님 성서연구소, 2012년, 100-01쪽.

넣었다고 되어 있습니다. 시편 33:6절에서 천지를 지은 여호와의 말씀과 입김(루아흐)을 동의대구(synonymous parallelism)로 진술하는 것은, 시편의 저자가 창 1:2의 루아흐를 하나님의 영으로 해석했음을 암시합니다. 그리고 시편 104:30에서 하나님은 '주의 영 רוּחֲךָ(루아흐카)'을 보내 창조하며, 지면을 새롭게 한다고 묘사합니다. 70인역 창세기에도 '루아흐 엘로힘'을 '하나님의 영 πνεῦμα θεοῦ(프뉴마 데우)'로 번역했습니다. 에스겔 37:9-14에는 마른 뼈 위에 '루아흐'가 불어와 생명을 불어넣어 주므로 살아있는 사람을 만드는 환상이 나옵니다. 무엇보다도 창세기 1:2과 가장 가까이에 있는 창세기 6:3에는 "나의 영(루아히)이 영원히 사람과 함께 하지 아니하리니"라는 표현이 나옵니다. 이때 하나님의 '루아흐'는 바람이나 천사가 아닌 하나님의 영(신)을 가리킨다고 보는 것이 좋습니다. 그렇다면 1:2의 '루아흐 엘로힘'을 '하나님의 영'으로 해석해도 좋을 것 같습니다.

'수면 위에 עַל־פְּנֵי הַמָּיִם(알 프네이 하마임)'은 둘째 날 창조와 평행을 이룹니다. 왜냐하면 시편이나 예언서에서 하나님이 하늘을 보좌로 삼았다고 했을 때, 하늘 위의 물 위에 계시는 분이라는 것을 암시하기 때문입니다. 시편 104:3에는 "물에 자기의 누각의 들보를 얹으시며 구름으로 자기 수레를 삼으시고 바람 날개로 다니시며"라고 했습니다. 흥미로운 것은 6일 창조 이전에 이미 물이 존재하고 있다는 점입니다. 이것은 창조 이야기 내레이터의 우주론(cosmology)이 고대 이집트나 근동 사람들의 것과 다르지 않았음을 보여줍니다. 바빌론 창세 신화 에누마 엘리쉬는 하늘과 땅이 만들어지기 전에 이미 지하수와 바닷물이 있었다고 합니다.[35] 그리고 이집트 고 왕국 시대의 피라미드 텍스트와 중 왕국 시대의 관(coffin) 텍스트와

35) 조철수, 수메르 신화, 서해문집, 2003년, 153-54쪽.

주전 700년경에 만들어진 샤바카 스톤에는 각각 헤르모 폴리스와 헬리오 폴리스와 신왕국 시대의 멤피스 창세 신화가 기록되어 있습니다. 이 모든 기록에는 천지가 창조되기 전 무한히 넓고 어둡고 혼돈한 태고의 큰 바다에 대해 말하고 있습니다. 그럼에도 불구하고 이집트 창세 신화와 성서의 창조 이야기는 신의 존재 방식을 설명하는데 근본적인 차이를 보입니다. 이집트의 창세 신화에서 최초의 신 아툼은 태고의 물에서 생긴 거대한 공기방울로부터 발현했습니다. 그는 자연 속에 내재해 있던 신이었습니다. 그러나 창세기의 엘로힘 하나님은 자연으로부터 초월해 있습니다. 물 속에서 발현한 것이 아니라 이미 물 위를 맴돌고 있었던 것입니다. 다시 말해 성경은 엘로힘 하나님이 천지의 창조와 함께 존재하게 된 신이라고 말하지 않습니다. 물 속에서 만들어진 거대한 공기 방울은 엘로힘 하나님이 창조한 하늘일 뿐입니다.

'운행하시니라 מְרַחֶפֶת(메라헤페트)'는 '맴돌다'가 더 나은 번역입니다. 하나님의 영이 마치 어미 새가 새끼들의 둥지 위를 너풀거리는 것처럼 물 위를 맴돌고 있음을 말하고 있다. 큰 물위에 바람이 일어 파도가 일어나고 있음을 보여주는 이미지이기도 합니다. 여기에 사용된 동사 רחף(라하프)의 여성 분사인 '메라헤페트'는 "마치 독수리가 자기의 보금자리를 어지럽게 하며 자기의 새끼 위에 너풀거리며(예라헤프) 그의 날개를 펴서 새끼를 받으며 그의 날개 위에 그것을 업는 것같이"(신 32:11)에서 잘 표현됩니다. 상 이집트의 수호신 네크베트가 독수리 형상을 하고 있다는 사실이 이 단어와 어떤 연관이 있는지는 밝혀진바 없습니다. 어쨌거나 자기 백성을 마치 어미 새처럼 보호하시는 하나님의 이미지는 이사야와 누가복음에도 반영되어 있습니다. "새가 날개 치며 그 새끼를 보호함 같이 나 만군의 여호와가 예루살렘을 보호할 것이라(사 31:5상) "암탉이 제 새끼를 날개 아래에

모음 같이 내가 너희의 자녀를 모으려 한 일이 몇 번이냐 그러나 너희가 원하지 아니하였도다"(눅 13:34중하). 이처럼 성경에 나오는 하나님에 대한 첫 번 이미지가 어미 새라는 사실이 흥미롭습니다. 히에로니무스는 <강해집>에서 하나님의 영이 물 위를 휘젓고 있는 구절이 이미 세례를 예시하고 있다고 보았습니다. 그는 "세례는 성령 없이 참된 세례가 될 수 없다"고 했습니다.[36] 초기 그리스도교 교부 중의 한 사람인 시리아인 에프렘은, 창조 사역이 삼위일체 하나님의 공동사역 증거로 보고 <창세기 주해>에서 이렇게 진술했습니다. "성부와 성자와 성령이 함께 창조 작업을 이루었다는 사실을 알기 위해서, 이쯤에서 영이 맴돌고 있었다는 사실을 밝히는 게 좋겠습니다. 성부께서 말씀하셨고 성자께서 창조하셨습니다. 영 또한 분명 창조 작업에 한 몫 했습니다. 영은 다른 두 위격과 일치하였음을 증명하기 위해 영이 맴돌고 있다는 사실을 분명이 보여주었습니다. 따라서 모든 것이 삼위에 의해 완성되고 완수 되었음을 알 수 있습니다".[37] 후대의 신학이 시대를 거슬러 올라가 창조 이야기에까지 반영된 해석이라고 할 수 있습니다.

창세기 1:1-2의 신학; 우주 창조와 신전 건축의 서론

창세기 1:1-2은 1:1-2:3에 나오는 창조 이야기의 맥락에서, 그리고 창조 이야기는 이집트와 고대 근동의 창세 신화라는 큰 틀에서 이해할 필요가 있습니다. 이집트와 고대 근동에서 우주창조는 신전 건축으로 상징화되었고, 창세 신화는 신전 텍스트의 주요 특징이었습니다. 한마디로 신들은 우주를 창조한 다음, 자신의 신전에 들어가 안식하며 통치를 시작합니다. 우

36) 앤드루 라우스, 앞의 책, 58쪽.

37) 위의 책, 58쪽

주 창조에 대한 기록은 곧 창조주의 우주 통치에 대한 정당성과 신전 건축의 명분을 부여하는 문서였습니다. 그런 관점에서 창세기 1:1-2도 신전 텍스트(temple text)의 첫 단락으로 이해하는 것이 좋습니다. 창조 이야기는 표제와 창조 이전 상태의 설명(1:1-2), 6일 간의 우주 창조에 대한 구체적 묘사(1:3-31), 7일 째 창조주의 안식(2:1-4)으로 구성되는 신전 텍스트입니다. 비록 구체적인 신전 건축은 묘사되지 않지만, 하나님이 안식했다는 것은 곧 우주 신전의 보좌에 앉음을 의미합니다(사 66:1 참조).

창조 이야기가 신전 텍스트라는 것은 1절의 표제에서부터 드러납니다. 앞서 살펴본 바대로 "베레쉬트"는 구약 성서에서 사용된 5번의 용례 중 유다 왕들의 미 확정 통치기간을 가리키는데 네 번이나 사용되었습니다. 하나님을 우주와 이스라엘의 통치자(왕)로 묘사하는 통례로 볼 때, 창세기 1:1에서 사용된 "베레쉬트"도 우주의 왕이신 하나님의 미 확정 통치기간을 가리키는데 사용되었다고 볼 수 있습니다. 따라서 "베레쉬트"는 즉위 이전 하나님이 우주를 창조한 6일의 기간을 가리키며, 제 7일은 우주 통치를 확정적으로 시작하는 날- 즉위 일을 가리킵니다. 모세 오경에서 제 7일을 "하나님의 안식일"로 부르며, 절기 중 가장 중요한 날로 취급하는 이유도 거기에 있습니다. 앞으로 살펴보겠지만 제 7일의 첫 번째 의미는 하나님의 즉위(안식) 일이며, 두 번째 의미가 인간들이 노동을 중단하는 날입니다. 왜 하나님의 안식일에 인간들이 노동을 중단해야 할까요? 그것은 하나님의 통치 결과를 상징적으로 보여주는 것이기 때문입니다. 진정한 왕은 백성들에게 안식을 제공합니다.

〈교부들과 함께 성경 읽기〉

성경은, 이 구절에서 어떤 시간적인 처음을 말하지 않고, 하늘과 땅과

만물이 '한 처음에', 곧 구원자 안에서 만들어졌다고 말합니다(오리게네스, 창세기 강해 1,1).[38)]

첫째, 물질은 우주의 이름, 곧 하늘과 땅으로 불립니다. 그렇기 때문에 물질은 절대적으로 무에서 만들어졌습니다. 둘째, 물질이 꼴을 갖추지 않았다는 것은 꼴을 갖추지 않은 땅과 심연에 대한 언급으로 시사됩니다. 모든 요소 가운데 땅은 다른 것보다 꼴을 덜 갖추고 덜 밝기 때문입니다. 셋째, 물이라는 이름에서 보듯이 물은 땅보다 더 쉽게 움직일 수 있기 때문에, 조물주의 행위에 영향을 받기 쉬운 물질입니다. 물은 이처럼 쉽게 조작되고 움직일 수 있기 때문에, 조물주에 좌우되는 물질은 땅이라기 보다 물로 불려야 합니다(아우구스티누스, 미완성 창세기 문자적 해설 4,13).[39)]

38) 앤드루 라우스, 앞의 책, 53쪽.
39) 앤드루 라우스, 앞의 책, 58쪽.

첫째 날 1장 3-5절

먼저 한글 개역개정 성경과 히브리어 성경을 대조해서 읽겠습니다.

3 하나님이 이르시되 빛이 있으라 하시니 빛이 있었고

4 빛이 하나님이 보시기에 좋았더라 하나님이 빛과 어둠을 나누사

5 하나님이 빛을 낮이라 부르시고 어둠을 밤이라 부르시니라 저녁이 되고
아침이 되니 이는 첫째 날이니라 (한글 개역개정판)

1급 1급 2급

3 וַיֹּ֥אמֶר אֱלֹהִ֖ים יְהִ֣י א֑וֹר וַֽיְהִי־אֽוֹר׃

오르 봐예히 오르 예히 엘로힘 봐요메르

2급 2급 1급 2급 3급

4 וַיַּ֧רְא אֱלֹהִ֛ים אֶת־הָא֖וֹר כִּי־ט֑וֹב וַיַּבְדֵּ֣ל אֱלֹהִ֔ים בֵּ֥ין הָא֖וֹר וּבֵ֥ין

우베인 하오르 베인 엘로힘 봐야브델 토브 - 키 하오르-에트 엘로힘 봐야르

1급

הַחֹֽשֶׁךְ׃

하호셰흐

1급 2급 2급 3급

5 וַיִּקְרָ֨א אֱלֹהִ֤ים ׀ לָאוֹר֙ י֔וֹם וְלַחֹ֖שֶׁךְ קָ֣רָא לָ֑יְלָה וַֽיְהִי־עֶ֥רֶב

에레브-봐예히 라일라 카라 뵐라호셰흐 욤 라오르 엘로힘 봐이크라

1급 2급

וַֽיְהִי־בֹ֖קֶר י֥וֹם אֶחָֽד׃ פ

에하드 욤 보케르 - 봐예히

이제 분리 액센트를 따라 직역한 히브리어 본문을 읽어 보겠습니다. 1급 액센트를 표시한 (//)과, 2급 액센트를 표시한 (/)와, 3급 액센트를 표시한 (*)와, 4급 액센트를 표시한 (#)를 모두 적용해봅니다. 히브리어 어순과

는 조금 다르지만, 1급 액센트가 있는 단어는 **고딕**처리를 했습니다. 히브리어 본문에서 그 단어가 (//) 바로 앞에 있다고 보시면 됩니다. 문장의 맨 처음에 나오는 2급 액센트가 전체 문장의 1/4 비중을 차지하고, 두 번째로 나오는 2 급 액센트가 1/8을 차지하고, 세 번째로 나오는 2 급 액센트는 1/16을 차지하는 원칙을 따라 읽어봅니다.

3 하나님이 말씀하셨다(봐요메르 엘로힘)/**빛**이 있어라(예히 **오르**)// **빛**이 있었다(봐예히 **오르**)//

4 그가 빛을 보셨다 하나님이(*)(봐야르 엘로힘)/그것이 **좋았다**(키 **토브**)//하나님이 나누셨다(봐야브델 엘로힘)/빛과 **어둠** 사이를(베인 하오르 우베인 **하호셰흐**)//

5 하나님이 부르셨다 빛을(*) 낮이라고(봐이크라 엘로힘 라오르 욤)/그리고 어둠을(뷀라호셰흐)/ **밤**이라고 부르셨다(카라 **라일라**)//저녁이 있었고 아침이 있었다(봐예히 에레브 봐예히 보케르)/**한** 날(욤 **에하드**)//

관찰과 해석

첫째 날 이야기는 2절부터 시작하지만 앞에서 다루었기 때문에, 이제는 3절부터 시작하겠습니다. 먼저 3절의 구조를 보면, '하나님이 이르시되 빛이 있으라 하시니'라는 문장과 '빛이 있었고'라는 문장이 같은 비중으로 대칭을 이루고 있습니다. 그리고 두 문장을 시작하는 동사 – 이르시되(바요메르)와 있었고(봐예히) – 는 모두 바브 연속법의 완료 시제입니다. 여기에서 '빛이 있었고(봐예히 오르)'는 다른 단락에서 '그대로 되니라(봐예히 캔)'과 같은 관용적 표현으로 보시면 됩니다. 3절의 첫 단어는 '이르시되(바요메르)'인데, 직역하자면 '그가 말씀하셨다'입니다. 바로 뒤에 따라 오는 주어 '하나님(엘로힘)'의 동작을 서술합니다. 이 단어는 전형적인 바브 연속법의 동사인데, 성경에 이 단어가 2000번이나 나옵니다. 창조이야기의 내레이터가 6일 창조 매 단락 첫 단어를 '이르시되' 로 시작하는 것은(1:3, 6, 9, 14, 20, 24), 하나님이 만물을 말씀으로 창조하셨음을 보여주려고 하는 의도로 해석됩니다.

신약 히브리서에서는 창조 이야기의 핵심을 이렇게 진술했습니다. "믿음으로 모든 세계가 하나님의 말씀으로 지어진 줄을 우리가 아나니"(히 11:3상). 말씀을 통한 창조를 설명하는 다른 단어들은 '있으라(1:3, 6x2, 13, 14x2)' '모이게 하라(1:9)' '드러나게 하라(1:9)' '싹을 내라(1:11)' '번성하게 하라(1:20)' '날으라(1:20)' '생육하고 번성하고 충만하라(1:22, 28)' '번성하라(1:22)' '내라(1:24)' 등입니다. 이와 같은 하나님의 창조적 말씀들은 왕적 선언의 형식과 기능을 보여주고 있습니다(창 42:18-20, 왕하 12:5, 스 1:3-4, 6:3-5, 7:23).[1] 이것은 창조 이야기의 화자가 엘로힘 하나님을 단순히 창조자로 묘사하지 않고, 피조 세계의 통치자로서 찬양과 경배의 대상임을 보여주고 있습니다.

그런데 하나님이 '말씀으로 창조했다'는 말과 의미상 동일한 표현은 '입 기운으로 창조했다'입니다. 사람이 말을 할 때 입에서 음성과 함께 공기가 나오는 이미지를 신인동형론(anthropomorphism)의 소재로 사용한 것입니다. 그래서 시편 저자는 "여호와의 말씀으로 하늘이 지음이 되었으며, 그 만상을 그의 입 기운으로 이루었도다"(시 33:6)라고 고백했습니다.[2] 그런데 이 말씀은 잠언에서 의인화된 지혜로 묘사됩니다. 마치 지혜가 인격체인 것처럼 일인칭 화법으로 이야기합니다. 심지어 지혜는 야훼 하나님 옆에서

1) John H. Stek, 앞의 책, 232쪽

2) 고대인들은 신의 입에서 나오는 것은 입김뿐 아니라 침도 신성한 힘이 있다고 생각했습니다. 따라서 예수 그리스도가 자주 침을 뱉어 치유하셨다는 기록은, 그의 신성을 보여주는 대목으로 해석할 수 있습니다(막 7:33; 8:23, 요 9:6).

창조자(장인)로 일했다고 고백합니다. “내가 그 곁에 있어서 창조자가 되어 날마다 그의 기뻐하신 바가 되었으며 항상 그 앞에서 즐거워하였으며”(잠 8:30). 이 인격을 가진 지혜는 신약 성서에서 ‘육신을 입으신 그리스도’로 해석됩니다(요 1:1, 14).

흥미로운 것은 이집트 창세 신화에서도 말씀을 통한 창조가 묘사되어 있습니다. 창조의 신 아툼이 장인의 신 프타를 말씀의 매개체로 삼아 신들과 세상을 창조했다는 기록입니다. 헬리오폴리스 창세 신화에서 프타는 창조주가 아닌 매개자로서의 말씀입니다. 아툼의 창조 행위는 필요를 인식하고 평가하는 ‘시아’와 실제로 그것을 만들어 내는 ‘휴’를 통해 구현됩니다.[3] 이때 프타는 ‘휴’로서 창조의 매개자인 것입니다.

> “그러나 프타는 훨씬 오래되었으니, 그는 모든 신들과 그들의 ‘카’를 이 심장을 통해, 이 혀를 통해 살리셨으니... 그-이 9주신은 그의 면전에서 치아와 입술 안에 있으니, 그것이 아툼의 씨와 손이라, 아툼의 9주신은 그의 씨와 그의 손에서 발현하였으나 (프타의) 9주신은 모든 것의 이름을 발음하고, 그를 통해 슈와 테프누트가 나오고 9주신이 태어난, (바로) 이 입의 치아와 두) 입술이라... 그리하여 프타는 모든 것과 모든 신성한 말씀을 만든 후 만족하셨으니... 그리하여 신들은 그들의 몸으로 들어갔으니”[4]

“왜냐하면 나(프타)는 휴, 그의 입 위에 있는자”[5] 원래 멤피스의 주신이었던 프타는 이런 이유로 이집트 전역에서 장인(workman)의 신으로 숭배되었습니다.

---

3) 이집트 파라오의 무덤에는 태양신이 배를 타고 명계로 내려가는 장면이 자주 등장합니다. 그 배에는 태양신의 앞 뒤로 ‘시아’와 ‘휴’가 서있는 모습이 함께 그려져 있습니다.

4) ZAS 39(1902) , pls 1-2에 나옵니다. 유성환 번역을 인용했습니다.

5) CT647에 나옵니다. 역시 유성환 번역을 인용했습니다.

첫째 날 창조의 대상은 빛(오르)입니다. 이 빛은 앞의 구절에서 나온 흑암과 대조를 이루며, 넷째 날에 창조된 해, 달, 별과 대칭을 이룹니다. 이처럼 첫 째 날 빛의 창조는 전체 이야기의 기본 틀을 구성하고 있습니다. 즉, 빛이 어둠과 대비되는 개념이기 때문에 6일 창조의 시작으로 자연스럽습니다. 그러면서 6일 중 후반부 첫째 날의 발광체 창조와 대칭을 이룹니다. 게다가 빛은 나머지 5일 동안 창조된 모든 피조물들과 관련된 기본 기능이기도 합니다. 무엇보다도 빛의 창조가 맨 처음 나오는 이유는 6일 동안 밤과 낮으로 구성되는 하루의 길이를 설명하는데 꼭 필요하기 때문입니다. 그래서 "저녁이 되며 아침이 되니 이는 .... 날이니라"는 말로 마무리되는 6일 동안의 창조 이야기가 가능해지는 것입니다(1:5, 8, 13, 19, 23, 31).

창조 이야기는 하나님의 창조 행위를 찬양하기 위해 기록된 것입니다. 첫째 날 창조 역시 하나님이 세상에 빛을 주셨음을 찬양하는 것입니다. 첫째 날에 빛이 창조되었다는 것은, 고대인들의 가치관에 있어서 빛이 가장 중요했음을 반영합니다. 빛의 창조가 첫째 날에 있었다고 한 것은 마치 사람이 자신의 방에 들어가기 전에 불을 켜는 것과 같습니다.[6] 유대인의 창세기 주석에는 이것을 "마치 왕궁을 건설하기 원하는 왕이 공사 현장이 어둠에 싸여 있는 것을 보았을 때 무엇을 했겠는가? 먼저 등과 횃불을 밝혀서 어디에 기초를 놓을 것인지 보았을 것이다"[7]라고 되어 있습니다. 사실상 '빛의 창조' 의미는 '낮의 창조' 즉, 시간의 창조입니다. 그것은 하나님이 빛을 낮이라고 이름 지으신 것을 보아서도 알 수 있습니다. 이 대목에서 "태양이 만들어지기도 전에 어떻게 빛이 있을 수 있는가?"라는 질문이 생겨날 수 있습니다. 더구나 5절에서 '저녁이 되며 아침이 된다'는 표현

---

6) U. Cassuto, 앞의 책 25 쪽

7) Bereshith Rabba iii 1; for the variant readings consult Theodor's edition

은 지구의 자전 현상으로 생겨나는 결과이기 때문에, 태양이 없는데 낮과 밤이 왔다는 것이 상식적으로 맞지 않습니다. 그러면 해와 달과 별이 창조되기도 전에 어떻게 빛이 비칠 수 있으며, 그 빛은 무엇입니까? 먼저 하나님이 빛을 창조하신 뒤에 '낮'이라고 불렀다는 사실에 주목할 필요가 있습니다. 빛이 비치는 시간대를 낮이라고 부르는 사실에 기초해 볼 때 하나님이 "빛이 비치는 시간대가 있으라"고 말한 것으로 해석할 수 있습니다.[8] 그것은 하나님이 어둠을 밤이라고 부르신 것과 같은 맥락입니다. 따라서 첫째 날에 창조된 빛을 '원초적 빛'으로 보고 넷째 날에 창조된 빛과 다르게 해석하려고 하는 것은 어색합니다. 해가 만들어지기도 전에 낮과 밤이 있다는 것이 논리에 맞지 않다고 무시하는 것도, 고대인들의 기능 지향적 우주관과 창조 이야기의 문학적 특성을 몰각한 데서 비롯됩니다.

다시 말해서 고대인들은 빛의 물질적 특성이 아니라, 빛이 비치는 시간대의 기능을 중심으로 사고했습니다. 하나님의 창조 행위도 빛이 비치는 시간대에 이루어졌다고 생각하는 데는 예외가 없었습니다. 따라서 창조 이야기의 논리상 낮 혹은 하루의 창조가 우선 말해야 했습니다. 그리고 첫째 날 빛의 창조는 넷째 날 즉, 6일 창조의 후반부 첫째 날 해와 달과 별의 창조를 위한 준비가 됩니다. 특히 내러티브에는 전달하고자 하는 주제와 형식이 화자의 관심사를 따라 묘사되어 있습니다. 무슨 주제든지 입증 가능한 방식으로 과학적 상식에 맞게 이야기를 전개하는 현대인과 그런 점에서 달랐습니다.

창조 이야기의 주제는 한 분 하나님이 세상을 만드셨고, 사람들에게 필요한 환경과 기능을 주셨다는 것입니다. 그래서 한 분 하나님과 의존 관계로 단단히 결속될 때 정상적인 삶을 영위할 수 있다는 교훈을 담고 있습

---

8) 존 왈튼, 앞의 책, 81-84쪽

니다. 아마도 전반부 후반부의 구조 속에서 이야기를 전개하려다 보니 그렇게 된 것 같습니다. 따라서 첫째 날 창조된 빛을 넷째 날 창조된 태양과 달과 별개로 해석할 필요가 없습니다. 이미 첫째 날 빛이 곧 낮이라는 사실이 밝혀지고 있기 때문입니다. 어쩌면 이집트의 창세 신화 구조가 첫째 날에 빛이 창조된 것을 이해하는데 도움이 될 수 있습니다. 창조 신 아툼은 처음에 태초의 대양 안에 있었습니다. 아직 하늘이 만들어지기 전입니다. 즉, 피조 세계 안에 있는 내재하는 자(immanent being)였습니다. 그 내재하는 자가 발현을 통해 일자에서 무한 존재자가 된 것입니다. 그러니까 태양으로 상징되는 아툼 신은 하늘 신이 태어나기 전에 발현합니다. 성경 창조 이야기에서 빛이 하늘보다 먼저 만들어진 것과 순서가 같습니다. 빛이 가장 먼저 창조되었다는 이야기는 중국 고대문헌에도 나옵니다. 공자가 쓴 서경에 순 황제(주전 2230년경)가 '샹띠(上帝)에게 제사를 드렸다'는 기록이 나옵니다. 이 제사는 1911년 폐지되기까지 약 4,000여 년 지속되어 왔습니다. 중국인들은 '샹띠'를 경배했고, 동지 때 황제가 직접 제사를 주관했습니다. 대명회전이란 책에는 다음과 같이 '샹띠'를 우주와 만물의 창조자로 기록하고 있습니다.

> "지극히 오래 전 태초에 공허하고 암흑의 큰 혼돈이 있었사옵니다. 다섯 행성(태양 주위의 행성)은 아직 운행되지 않았었고, 태양도 달도 빛을 발하지 않았었습니다. 거룩하신 신황(神皇)께서 이곳에 모든 만물을 지으셨습니다. 주께서 모든 만물을 만드셨사옵니다. 그리고 사람을 지으셨사옵니다. 당신의 능력으로 모든 만물이 지음을 받았사옵니다."[9]

3절은 히브리어 비(Be) 동사 '하야(היה)'가 '있으라'와 '있었고'의 형태

---

9) James Legge, *The Notions of the Chinese Concerning God and Spirit*(Hong Kong: Hong Kong Register Office) 1852, 28쪽

로 두 번 사용되었습니다. 흥미로운 것은 '있으라'가 강세 명령(imperative)이 아니라, 소원 혹은 부탁의 의미를 가진 형태라는 것입니다. 그래서 굳이 직역하자면 '빛이 있기 원하노라' 정도가 되겠습니다. 이런 형태의 명령(jussive)이 6일 창조에서 계속 사용됩니다. '있었고'는 미완료형 동사 앞에 접속사 '바브'를 붙여서 완료형으로 만드는 '바브 전환법' 축약형입니다. 그리고 '있으라' '있었고'는 일종의 평행법으로서, 하나님의 명령이 곧바로 시행되는 느낌을 간결하고 힘있게 전달합니다. 둘째 날부터 '빛이 있었다(봐예히 오르)'라는 문장은 '그대로 되니라(봐예히 헨)'이라는 관용구로 바뀌어 사용됩니다. 이와 같은 '예히~봐예히~"의 문장은 고대 서사시의 기본 문체 법칙을 따르고 있습니다.[10)]

이 구절을 읽으면 제가 여러 해 전 예루살렘에 있는 '성서학과 고고학 학교' 도서관에서 자료 검색하느라 며칠을 보냈던 기억이 납니다. 쿰란 발굴을 주도했던 롤랑 드보 신부님이 세운 그 학교 도서관은 세계에서 성서학 자료를 가장 많이 소장하고 있습니다. 그리고 온 라인으로 자료 검색을 허용하지 않습니다. 그래서 여러 나라의 성서학자들이 허락을 받고 찾아와 연구 자료들을 챙겨갑니다. 저는 그때 세례자 요한에 관한 자료들을 수집하고 있었습니다. 그래서 매일매일 부지런히 서고 사이를 누비고 다녔습니다. 그런데 어느 날 서고 하나에 전등이 켜져 있지 않았습니다. 마침 다른 나라에서 온 학자 한 분도 그 방에 들어 와서 자료를 찾기 시작했습니다. 하지만 전등을 켜지 않은 상태에서 자료를 찾기가 쉽지 않았습니다. 그 사람이 제게 전등 스위치가 어디에 있는지 아느냐고 물었습니다. 상식적으로 생각해서 도어 뒤에 있지 않을까 하고 봤더니, 거기에 있었습니다. 그래서 제가 스위치를 올리면서 말했습니다. "예히 오르(빛이 있으라)" 금세 방이

10) U. Cassuto, 앞의 책, 26쪽.

환해졌습니다. 그러자 그 분이 말했습니다. "봐예히 오르(빛이 있었다)"

4절은 하나님이 창조하신 빛을 감리하는 문장으로 시작합니다. '그가 보셨고(봐야르)' '좋았더라(토브)'의 의미입니다. 이 관용적 표현은 6일 창조에서 여섯 번(둘째 날에서 생략되고 셋째 날에서 두 번 반복) 나옵니다(1:4, 10, 12, 18, 21, 25, 31). 이 표현은 우주 만물이 엘로힘 하나님에 의해 창조되었을 뿐 아니라, 감리까지 되었음을 나타냅니다. 그리고 '좋았더라(토브)'는 단어는 '선함(창 44:4, 삼상 3:18, 시 23:6, 100:5136:1, 잠 22:9, 딤전 4:3-4 참조), '아름다움(민 14:7, 신 3:25, 4:22, 6:18, 8:7)'으로도 번역되었습니다.

요약하자면 하나님이 계획하시고 창조하신 빛을 감리한 결과 완벽하더라는 것입니다. 4절에서 1 급 액센트를 중심으로 나누어진 두 번째 문장, '하나님이 빛과 어둠을 나누사'는 빛의 용도에 대한 설명입니다. 이 설명은 5절로까지 이어집니다. 그러니까 첫째 날 창조는 하나님이 빛을 만드시고, 그 빛을 어둠과 분리시키고, 그 나누어진 것들에 이름을 주는 행위까지 포함합니다. '그가 나누었다(봐야브델)'는 표현은 6일 창조에서 5번 나옵니다. 즉, 빛과 어둠, 궁창 위의 물과 아래의 물로 분리할 때 사용되었습니다(1:4, 6, 7, 14, 18). 빛과 어둠을 나누었다는 의미는, 하루 중 빛이 비치는 시간대(낮)와 빛이 비치지 않는 시간대(밤)로 구분된다는 의미입니다. 이 말은 해와 달의 용도를 설명하는 구절에서 분명해집니다. "낮과 밤을 주관하게 하시고 빛과 어둠을 나뉘게 하시니 하나님이 보시기에 좋았더라"(1:18).

아우구스티누스는 하나님이 빛을 창조하고 감리하신 것에 대해 이렇게 말했습니다.

> "빛이 생겨라는 문장은 말로 나타낼 수 없는 표현이었습니다. 하느님께서 창조하신 빛은 형태가 있는 빛입니다. 하느님께서 보시니 그 빛이 좋았다

> 라는 말은 하느님께서 알지 못하는, 당신보다 앞서 있던 좋은 것을 찾아내셨다는 뜻이 아니라 당신께서 행하신 일이 좋다고 인정하셨음을 뜻합니다. 하느님에게서 태어난 빛과 하느님께서 만드신 빛은 다릅니다. 하느님에게서 태어난 빛은 바로 하느님의 지혜이지만, 하느님께서 만드신 빛은 유형이든 무형이든 변하기 쉬운 것입니다" - 아우구스티누스 <미완성 창세기 문자적 해설> 5,20[11]

5절은 1급 액센트가 있는 단어를 중심으로 둘로 나뉘어집니다. 즉, 하나님이 빛과 어둠의 이름을 정하는 문장과, 하루에 대한 설명 문장이 대등한 비중을 갖습니다. 5절은 '그가 부르셨다(봐이크라)'는 바브 전환법 동사로 시작합니다. 이 동사는 '읽었다' '불렀다' '이름 지었다' '기도했다(하나님의 이름을 불렀다)' 등 다양하게 사용됩니다. 그리고 5절에서 이 단어는 '그가 이름 지으셨다'는 의미입니다. 6일 창조에서 이름 짓기는 5번(1:5x2, 8,10x2) 나오는데, <에누마 엘리쉬>에서도 창조는 이름을 짓는 것과 연관되어 있습니다. 구약 성서에서 어떤 것의 이름을 짓는 것은 그에 대한 주권을 주장하는 것과 관련이 있습니다(왕하 23:34, 24:17).[12] 야훼 하나님이 아브람, 사래, 야곱의 이름을 아브라함, 사라, 이스라엘로 바꾸어 부른 것이 좋은 예가 됩니다(창 17:5,15, 32:28). 그리고 느부갓네살의 환관장이 다니엘과 하나냐와 미사엘과 아사랴를 벨드사살, 사드락, 메삭, 아벳느고로 바꾸어 부른 것도 같은 맥락에서 이해될 수 있습니다. 이처럼 이름 짓기(카라)는 창조하다(바라), 이르다(아마르), 있으라(예히), 나누다(바달)과 함께 엘로힘 하나님의 창조 행위를 설명하는 주요 단어입니다. 이사야서에 좋은 예가 나옵니다. "야곱아 너를 창조하신 여호와께서 지금 말씀하시느니

---

11) 앤드루 라우스, 앞의 책, 59쪽
12) John H. Stek, 앞의 책, 233쪽

라 이스라엘아 너를 지으신 이가 말씀하시느니라....내가 너를 지명하여 불렀나니 너는 내 것이라”(사 43:1).

5절의 후반부 ‘저녁이 되고 아침이 되니(봐예히 에레브 봐예히 보케르)’를 직역하면 ‘그리고 저녁이 있었다. 그리고 아침이 있었다’가 됩니다. 6일 창조에서 하루가 지나갔음을 가리키는 관용적 표현입니다(1:8, 13, 19, 23, 31). 이것은 히브리 민족이 전통적으로 하루의 시작을 저녁부터 계산하는 관습과 관계 있습니다. 물론 구약 성서에서 하루의 시작을 새벽으로 표현하기도 하지만(창 19:33-34, 삿 6:38, 삼상 19:11, 28:19), 대부분의 경우 하루의 시작은 저녁으로 묘사됩니다(출 12:18). 창세기의 저자는 창조 이야기에서 하나님의 빛 창조가 어둠에서 시작하여 다시 어둠이 찾아 오기까지의 시간으로 규정지으려 한 것으로 보입니다. 베스터만(Claus Westermann)은 창세기의 저자가 시간을 날의 개념으로 구별하려 했기 때문이라고 해석합니다.[13]

첫째 날(욤 에하드)를 직역하면 ‘한 날’입니다. 첫째 날은 ‘욤 리숀(יום ראשון)’이라고 해야 정상입니다. 6일 창조의 다른 날들은 서수(ordinal number)로 진술한 반면, 첫째 날만 자연수(natural number)로 묘사한 것입니다. 그 이유에 대해 나흐마니데스와 같은 랍비는 둘째 날 창조가 아직 없었기 때문이라고 설명합니다.[14] 하지만 자연수 ‘하나(에하드)’를 가지고 서수의 의미로 사용하는 용례가 히브리어에서 자주 발견됩니다. 예를 들어 ‘첫 달에’라고 말할 때 ‘베에하드 라호데쉬(באחד לחדש)’라고 합니다. 그리고 ‘첫 주에’라고 할 때도 베에하드 베슈바트(באחד בשבת)라고

13) 위의 책, 109쪽
14) U. Cassuto, 앞의 책 30

합니다. ‘하나’를 의미하는 남성형 숫자 ‘에하드’는 이처럼 ‘낮과 밤’을 포함하는 하루를 설명하기 위해 사용되었습니다. 날을 가리키는 ‘욤(יום)’은 구약 성경에서 하루를 가리키는 유일한 단어입니다. 그리고 여러 날을 가리키는 단어는 ‘욤’의 복수형태 ‘야밈(ימים)’을 사용합니다. 물론 일정 기간을 단수 형태로 묘사하기도 합니다. “여호와 하나님이 땅과 하늘을 만드시던 날(욤)에”라는 구절이 좋은 예가 됩니다(창 2:4하). 하지만 1:5 본문에서 ‘저녁이 되며 아침이 되니’라고 하면서, 낮과 밤이 한 번씩 교차한 것을 가리키는 한 날(욤)을 기간으로 보기 어렵습니다. 따라서 창조 6일의 각 날을 지구과학의 입장에서 일정 기간 혹은 시대로 보는 것은 문맥상 어색합니다. 중세 랍비 주석가 라시(1040-1105)[15]는 시 90:4의 “주께는 하루가 천 년 같고”라는 표현을 가지고 창조 이야기의 하루를 천 년으로 해석했습니다.[16]

〈교부들과 함께 성경 읽기〉

하느님께서는 빛을 창조하셨고, 어두운 세상은 어둠을 생기게 한 곳입니다. 그러나 선하신 창조주께서는 ‘빛’이란 낱말을 표명하시어, 세상 가운데 빛나는 것을 부어 넣으시어 세상을 드러내셨고, 그 모습을 아름답게 만드셨습니다. 그때 갑자기 하늘이 밝아졌고, 어둠이 찬란히 빛나는 새로운 것에 깜짝 놀라 움츠러들었습니다(암브로시우스, 육일창조 1,9).[17]

---

15) 본명은 이삭의 아들 솔로몬(슐로모 벤 이츠_)이며, 라시는 랍비 슐로모 이츠하키의 준말입니다. 프랑스에서 활동하며 성서와 탈무드의 문자적 해석과 비유적 해석을 동시에 사용했던 그의 주석은 마틴 루터에게뿐 아니라 현대 주석학과 번역본에도 영향을 미쳤습니다.

16) 변순복, 랍비들이 말하는 토라 창세기 이야기, 로고스, 2003, 39쪽

17) 앤드루 라우스, 앞의 책, 59쪽.

해가 창조되자, 해는 땅 위에 있는 영역을 비춥니다. 해가 하늘을 비추면 낮이 되고, 해가 숨으면 땅에 깔리는 어둠은 밤이 됩니다. 하지만 낮과 밤은 태양의 운행에 따른 것이 아닙니다. 오히려 낮을 이어 밤이 오도록 하느님께서 정한 기준에 따라, 처음에 창조된 빛이 흩어졌다가 다시 모여 이루어진 것이었습니다(대 바실리우스, 육일 창조 2,8).[18]

18) 앤드루 라우스, 앞의 책, 61쪽.

둘째 날 1장 6-8절

앞에서는 창조 이야기 I의 주제, 구조, 특징 그리고 첫 단락의 두 문장을 함께 생각해보았습니다. 창조주는 오직 하나님 한 분이며, 전체 이야기가 7의 배수를 중심으로 정교하게 짜여 있고, 액센트를 따라 읽기, 1절부터 3절까지를 읽는 네 가지 견해, 1절과 2절의 단어 해석과 신학적 의의까지 살펴보았습니다. 이제는 둘째 날 창조 이야기에 대해 생각해보겠습니다. 창조 이야기 I의 둘째 단락(6-8절)은 둘째 날 하늘 창조 이야기입니다. 넷째 단락의 해와 달 창조와 대칭을 이루는 단락입니다. 먼저 본문 읽기를 해보겠습니다.

6 하나님이 이르시되 물 가운데에 궁창이 있어 물과 물로 나뉘게 하리라 하시고

7 하나님이 궁창을 만드사 궁창 아래의 물과 궁창 위의 물로 나뉘게 하시니 그대로 되니라

8 하나님이 궁창을 하늘이라 부르시니라 저녁이 되고 아침이 되니 이는 둘째 날이니라 (한글개역개정판)

2급 2급 1급 2급 2급

וַיֹּאמֶר אֱלֹהִים יְהִי רָקִיעַ בְּתוֹךְ הַמָּיִם וִיהִי מַבְדִּיל בֵּין מַיִם 6

마임 베인 마브딜 뷔히 하마임 베토흐 라키아 예히 엘로힘 봐요메르

1급

לָמָיִם׃

라마임

2급 3급 2급 3급 2급 3급

7 וַיַּ֣עַשׂ אֱלֹהִים֮ אֶת־הָרָקִיעַ֒ וַיַּבְדֵּ֗ל בֵּ֤ין הַמַּ֙יִם֙ אֲשֶׁר֙ מִתַּ֣חַת לָרָקִ֔יעַ

라라키아 미타하트 아쉐르 하마임 베인 봐야브델 에트-하라키아 엘로힘 봐야아쓰

1급 1급 2급 2급

וּבֵ֣ין הַמַּ֔יִם אֲשֶׁ֖ר מֵעַ֣ל לָרָקִ֑יעַ וַֽיְהִי־כֵֽן׃

헨 - 봐예히 라라키아 메알 아쉐르 하마임 우베인

1급 2급 1급 2급 3급

8 וַיִּקְרָ֧א אֱלֹהִ֛ים לָֽרָקִ֖יעַ שָׁמָ֑יִם וַֽיְהִי־עֶ֥רֶב וַֽיְהִי־בֹ֖קֶר י֥וֹם שֵׁנִֽי׃ פ

셰니 욤 보케르-봐예히 에레브-봐예히 샤마임 라라키아 엘로힘 봐이크라

이제 분리 액센트를 따라 직역한 히브리어 본문을 읽어 보겠습니다. 1급 액센트를 표시한 (//)과, 2급 액센트를 표시한 (/)와, 3급 액센트를 표시한 (*)와, 4급 액센트를 표시한 (#)를 모두 적용해봅니다. 히브리어 어순과는 조금 다르지만, 1급 액센트가 있는 단어는 **고딕**처리를 했습니다. 히브리어 본문에서 그 단어가 (//) 바로 앞에 있다고 보시면 됩니다. 문장의 맨 처음에 나오는 2급 액센트가 전체 문장의 1/4 비중을 차지하고, 두 번째로 나오는 2급 액센트가 1/8을 차지하고, 세 번째로 나오는 2급 액센트는 1/16을 차지하는 원칙을 따라 읽어봅니다.

6 하나님이 말씀하셨다(봐요메르 엘로힘)/창공이 있으라(예히 라키아)/ **물** 가운데(베토흐 하마임) //나뉘어지도록(뷔히 마브딜)/물과 **물** 사이가(베인 마임 라마임)//

7 그가 만드셨다 하나님이(*) 창공을(봐야아쓰 엘로힘 에트 하라키아)/그리고 나누셨다(*) 물 사이를(*) 창공 밑의/그리고 물 사이를(봐야브델 베인 하마임 아쉐르 미타하트 라라키아)/그리고 물 사이를(우베인 하마임)/즉(아쉐르)/**창공** 위에 있는 물 사이를(우베인 하마임 아쉐르 메알 라라

키아)// **그대로** 되었다(봐예히 헨)//

8 그가 이름 지으셨다 하나님이(*) 창공을(봐이크라 엘로힘 라라키아) / **하늘**이라고(샤마임)//저녁이 있었고, 아침이 있었다(봐예히 에레브 봐예히 보케르)/**둘째** 날(욤 셰니)//.

관찰과 해석

6절도 첫째 날 창조에 대한 설명과 같이 '이르시되(봐요메르)'라는 바브 전환법 문장으로 시작합니다. 그리고 '있으라' '(나뉘게)되어라'에 사용된 비(be) 동사는 약한 명령형(jussive)입니다. 먼저 궁창(라키아)이라는 명사부터 살펴봅니다. 이 단어는 (망치로)쳐서 펴는 것을 뜻하는 동사 라크아(רקע)와 어근이 같습니다. 욥기 37:18에는 궁창이 "구름장들을 두들겨 넓게 만들어 녹여 부어 만든 거울 같다"라고 되어 있습니다. 따라서 궁창은 물을 하늘 위로 밀어 올리기 위해 하나님이 넓게 펴서 만든 반구체(半球體)-돔(dome)을 가리킵니다. 한자어 '궁창(穹蒼)'에서 활을 가리키는 '궁'자가 들어 있는 것도 하늘이 활처럼 휘어져 있음을 묘사하는 것입니다. '만드사(봐야아쓰)'라는 단어는 하나님이 마치 장인이 그릇을 만들 듯 궁창을 만들었음을 보여줍니다.

전치사구 '아래의(미타하트)'와 '위의(메알)'에는 '~로부터'라는 의미의 '미' 또는 '메'와 아래를 뜻하는 '타하트', 위를 뜻하는 '알'이 붙어 있습니다. 하늘(샤마임)은 궁창이 물을 밀어 올린 공간에 생겨난 대기권을 가리킵니다. 흥미로운 것은 하늘이라는 단어는 관계대명사 שׁ(셰)와 '물'을 가리키는 מים(마임)의 합성어라는 점입니다. 그러니까 하늘은 물을 담고 있는 장소입니다. 둘째(셰니)란 단어는 빛의 창조가 행해진 다음 날을 가리키기 때문에 서수가 사용되었습니다. 유대인들은 하늘 창조에 대한 묘사가 긴 이유는 하나님이 하늘 만드시는데 시간이 오래 걸렸기 때문이라고 설명합니다.

둘째 날 하늘 창조 이야기를 이집트와 고대 근동신화와 성경의 지혜문학과 대조해보겠습니다. 엘로힘 하나님이 궁창을 만들어 위의 물과 아래의 물로 갈라놓았다는 성경의 창조 이야기는 에누마 엘리쉬에서 마르둑 신이 티아맛을 죽인 시체를 쪼개어 하늘과 땅을 만들었다는 이야기와 대조됩니다. 먼저 에누마 엘리쉬 넷째 토판을 소개합니다.

"(마르둑은 티아마트를 죽였다)
그는 쉬었다. 주(마르둑)는 그녀의 시체를 들여다 보았다.
이 괴이한 몸을 나누어 놀라운 것을 만들겠다고 하였다.
그는 그녀를 갈라 말린 물고기처럼 둘로 나누었다.
그 반을 세워서 창공으로 씌웠다.
빗장을 걸고 문지기를 두어서
물이 새나가지 않게 하라고 명령하였다.
그는 하늘을 가로질러 가며 성소(聖所)를 눈여겨 보았다.
그는 누딤무드의 거처인 앞수와 버금가는 곳을 만들었다.
주(主)는 앞수의 크기를 재었다.
그가 그의 모습으로 세운 위대한 신전은 에사길라였다.
그가 지은 위대한 신전 에샤라는 창공이었다.
그는 아누와 엔릴과 에아를 그들의 성소에 살게 하였다."[1]

---

1) 에사길라는 '3,600의 집(신전)입니다. 어떤 사물을 3600으로 표현하는 것은 제일 많다는 뜻입니다. 하늘에 신전을 짓고 큰 신들의 거처로 삼는 전승은 후대에 전해졌습니다. 고대 메소포타미아 천문도에 의하면 천체를 아누, 엔릴, 에아의 3궤도로 나누고 12 등분하여 각각에 별자리를 분배하였습니다. 조철수, 앞의 책 170-171쪽

그러나 성서의 창조 이야기와 에누마 엘리쉬 사이에는 뚜렷한 유사점과 차이점이 존재합니다. 유사점은 둘 다 하늘 위에 물을 두기 위해 창공을 만들었다는 것입니다. 차이점으로는 첫째, 성서의 창조 이야기에는 엘로힘 하나님 외에 다른 신들이 나오지 않습니다. 따라서 엘로힘 하나님의 경쟁 상대는 없습니다. 둘째, 마르둑 신이 티아맛의 시체를 가지고 하늘을 만든 것과 달리, 엘로힘 하나님은 말씀으로 창공을 만들었습니다. 셋째, 성서의 창조 이야기는 엘로힘 하나님이 하늘에 성전을 만들었다고 명시적으로 이야기하지 않습니다. 이런 유사점과 차이점이 에누마 엘리쉬와 성서의 창조 이야기와의 관련성을 설명하는 결정적 단서가 되지 못합니다. 에누마 엘리쉬는 메소포타미아 지역에 있던 창세 신화 가운데 하나일 뿐이며, 구약 성서의 창조 이야기가 에누마 엘리쉬로부터 직접적인 영향을 받았다는 가설은 입증되지 않습니다.

이집트의 신화 그림[2]에는 하늘의 여신 '누트'가 자신의 몸을 활처럼 둥글게 땅의 신 '겝'을 향해 구부린 위로 태양신 '레'가 배를 타고 동쪽 지평선에서 서쪽 지평선으로 하늘 바다를 항해하고 있고, 대기의 신 '슈'는 하늘을 떠받치고 있는 그림이 있습니다. 이 그림에서 두 개의 원이 물과 물을 연결하는데, 수직의 원은 하늘 위의 물과 아래의 물을, 수평의 원은 땅을 둘러싸고 있는 물을 연결합니다.[3] 이스라엘 민족이 오랜 세월 이집트에서 살다가 나왔으며, 창세기가 출애굽 과정에서 기록되었음을 전제할 때 성서의 창조 이야기가 이집트인들의 우주관과 동떨어진 것이 아님을 알 수 있습니다.

---

2) Othmar Keel, *The Symbolism of the Biblical World:Ancient Near Eastern Iconography and the Book of Psalms*, New York, Seabury Press, 1978, 16-60쪽.

3) John H. Stek, 앞의 책, 227쪽에 있습니다.

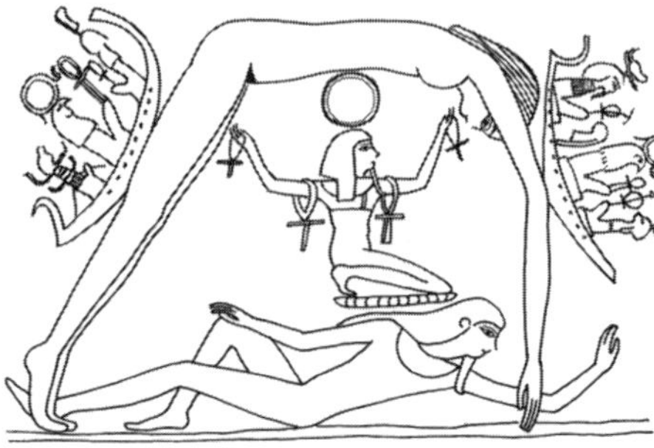

이집트 신화

성서의 지혜문학에는 엘로힘 하나님이 하늘을 지은 이야기를 다음과 같이 묘사합니다.

"그가 하늘을 지으시며 궁창을 해면(테홈)에 두르실 때에 내가 거기 있었고, 그가 위로 구름 하늘을 견고하게 하시며 바다(테홈)의 샘들을 힘있게 하시며"(잠 8:27-28)

"물을 빽빽한 구름에 싸시나 그 밑의 구름이 찢어지지 아니하느니라... 그가 꾸짖으신즉 하늘 기둥이 흔들리며 놀라느니라"(욥 27:8, 11)

다시 본문의 의미를 생각해봅니다. 둘째 날 창조는 하늘의 창조에 관한 것입니다. 하늘은 고대인들에게 매우 중요한 장소였습니다. 인간과 동식물의 생존에 필요한 비가 내려오는 곳이고, 바람이 부는 곳이며,[4] 천체가 운행하는 곳이고, 주요 신들이 거하는 장소로 여겨졌습니다. 더 나아가 둘째 날 창조는 넷째 날의 일월성신 창조를 위한 준비가 됩니다. 이것은 대기권

---

4) 그런 점에서 하늘 창조는 단순히 공간의 창조를 너머, 기후라는 기능의 창조라고 할 수 있습니다. 이것은 첫째 날 창조가 단순한 '빛의 창조'를 너머 '시간이라는 기능의 창조'라는 점과 같습니다.

을 첫째 하늘로, 행성의 운행 장소를 둘째 하늘로, 하나님이 계신 곳을 셋째 하늘[5]로 보았던 성경시대 이스라엘 민족의 우주관도, 고대 근동 사람들의 우주관과 크게 다르지 않음을 보여줍니다. 창조 이야기의 화자는 궁창이 하늘 위의 물이 한꺼번에 땅에 쏟아지지 않도록 지탱할 정도로 단단하다고 생각했음에 틀림없습니다. 또한 땅도 지하수가 한꺼번에 분출되거나 물 속에 잠기지 않도록 지탱할 정도로 매우 단단하다고 생각했습니다. 그래서 욥기에는 하늘을 떠 받치고 있는 기둥과 땅의 기초에 대해, 사무엘서에는 '하늘의 기초'에 대해 말하고 있으며, '땅의 기초'에 대해 말하고 있습니다.

> "그가 꾸짖으신즉 하늘 기둥이 흔들리며 놀라느니라"(욥 26:11). "내가 땅의 기초를 놓을 때에 네가 어디 있었느냐 네가 깨달아 알았거든 말할지니라"(욥 38:4).

> "이에 땅이 진동하고 떨며 하늘의 기초가 요동하고 흔들렸으니 그의 진노로 말미암음이로다"(삼하 22:8).

따라서 하늘의 창조는 엘로힘 하나님이 찬양 받으실 만한 위대한 일이었습니다. 그와 반대로 하늘에서 큰 비가 내리고 땅의 지하수가 솟아난 노아 시대 대홍수는 다름 아닌 창조주 하나님의 대 심판으로 간주되었습니다(창 7:11). 덧붙이자면, 심판은 창조 질서의 전복이고, 구원은 심판 상태를 창조 질서로 회복시키는 것입니다. 그러나 이스라엘 민족의 우주관에서 하늘이 신적 존재가 아니라 피조물에 불과하다는 점에서, 주변 민족들의 것과 뚜렷이 구별됩니다. 하늘은 하나님의 말씀 "있으라, 나뉘라"와 창조

5) 왕상 22:19, 고후 12:2를 참조하십시오.

작업 '만드사, 나뉘게 하시니, 부르시니라'에 의해 존재하게 되었습니다. 그리고 하늘이 에누마 엘리쉬에 나오는 아누, 엔릴, 에아처럼 작은 신(small god)로 인격화되지도 않았습니다.

그런데 둘째 날 창조는 그때까지 땅을 덮고 있던 물이 하늘 위와 아래로 갈라졌음을 보여줍니다. 이것은 비가 하늘에서 내려옴을 설명하는 원리인 동시에 1:2에서 하나님이 물 위에 운행하고 계셨다는 진술과 조화를 이룹니다. 그런데 70인 역 사본에는 기록되어 있지만 히브리어 사본에는 둘째 날 창조와 관련되어 "하나님이 보시기에 좋았더라"는 관용구가 나오지 않습니다. 그 이유에 대해서 랍비들의 창세기 주석 <창세기 랍바> 4:8에는 물과 관계된 하나님의 창조 사역이 아직 완성되지 않았기 때문이라고 설명합니다. 아직 물을 땅과 분리시켜 한 곳으로 모으지 않았고, 바다라는 이름도 붙여지지 않았기 때문이라는 것입니다.

결국 둘째 날 창조는 하나님이 하늘 위에 계셔서 사람들에게 비를 주신다는 중요한 교훈으로 이끕니다. 하나님이 하늘에 계시다는 것에 덧붙여 하나님을 상징하는 색깔이 하늘 색을 가장 닮은 청옥 색-사파이어(lapislazuli) 색이라는 것을 생각해봅니다. "이스라엘의 하나님을 보니 그의 발 아래에는 청옥(사파이어)을 편듯하고 하늘 같이 청명하더라"(출 24:10) "그 머리 위에 있는 궁창 위에 보좌의 형상이 있는데 그 모양이 남보석(사파이어) 같고"(겔 1:26상). 그래서 제사장의 옷도 청색이 기본 색깔입니다. "그가 에봇 받침 긴 옷을 전부 청색으로 짜서 만들되"(출 39:22). 사파이어는 고대 근동과 이집트에서 신의 형상을 만들 때 기본적으로 사용하는 가장 귀한 보석이었습니다.

신전 텍스트로서의 1:6-8

하나님이 하늘을 만드셨다는 이야기 역시 신전 텍스트의 관점에서 읽을 필요가 있습니다. 왜냐하면 하늘이 하나님의 처소이고, 지상의 성전은 그것의 상징이기 때문입니다. 시편 저자는 "물에 자기 누각의 들보를 얹으시며"(시 104:3상) 혹은 "여호와의 보좌는 하늘에 있음이여 그의 눈이 인생을 통촉하시고"(시 11:4)라고 노래하며, 하늘 혹은 하늘 위의 물이 하나님의 신전임을 노래했습니다. 아울러서 우리는 성막 혹은 성전의 구조가, 하늘과 땅의 수직 축(vertical axel)을 지성소와 성소의 수평 축(horizontal axel)으로 표현한 것에 주목할 필요가 있습니다.[6] 하늘에 계신 창조주 하나님과 땅에 있는 피조물 인간은 위계 질서상 함께 거할 수 없습니다. 그래서 하나님과 인간 사이에 있는 간격을 휘장이라는 기구를 통해 상징적으로 처리했습니다. 그 휘장을 사이에 두고 안쪽에 있는 지성소는 하늘을 상징하고, 바깥에 있는 성소는 땅을 상징합니다. 당연히 휘장 앞에서 피어 오르는 분향단의 향연은 구름을 상징합니다.[7]

〈교부들과 함께 성경 읽기〉

유동적 성향을 지닌 물로 하늘이라는 고정된 실체를 만드신 하느님의 광대한 창조 작업에서 어떤 결점을 찾아낼 수 있겠습니까? 하느님께서 "물 한가운데에 궁창이 생겨라"하고 말씀하셨기 때문입니다. 하느님께서는 단호하게 말씀하셨고, 궁창은 결코 떨어지지 않고 견고하게 붙어 있습니다 (예루살렘의 키릴루스, 예비신자교리교육 9, 5)[8]

물은 더러는 궁창 위에 있고 더러는 궁창 아래에 있도록 갈라져 있었습

---

6) 존 H. 왈튼, 앞의 책 119쪽.

7) 구름 또한 하나님의 현존으로 다가가는 것을 막는 차단 막입니다. 시내산이나 성막 준공일에 하나님의 현존이 있을 때마다 빽빽한 구름이 동반한 이유입니다(출 19:9;40:34).

8) 앤드루 라우스, 앞의 책, 62쪽

니다. 그 물질을 물로 불렀기에 저는 하늘의 궁창이 보이는 사물인 유형의 물질과 보이지 않는 사물인 무형의 물질을 갈라놓았다고 생각합니다(아우구스티누스, 마니교도 반박 창세기 해설 1,11,17).[9)]

물질이 궁창 사이로 끼어들어 가서 갈라지게 되자, 더 낮은 물질은 육체의 물질이 되고 더 높은 물질은 영혼의 물질이 되었습니다(아우구스티누스, 미완성 창세기 문자적 해설 8, 29).[10)]

하느님께서는 이미 전에 하늘을 만드셨고, 이제 궁창을 만드십니다. 그 분은 하늘을 먼저 만드셨고, "하늘이 나의 어좌"(이사 66,1)라고 말씀하십니다. 그러고 나서 궁창, 곧 구체적 모습을 띤 하늘을 만드십니다. 구체적 모습을 띤 모든 물체는 의심할 바 없이 굳고 단단하기 때문입니다. 그리고 '하늘 위에 있는 물과 하늘 아래에 있는 물을 가르는'것은 이 말을 두고 한 것입니다(오리게네스, 창세기 강해 1,2).[11)]

---

9) 위의 책, 63쪽.
10) 위의 책, 63쪽.
11) 위의 책, 63-64쪽.

셋째 날 1장 9-13절

첫째 이야기의 셋째 단락(9-13절)은 셋째 날 육지 창조의 이야기입니다. 자세히 보시면 하나님이 이 날에 하신 일이 두 가지 인 것을 알 수 있습니다. 먼저 마른 땅이 모습을 드러나게 하신 것이고, 그 다음으로 식물들의 싹이 땅에서 솟아나게 하신 것입니다. 그래서 '하나님이 보시기에 좋았더라'는 관용적 표현도 두 개의 창조 사역 뒤에 각각 따라나옵니다. 그러나 식물을 생산하는 장소로서의 땅이 제 기능을 발휘하게 했다는 점에서 하나의 이야기로 볼 수 있습니다. 왜냐하면 식물들은 다섯 째 날과 여섯 째 날에 별도로 창조된 동물과 달리 땅의 소산으로 취급되었기 때문입니다.[1] 고대 히브리인들은 코로 호흡하는 동물만 생명체로 보았으며, 식물들은 땅에서 무시로 솟아나는 것일 뿐 생물로 보지 않았습니다.[2]

그리고 셋째 날 창조는 여섯째 날의 사람과 동물 창조와 대칭을 이루는 단락입니다. 먼저 본문 읽기를 해보겠습니다.

9 하나님이 이르시되 천하의 물이 한 곳으로 모이고 뭍이 드러나라 하시니 그대로 되니라

10 하나님이 뭍을 땅이라 부르시고 모인 물을 바다로 부르시니 하나님이 보시기에 좋았더라

11 하나님이 이르시되 땅은 풀과 씨 맺는 채소와 각기 종류대로 씨 가진 열매 맺는 나무를 내라 하시니 그대로 되어

12 땅이 풀과 각기 종류대로 씨 맺는 채소와 각기 종류대로 씨 가진 열매

1) 다섯 째 날에는 새와 물고기들이, 여섯 째 날에는 육지 동물과 사람이 창조되었습니다.

2) 김정한, 과학자와 함께 읽는 창세기, IVP, 1997, 18쪽

맺는 나무를 내니 하나님이 보시기에 좋았더라
13 저녁이 되고 아침이 되니 이는 셋째 날이니라 (한글개역개정판)

2급 3급 4급 3급

וַיֹּ֣אמֶר אֱלֹהִ֗ים יִקָּו֨וּ הַמַּ֜יִם מִתַּ֤חַת הַשָּׁמַ֙יִם֙ אֶל־מָק֣וֹם אֶחָ֔ד 9

에하드 엘-마콤 하샤마임 미타하트 하마임 이카부 엘로힘 봐요메르

1급 1급 2급

וְתֵרָאֶ֖ה הַיַּבָּשָׁ֑ה וַֽיְהִי־כֵֽן׃

봐예히-헨 하야바샤 뵈테라에

1급 2급 2급 3급 1급

וַיִּקְרָ֨א אֱלֹהִ֤ים ׀ לַיַּבָּשָׁה֙ אֶ֔רֶץ וּלְמִקְוֵ֥ה הַמַּ֖יִם קָרָ֣א יַמִּ֑ים וַיַּ֥רְא 10

봐야르 야밈 카라 하마임 울미크베 에레쯔 라야바샤 엘로힘 봐이크라

1급 2급

אֱלֹהִ֖ים כִּי־טֽוֹב׃

키-토브 엘로힘

4급 2급 3급 2급 3급 3급

וַיֹּ֣אמֶר אֱלֹהִ֗ים תַּֽדְשֵׁ֤א הָאָ֙רֶץ֙ דֶּ֔שֶׁא עֵ֚שֶׂב מַזְרִ֣יעַ זֶ֔רַע עֵ֣ץ פְּרִ֞י 11

프리 에쯔 제라 마즈리아 에쎄브 데셰 하아레쯔 타드셰 엘로힘 봐요메르

1급 1급 2급 2급 3급 3급

עֹ֤שֶׂה פְּרִי֙ לְמִינ֔וֹ אֲשֶׁ֥ר זַרְעוֹ־ב֖וֹ עַל־הָאָ֑רֶץ וַֽיְהִי־כֵֽן׃

헨 봐예히 하아레쯔 알 보 자르오 아쉐르 레미노 프리 오쎄

3급 2급 3급 4급 4급

וַתּוֹצֵ֨א הָאָ֜רֶץ דֶּ֠שֶׁא עֵ֣שֶׂב מַזְרִ֤יעַ זֶ֙רַע֙ לְמִינֵ֔הוּ וְעֵ֧ץ עֹֽשֶׂה־פְּרִ֛י 12

프리 봐토쩨 뵈에쯔 레미네후 제라 마즈리아 에쎄브 데셰 하아레쯔 봐토쩨

1급 2급 1급 2급

אֲשֶׁ֥ר זַרְעוֹ־ב֖וֹ לְמִינֵ֑הוּ וַיַּ֥רְא אֱלֹהִ֖ים כִּי־טֽוֹב׃

키-토브 엘로힘 봐야르 레미네후 보-자르오 아쉐르

1급 2급

וַֽיְהִי־עֶ֥רֶב וַֽיְהִי־בֹ֖קֶר י֥וֹם שְׁלִישִֽׁי׃ פ 13

슐리쉬 욤 보케르 봐예히 에레브 봐예히

이제 분리 액센트를 따라 직역한 히브리어 본문을 읽어 보겠습니다. 1급 액센트를 표시한 (//)과, 2급 액센트를 표시한 (/)와, 3급 액센트를 표시한 (*)와, 4급 액센트를 표시한 (#)를 모두 적용해봅니다. 히브리어 어순과는 조금 다르지만, 1 급 액센트가 있는 단어는 **고딕**처리를 했습니다. 히브리어 본문에서 그 단어가 (//) 바로 앞에 있다고 보시면 됩니다. 문장의 맨 처음에 나오는 2급 액센트가 전체 문장의 1/4 비중을 차지하고, 두 번째로 나오는 2급 액센트가 1/8을 차지하고, 세 번째로 나오는 2급 액센트는 1/16을 차지하는 원칙을 따라 읽어봅니다.

9 하나님이 말씀하셨다(봐요메르 엘로힘) *물이 모여라(이카부 하마임)#
하늘 밑의(하샤마임) *한 장소로(엘 마콤 에하드)/그리고 드러나라(뵈테
라에)/**마른 땅이**(**하야바샤**)//**그대로** 되었다(봐예히 헨)//
10 하나님이 이름 지으셨다 마른 땅을(봐이크라 엘로힘 라야바샤) * 땅이
라고(에레쯔)/그리고 모인 물을(울미크베 하마임)/**바다**라고 이름 지으셨
다(카라 **야밈**)//하나님이 보셨다(봐야르 엘로힘)/그것이 **좋았다**(**키 토브**)//
11 하나님이 이르시되(봐요메르 엘로힘) *땅은 내어라(타드셰 하아레쯔) *
싹을(데셰)/씨 맺는 채소(에쎄브 마즈리아 제라)/열매 맺는 과일나무(에
쯔 프리 오쎄 프리) *종류대로(레미노)/씨가 그 속에 있는(아쉐르 자르오
보)/**땅** 위에(알 **하아레쯔**)//**그대로** 되었다(봐예히 **헨**)//
12 그래서 땅이 싹을 내었다(봐토쩨 하아레쯔 데셰)#씨 맺는 채소(에쎄브
마즈리아 제라) *종류대로(레미네후)/그리고 열매 맺는 나무(뵈에쯔 오쎄
프리) *씨가 그 속에 있는(아쉐르 자르오 보)/**종류대로**(**레미네후**)//하나
님이 보셨다(봐야르 엘로힘)/그것이 **좋았다**(키 **토브**)//
13 저녁이 있었다 아침이 있었다(봐예히 에레브 봐예히 보케르)/**셋째** 날(욤
숄리쉬)//

관찰과 해석

먼저 9절을 보시면, 하늘 아래의 물이 하나님의 명령을 따라 한 장소로 모이고, 육지가 모습을 드러내는 것을 알 수 있습니다. 그래서 이제 세상을 세 부분-하늘, 땅, 바다로 진술하는 용법이 성립됩니다. 이전까지 세상은 하늘과 땅(하늘 아래)이었습니다. 여기서 장소를 가리키는 단어 '마콤'은 구약 성경에서 '성소'를 가리키기도 합니다. 예를 들어 '내 곳(호 5:15)' '이 곳(왕상 8:30)' '(세겜) 땅(창 12:6)' '(일러주신) 곳(창 22:3)'은 모두 성소를 가리킵니다. 드물게는 이 단어가 '하나님'을 가리키기도 합니다. 모르드개가 에스더에게 "유다인은 다른 데(마콤 아헤르)로 말미암아 구원을 얻으려니와"라고 말할 때, '장소(마콤)'은 하나님을 가리킵니다(에 4:14).

10절은 하나님이 육지와 물을 나누시고 이름 지어주신 내용이 나옵니다. 10절에 나오는 '모인 물(미크베)'는 물 그 자체가 아니라, 물이 모인 장소를 가리킵니다. 이 단어는 장소 혹은 도구를 의미하는 '미'라는 전치사와 '모이다'라는 의미의 동사 '카바'의 명사형이 합쳐 만들어진 단어입니다. 구약 성경에서 이 단어는 호수(출 7:19), 물이 고인(미크베 하마임) 웅덩이(레 11:36)를 가리켰습니다. 미크베가 장소를 가리킨다는 것은 9절에서 물을 한 장소로 모이게 했다는 진술과 일치합니다. 더구나 9절에서 '모이고(이카부)'라는 동사는 10절에서 '모인 물(미크베 하마임)'을 가리킬 때도 사용되었습니다. 그러니까 '이카부(모여라)'와 '미크베(모인 곳)'이 음성적으로도 반복되고 있다는 것을 알게 됩니다. 구약 성경에서 '웅덩이(미크베)'는 샘물과 마찬가지로 정결 예식에 필요한 생수(마임 하임)을 얻는 장소로 간주되었습니다(레 11:36). 때때로 생수는 한글 성경에서 '흐르는 물'로 번역되었는데, 입수와 배수가 이루어지는 장소의 물이 '생수(마임 하임)'라는 관점에서 의역한 것이어서 혼동을 일으킵니다(레 14:5). 따라서 '흐르는 물'은 '생수'로 번역하는 것이 맞습니다. 레위기의 정결규정에 나오는 이 구절에서 '흐르는 물 위 질그릇 안에서'라는 말은 '질그릇에 담긴 생수 위에서'라고 번역하는 것이 낫습니다. 신 구약 중간 시기를 거치면서, 유대인들은 정결예식의 중요성을 무척 강조했습니다. 이때 정결예식을 위한 저수조를 '미크베'라고 불렀습니다. 이 미크베에 관한 규정을 탈무드 제 6권 정결 규례의 제 6장에 따로 기술할 정도였습니다. 지금도 이스라엘에는 '미크베' 유적이 약 150개 정도 남아 있습니다.

11절과 12절은 하나님이 땅에서 식물이 나게 하시는 내용입니다. 그러니까 11절의 명령이 있자, 12절에서 그대로 시행됩니다. 중요한 것은 하나님이 만드신 식물이 세 가지가 아니라 두 가지라는 것입니다. 한글 성경과 대부분의 번역본들은 '풀과 채소와 과일 나무'로 번역했습니다. 하지만 11절과 12절은 각각 하나님이 만드신 식물이 두 가지로 말합니다. 액센트를 따라 읽어보면 11절에서 '풀(데쉐)'은 '씨 맺는 채소(에쎄브)'와 '열매 맺는 과일 나무'의 싹을 가리키는 것을 알 수 있습니다. 그러니까 '풀과 채소'가 아니라 '씨 가진 채소와 과일 나무의 싹'이라고 해야 맞습니다. 하나님이 창조하신 식물이 두 가지라는 것은 창세기 1:29에서 사람들에게 주신 식물이 '채소와 과일 나무'라는 것을 통해 다시 한 번 확인됩니다. 참고로 풀(데쉐)은 비 온 뒤 새로 돋아나는 새 풀을 가리키며(신 32:2, 삼하 23:4), 가축과 야생동물들의 먹거리입니다. 그리고 씨맺는 채소(에쎄브)는 곡식류를 가리킵니다. 정리하자면 하나님이 땅으로 하여금 내게 만드신 것은 곡식과 과일 나무의 싹입니다. 11절과 12절은 자체 구절 안에서 음운적인 반복으로 언어 유희를 합니다. 예를 들면 '내어라(타드셰) 싹을(데셰)' '씨 맺는(마즈리아 제라)' '과일 나무(에쯔 프리)' '열매 맺는(오쎄 프리)'로 반복합니다. 그리고 11절과 12절은 거의 같은 단어를 사용하며 평행구를 만듭니다. 단지 11절의 '내어라(타드셰)'가 12절에서 '내니(봐토쩨)'가 되고, '종류대로(레미노)'가 '종류대로(레미네후)'가 된 것만 다릅니다. 그렇게 볼 때 11절의 '그대로 되었다'가 12절에서 '보시기에 좋았다'와 평행인 것을 알 수 있습니다. 그것은 9절과 10절에서 '그대로 되었다'와 '보시기에 좋았다'가 평행을 이루는 것과 같은 원리입니다. 즉, 하나님이 명령하신 대로 만들어졌고, 의도하신 대로 되었다는 것입니다.

셋째 날 창조에는 새로 만들어진 물질이 없다는 것이 특징입니다. 단지 물 속에 잠겨 있던 땅을 드러나게 한 것이고, 식물들도 땅에서 솟아난 것 뿐입니다. 특히 식물의 창조는 식물들에게 직접 명령하지 않고 땅을 통한 간접명령(jussive)으로 만들어졌다는 점에서 특이합니다. 그럼에도 불구하고 땅이 고대 사회에서 흔히 의인화 신격화 되던 것과 달리 창조주 하나님에 의해 간접적으로 힘을 발휘하는 것으로 묘사됩니다.[3] 그러나 새롭게 만들어진 물질이 없다는 점 때문에 창조행위로 볼 수 없는 것은 아닙니다. 고대 근동의 창조 이야기는 모두 물질 중심이 아니라 기능 중심으로 서술되고 있기 때문입니다.

다시 말해서 첫째 날 시간의 창조, 둘째 날 하늘의 창조, 셋째 날 땅과 식물의 창조 모두 기능 중심입니다. 한마디로 셋째 날 창조는 인간의 먹거리를 생산하는 땅의 창조에 관한 것입니다. 자세히 설명하자면 11,12절에서 반복된 단어들-채소, 열매는 땅이 인간과 동물들의 먹거리를 함께 내어주게 된 배경을 설명해줍니다. 따라서 그 땅이 이미 물 밑에 존재했었다거나 바다와 어떻게 분리되었느냐 하는 것은 화자의 중요 관심사가 아닙니다. 그 땅이 제 기능을 발휘하도록 엘로힘 하나님이 명령하셨고, 그대로

3) 배철현, 타르굼 옹켈로스 창세기, 한님성서연구소, 2001, 117쪽

되었다는 것이 중요합니다. 9절에서 "천하의 물이 한 곳으로 모이고"라는 묘사는 육지가 바다로 둘러싸여 있다는 현대인들의 지리개념이 아니라 육지 가운데 바다가 들어 있다는 고대인들의 생각을 반영하고 있습니다.[4] 그리고 넷째 날 해와 달이 만들어지기도 전에 식물들의 창조를 언급한 것은, 6일 창조의 순서가 과학적 논리를 따른 것이 아니라, 인간을 중심으로 한 자연의 기능에 초점을 맞추고 있음을 보여줍니다. 그리고 이스라엘 민족이 오랜 세월 이집트에서 살았던 것을 생각해볼 때 셋째 날 뭍이 물에서 올라온 것은 매년 정기적으로 범람하는 나일 강 물이 빠진 땅에 농사를 지어 먹거리를 해결했던 것을 연상하게 합니다.[5] 실제로 이스라엘 땅은 아주 오래 전 바다 밑에 있었습니다. 흥미로운 것은 식물의 싹과 성체를 동시에 언급하고 있다는 것입니다. 그것은 창조 이야기의 화자가 농경의 순환(cycle)을 염두에 두고 있었다는 것을 말해줍니다.

창조 이야기에서 셋째 날 창조는 6일 창조의 전반부를 마감 짓습니다. 즉, 전반부 3일을 통해 시간, 하늘, 식물을 내는 땅이 준비되었습니다. 그럼으로써 후반부 3일을 통해 일월성신, 새와 바다 생물, 짐승들과 사람의 창조를 위한 근거가 마련되고 있습니다. 비록 둘째 날 창조에서 "하나님이 보시기에 좋았더라"는 말이 빠져 있지만, 셋째 날에 그 말이 두 번이나 거듭되어 전체적으로 7번을 맞추고 있습니다. 그리고 두 번 반복된 그 말은 모두 땅과 관계된 것입니다. 창조 이야기의 화자는 신명기에서 다시 선택된 인류-이스라엘을 기다리는 약속의 땅에 대해 '아름다운 땅' 혹은 '좋은 땅'이라는 의미로 ארץ טובה(에레쯔 토바)라는 문구를 사용합니다(신 1:35,

4) 고든 웬함, 앞의 책, 110쪽
5) 존 왈튼, 앞의 책 87쪽

3:25, 4:21,22, 6:18, 8:7, 9:6, 11:17). 그것은 창세기의 셋째 날을 연상시킵니다.

> "네 하나님 여호와께서 너를 아름다운 땅에 이르게 하시나니 그 곳은 골짜기든지 산지든지 시내와 분천과 샘이 흐르고 밀과 보리의 소산지요 포도와 무화과와 석류와 감람나무와 꿀의 소산지라"(신 8:7-8)

그런데 유대인들은 셋째 날에 "하나님이 보시기에 좋았더라"는 말이 두 번 나오는 것에 근거해서 화요일(안식일로부터 계산해서 셋째 날)을 길일로 간주합니다. 결혼식 같은 잔치를 가급적 화요일에 거행하려는 이유가 거기에 있다고 합니다.

셋째 날 창조가 보여주는 또 하나의 의의는 바다(얌)가 더 이상 육지로 넘어오지 못하도록 경계를 정했다는 것입니다. 성경의 지혜문학과 예언서 그리고 랍비 문학은 그 사실들을 말해줍니다. 하지만 바알 신화집에 나오는 바 폭풍의 신 바알이 바다의 신 얌을 곤봉으로 때려죽였다는 투쟁 모티브는 직접적으로 묘사되지 않습니다.

> "바다의 한계를 정하여 물이 명령을 거스르지 못하게 하시며..."(잠 8:29)

> "바다가 그 모태에서 터져나올 때에 문으로 그것을 가둔 자가 누구냐 그 때에 내가 구름으로 그 옷을 만들고 흑암으로 그 강보를 만들고 한계를 정하여 문빗장을 지르고 이르기를 네가 여기까지 오고 더 넘어가지 못하리니 네 높은 파도가 여기서 그칠지니라 하였노라"(욥 38:8-11)

> "여호와의 말씀이니라 너희가 나를 두려워하지 아니하겠느냐 내 앞에서 떨지 아니하겠느냐 내가 모래를 두어 바다의 한계를 삼되 그것으로 영원한 한계를 삼고 지나치지 못하게 하였으므로 파도가 거세게 뛰노나 그것을 넘지 못하느니라"(렘 5:22)

> "여호와여 주께서 말을 타시며 구원의 병거를 모시오니 강들(나하림)을 분

히 여기심이니이까 강들(나하림)을 노여워하심이니이까 바다(얌)를 향하여 성내심이니이까 주께서 활을 꺼내시고 화살을 바로 쏘셨나이다(셀라) 주께서 강들(나하림)로 땅을 쪼개셨나이다 산들이 주를 보고 흔들리며 창수가 넘치고 바다(테홈)가 소리를 지르며 손을 들었나이다.... 주께서 말을 타시고 바다(얌) 곧 큰 물(마임 라비임)의 파도를 밟으셨나이다"(합 3:8-10,15)

<랍비 유다가 말하기를, 찬송 받으실 거룩하신 이가 세상을 창조하기 원하셨을 때, 바다의 주관자에게 말씀하셨다. "입을 열어 세상의 모든 물을 다 삼켜버려라" 그러자 바다의 주관자가 말했다. "우주의 통치자시여, 저는 제 물로 충분한데요" 그러자 하나님이 즉시 그를 밟아 죽이셨다. 그의 능력으로 밟으셨고, 그의 지혜로 라합을 치신 것이다. 랍비 이삭이 말했다. "이 구절에서 바다의 주관자가 라합을 의미하는 것으로 간주해도 된다">(창세기 미드라쉬 바바 바트라 74b)

<랍비 엘리에젤의 어록 5-찬송 받으실 거룩하신 이가 꾸짖고 복종시켜 발 아래 두시기까지 물은 태초에서처럼 요동치며 파도를 일으켜 육지를 덮으려 했다; 하나님은 손 뼘으로 재서 늘이거나 줄이지 않도록 모래를 바다의 경계로 삼으셨다. 마치 사람이 포도원에 울타리를 치는 것과 같았다. 그래서 바다가 솟아 오를 때마다 모래를 보고 물러간다. 기록된 바 " 너희가 나를 두려워하지 아니하겠느냐 내 앞에서 떨지 아니하겠느냐 내가 모래를 두어 바다의 한계를 삼았다"(렘 5:22)과 같다>

여기서 이집트와 고대 근동 신화에 나타난 땅과 식물 창조에 대해 창조 이야기와 대조해보겠습니다. 엘로힘 하나님이 셋째 날에 물과 땅을 분리하고 식물이 올라오게 한 것은 이웃 나라들의 창조 이야기와 닮아 있습니다. 무엇보다 순서상 첫째 날 시간(빛)의 창조, 둘째 날 기후(하늘)의 창조, 셋째 날 먹거리(야채와 과일)의 창조라는 점에 있어서 유사합니다. 먼저 이집트의 파피루스에 씌어진 글에는 다음과 같이 나와 있습니다.

"그는 주의 명령으로 날, 달, 그리고 해(연)를 만드셨다.
그는 소티스[6]의 뜨고 지는 것을 통해 여름과 겨울을 창조하셨다.
그는 사람들이 살기 전에 들판의 경이로움으로 음식을 창조하셨다."[7]

그리고 피라미드 텍스트 600에는 태초의 언덕 위로 태양이 떠오르는 장면이 묘사되어 있습니다. 이것은 나일 강의 범람 후 뭍이 드러나고 먹거리 농사를 시작하게 되는 것의 상징입니다. 여기서 언덕이 먼저 솟아 나고, 그 언덕을 배경으로 태양이 떠오르는 순서가 흥미롭습니다. 헬리오폴리스 창세 신화에서 아툼은 물로부터 솟아나기 때문에 연꽃(네페르템)은 태양 신의 상징이기도 합니다.

"오, 아툼, 스카라베여,[8]
그대가 높은 언덕으로 솟아 오를 때
이웨누(헬리오폴리스, 온)의 베누(불사조-피닉스) 신전에서
벤벤(태초의 언덕)으로 솟아 오르도다"

셋째 날에 음식을 창조한 이야기는 마르둑의 창조 행위를 서술한 에누마 엘리쉬의 다섯 번째 토판에도 나옵니다.

38-40 째 줄; 밤과 낮
47-52 째 줄; 구름, 바람, 비, 안개의 창조
53-58 째 줄; 제방을 쌓고, 티그리스와 유프라테스를 흐르게 하고, 물을

---

6) 고대 이집트인들의 천랑성을 가리킵니다.

7) Papyrus Insinger, *Ancient Egyptian Literature*, trans. Miriam Lichtheim (Beekeley:University of California Press, 1980), 3:210. John Walton, 앞의 책 59쪽에서 재인용.

8) 아침에 떠오르는 태양은 마치 말똥구리가 끄집어 내는 것 같기 때문에, 이집트어로 '케프리'라고 부릅니다.

얻기 위해 운하를 파는 등 농사에 필요한 근거를 제공하기 위해 물의 신 티아맛을 제압함.[9)]

〈교부들과 함께 성경 읽기〉

그러므로 우리가 육으로 행한 온갖 행위를 상징적으로 나타내는 '뭍'이 드러나도록, '하늘 아래에 있는 물'을 모아 그 물을 내던지도록 애씁시다. 이렇게 행했다면 사람들이 우리의 착한 행실을 보고 하늘에 계신 우리 아버지를 찬양할 것입니다(마태 5,16 참조). 하늘 아래에 있는 물, 곧 육체가 지은 죄와 악을 우리에게서 떼어 놓지 않으면, 우리의 뭍은 나타날 수도 없고 빛으로 나아갈 용기조차 지니지 못할 것이기 때문입니다.... 물이 뭍에서 없어진 뒤, 뭍은 더 이상 '뭍'으로 존속하지 않고 하느님에게서 '땅'이라는 이름을 받았습니다. 육체에서 이렇게 분리가 이루어지면, 육체는 더 이상 뭍으로 남아 있지 않을 것입니다. 육체는 이제 하느님을 위해 열매를 맺을 수 있기에 '땅'이라 불릴 것입니다(오리게네스, 창세기 강해 1,2).[10)]

물의 중압이 없어지고 땅이 드러나자, 땅에 풀이 돋고 나무가 돋아나라는 명령이 떨어졌습니다. 이는 지금도 여전히 일어나고 있습니다. 그때 들은 소리와 첫 명령은, 말하자면 자연법칙이 되었고, 땅에 계속 적용되어 훗날 모든 시대에 땅에 열매를 맺고 산출하는 능력을 보여주었습니다(대바실리우스, 육 일 창조 5,1).[11)]

그러므로 성경은 이 물체[해]가 창조되기 전에 모든 것이 완성되었음을

---

9) Benjamin R. Foster, *Before the Muses: An Anthology of Akkadian Literature*, 3rd. ed. (Bethesda, Md.:CDL Press, 2005) pp436-86, John Walton, 앞의 책 60쪽에서 재 인용.

10) 앤드루 라우스 앞의 책, 65쪽.

11) 위의 책, 67쪽.

밝히고 있습니다. 이는 만물의 창조자가 아니라 해 덕분에 농작물이 생산된다고 여러분이 여기지 않게 하기 위해서입니다(요한 크리소스토무스, 창세기 강해 6,12).[12)]

모든 사람은 해가 푸른 싹을 창조하지 않았다는 것을 알아야 합니다... 해가 풀을 자라게 하는 생명력을 어떻게 줄 수 있습니까? 해가 이 같은 생명력에 관여하기 전에, 풀은 생명을 주는 하느님의 창조 능력에 의해 이미 돋아났기 때문입니다. 해는 녹색 식물이 싹튼 때보다 더 늦게 생겨났고, 녹색 풀보다 더 늦게 생겨났습니다(암브로시우스, 육 일 창조 3,6).[13)]

12) 위의 책, 67쪽

13) 위의 책, 68쪽

넷째 날 1장 14-19절

넷창조 이야기의 넷째 단락은 해와 달과 별을 만드신 넷째 날 창조에 관한 이야기입니다. 앞서 살펴 본 것처럼, 넷째 날 창조 이야기는 첫째 날 창조와 짝을 이루는 단락입니다. 첫째 날 빛의 창조에 관한 설명이 구체화되고 심화되었습니다. 먼저 본문을 읽어 봅니다.

14 하나님이 이르시되 하늘의 궁창에 광명체들이 있어 낮과 밤을 나뉘게 하고 그것들로 징조와 계절과 날과 해를 이루게 하라

15 또 광명체들이 하늘의 궁창에 있어 땅을 비추라 하시니 그대로 되니라

16 하나님이 두 큰 광명체를 만드사 큰 광명체로 낮을 주관하게 하시고 작은 광명체로 밤을 주관하게 하시며 또 별들을 만드시고

17 하나님이 그것들을 하늘의 궁창에 두어 땅을 비추게 하시며

18 낮과 밤을 주관하게 하시고 빛과 어둠을 나뉘게 하시니 하나님이 보시기에 좋았더라

19 저녁이 되고 아침이 되니 이는 넷째 날이니라

2급 2급 2급 3급 3급

14 וַיֹּאמֶר אֱלֹהִים יְהִי מְאֹרֹת בִּרְקִיעַ הַשָּׁמַיִם לְהַבְדִּיל בֵּין הַיּוֹם

하욤 베인 레하브딜 하샤마임 비르키아 메오로트 예히 엘로힘 봐요메르

1급 2급 2급 3급 1급

וּבֵין הַלָּיְלָה וְהָיוּ לְאֹתֹת וּלְמוֹעֲדִים וּלְיָמִים וְשָׁנִים׃

뵈샤님 울야밈 울모아딤 레오토트 뵈하유 할라일라 우베인

1급 1급 2급 2급 3급

15 וְהָיוּ לִמְאוֹרֹת בִּרְקִיעַ הַשָּׁמַיִם לְהָאִיר עַל־הָאָרֶץ וַיְהִי־כֵן׃

헨 - 봐예히 하아레쯔 - 알 레하이르 하샤마임 비르키아 레메오로트 뵈하유

3급 1급 2급 2급

16 וַיַּ֣עַשׂ אֱלֹהִ֔ים אֶת־שְׁנֵ֥י הַמְּאֹרֹ֖ת הַגְּדֹלִ֑ים אֶת־הַמָּא֤וֹר הַגָּדֹל֙

하가돌 하마오르-에트 하그돌림 하메오로트 슈네이-에트 엘로힘 봐야쓰

2급 2급 3급 2급

לְמֶמְשֶׁ֣לֶת הַיּ֔וֹם וְאֶת־הַמָּא֤וֹר הַקָּטֹן֙ לְמֶמְשֶׁ֣לֶת הַלַּ֔יְלָה וְאֵ֖ת

뵈에트 할라일라 레멤쉘레트 하카톤 하마오르-뵈에트 하욤 레멤쉘레트

1급

הַכּוֹכָבִֽים׃

하코하빔

1급 2급 1급 2급 3급

17 וַיִּתֵּ֥ן אֹתָ֛ם אֱלֹהִ֖ים בִּרְקִ֣יעַ הַשָּׁמָ֑יִם לְהָאִ֖יר עַל־הָאָֽרֶץ׃

하아레쯔-알 레하이르 하샤마임 비르키아 엘로힘 오탐 봐이텐

1급 2급 2급 2급 3급

18 וְלִמְשֹׁל֙ בַּיּ֣וֹם וּבַלַּ֔יְלָה וּֽלֲהַבְדִּ֔יל בֵּ֥ין הָא֖וֹר וּבֵ֣ין הַחֹ֑שֶׁךְ וַיַּ֥רְא

봐야르 하호셰흐 우베인 하오르 베인 울라하브딜 우발라일라 바욤 뷀림숄

1급 2급

אֱלֹהִ֖ים כִּי־טֽוֹב׃

토브-키 엘로힘

1급 2급

19 וַֽיְהִי־עֶ֥רֶב וַֽיְהִי־בֹ֖קֶר י֥וֹם רְבִיעִֽי׃ פ

르비이 욤 보케르-봐예히 에레브-봐예히

이제 분리 액센트를 따라 직역한 히브리어 본문을 읽어 보겠습니다. 1급 액센트를 표시한 (//)과, 2급 액센트를 표시한 (/)와, 3급 액센트를 표시한 (*)와, 4급 액센트를 표시한 (#)를 모두 적용해봅니다. 히브리어 어순과는 조금 다르지만, 1급 액센트가 있는 단어는 **고딕**처리를 했습니다. 히브리어 본문에서 그 단어가 (//) 바로 앞에 있다고 보시면 됩니다. 문장의 맨 처음에 나오는 2급 액센트가 전체 문장의 1/4 비중을 차지하고, 두 번째로 나오는 2급 액센트가 1/8을 차지하고, 세 번째로 나오는 2급 액센

트는 1/16을 차지하는 원칙을 따라 읽어봅니다.

14 하나님이 말씀하셨다(봐요메르 엘로힘) *등불들이 있으라(예히 메오로
트) *하늘의 궁창에(비르키아 하샤마임)/나누기 위하여(레하브딜)/낮 사
이와(베인 하욤)/**밤** 사이를(우베인 **할라일라**)//그리고 있으라 징조들을
위해(뵈하유 레오토트) *명절들을 위해(울모아딤) /날들을 위해(울야
밈)/**그리고 해들을**(**뵈샤님**)//

15 그리고 등불들이 있으라(뵈하유 레메오로트) *하늘의 궁창에(비르키아
하샤마임)/비추기 위하여(레하이르)/**땅** 위를(알 **하아레쯔**)//**그대로** 되었
다(봐예히 **헨**).

16 하나님이 만드셨다(봐야쓰 엘로힘)/두 개의 **큰** 등불을(에트 슈네이 하메
오로트 **하그돌림**)//큰 등불이(에트 하마오르 하가돌) *낮을 다스리도록
(레멤쉘레트 하욤)/작은 등불이(뵈에트 하마오르 하카톤) *밤을 다스리도
록(레멤쉘레트 할라일라)/그리고 **별들**을(뵈에트 **하코하빔**)//

17 그리고 그것들을 주셨다(봐이텐 오탐) * 하나님이(엘로힘)/**하늘**의 궁창
에(비르키아 **하샤마임**)//비추기 위하여(레하이르)/**땅** 위를(알 **하아레쯔**)//

18 그래서 다스리도록(빌림숄) *낮에 그리고 밤에(바욤 우발라일라)/그리
고 나누도록(울라하브딜)/빛 사이와(베인 하오르)/ **어둠** 사이를(우베인
하호셰흐)//하나님이 보셨다(봐야르 엘로힘)/그것이 **좋았다**(키 **토브**)//

19 저녁이 있었고 아침이 있었다(봐예히 에레브 봐예히 보케르)/**넷째** 날(욤
르비이)//

넷째 날 창조 이야기는 몇 가지 특징을 가지고 있습니다. 첫째는, 하나님의 창조 명령이 성취된 다음 부가적 행위가 없다는 것입니다. 예를 들어 첫째 날부터 셋째 날까지는 "있으라"는 명령이 성취된 다음 피조물에 '빛' '하늘' '바다' '땅' 등의 이름들이 붙여졌습니다. 다섯 째 날과 여섯 째 날에

는 생물과 사람을 창조한 다음 "생육하고 번성하여 충만하라"는 축복이 내려집니다. 그와 대조적으로 넷째 날 창조는 '해'와 '달'에 대해 이름을 주지도 않고, 축복하지도 않습니다. 그러니까 해와 달은 다른 피조물들에 비해 하나님의 은총을 적게 받은 것이라고 할 수 있습니다. 둘째 특징으로는, 넷째 날이 6일 창조의 후반부 첫째 날로서 전반부 첫째 날과 평행을 이룬다는 것입니다. 다시 말해 전반부 창조와 후반부 창조는 평행을 이루면서 뚜렷이 구분됩니다. 예를 들어 전반부에 창조된 것들은 스스로 움직일 수 없는 데 비해 후반부에 창조된 것들을 스스로 움직일 수 있습니다.[1] 셋째는 해와 달의 창조가 반복 진술되어 있다는 것입니다. 즉, 전형적인 교차대구형식을 통해 다음과 같이 해와 달과 별의 기능을 목록으로 보여주고 있습니다.[2]

A 낮과 밤의 분리(14a)
B 징조와 계절과 날과 해에 대한 언급(14b)
C 땅에 빛을 비춤(15)
D 낮을 주관함(16a)
D` 밤을 주관함(16b)
C` 땅에 빛을 비춤(17)
B` 낮과 밤을 주관함(18a)
A` 빛과 어둠의 분리(18b)

그리고 창세기의 화자는 해와 달이 만들어지기 전 삼일 동안 낮과 밤이 존재했었다는 개념을 의심 없이 받아들입니다. 카수토(U. Cassuto)는 히브

1) U. Cassuto, 앞의 책 42쪽
2) 고든 웬함, 앞의 책 112-113 쪽

리인들의 사고에 있어서 태양 없이 빛이 존재할 수 있다는 개념은 경험적인 것이라고 합니다. 즉, 해가 뜨기 전이나 진 다음에도 여전히 빛이 남아 있는 것을 통해 알 수 있다는 것입니다.[3] 어쨌거나 창조 이야기 화자는 넷째 날 해와 달의 창조가 인간들에게 주는 기능에 초점을 맞추고 있을 뿐, 태양과 상관없이 빛이 비칠 수 있는가에 대해 큰 관심이 없어 보입니다.

관찰과 해석

먼저 단어와 구의 의미를 생각해봅니다. 14절에서 광명체들로 번역된 메오로트(מארת)는 '빛' 혹은 '등불'을 의미하는 명사 마오르(מאור)의 복수형태입니다. 창세기 이외의 모세 오경에서는 성막의 성소 '등불'을 가리킬 때 사용되기도 했습니다(출 27:20, 21, 35:8, 28 레 24:2). 그런데 오경의 다른 곳에서 해와 달이라는 단어를 사용하고 있습니다(창 15:7, 19:23, 28:11, 37:9, 출 16:21, 222:3, 레 22:7, 신 16:6). 그럼에도 불구하고 창조 이야기에서 이름 부르기를 의도적으로 꺼리고 있는 것은 유일신의 관점 때문입니다. 고대 근동문화에서 해(샤마쉬)와 달(야리흐)은 만신전(Pantheon)에서도 가장 중요한 신들이었으며, 별들은 종종 인간의 운명을 지배한다고 생각되었습니다.[4] 따라서 창세기의 저자는 단순히 그것들을 '큰 광명체' '작은 광명체'로 부름으로써 청중들을 애써 다신교적 관점에서 분리시키려 하고 있는 것입니다. 일월성신의 기능들을 주신 분은 바로 엘로힘 하나님이십니다. 하나님 외에 창조주는 없으며, 해와 달은 신적인 존재가 아니라는 것입니다. 해와 달을 등불로 묘사하는 두 번째 이유로는 성막이 하나님의 창조를 구조적으로 상징하고 있기 때문인 것으로 생각됩니다. 다시 말해 성막의

3) U. Cassuto, 앞의 책 44쪽
4) 위의 책, 112 쪽

관점에서 본 해와 달은 하늘에 걸려 있는 등불에 불과하며, 창조의 관점에서 본 성막의 등불은 하나님의 넷째 날 창조를 생각나게 해주는 해와 달의 모형인 것입니다. 달리 말해 태양과 달은 하늘 성소에 두신 등불이고, 성막의 등대는 땅의 성소에 둔 태양과 달인 셈입니다.

무엇보다 본문에는 태양과 달을 만드신 목적이 반복적으로 설명되고 있습니다. 첫째는 낮과 밤을 나눠서 다스리기 위해서라고 했습니다. 그러니까 낮에는 큰 등불이 다스리고, 밤에는 작은 등불이 다스려서 시간대별로 통치 영역을 정해주었다는 것입니다. 둘째는 땅을 비추기 위해서입니다. 태양과 달의 비침은 식물과 동물의 생장에 필수적입니다. 셋째는 징조와 계절과 날과 해를 이루기 위함입니다. 먼저 단어의 뜻을 살펴보겠습니다. 징조는 '상징' 혹은 '표시'의 의미를 가진 남성 보통명사의 복수형태 - 오토트(אתת) 입니다. 계절은 '만남' '지정된 날' '축제'를 의미하는 남성 보통명사의 복수형태- 모아딤(מוֹעֲדִים) 입니다. 날은 '날'을 가리키는 남성 보통명사의 복수형태- 야밈(יָמִים) 입니다. 해는 '해(year)'를 의미하는 여성 보통명사의 복수형태-샤님(שָׁנִים) 입니다. 한마디로 모두가 복수 형태입니다. 그리고 '~을 위하여'라는 전치사 레(לְ)를 중심으로 읽으면, '징조들'과 '절기들'과 '날들과 해들'의 세 가지가 됩니다. 우선 맨 뒤에 있는 '날들과 해들'의 의미는 일정한 단위 시간을 가리킵니다. 그리고 '계절들'로 번역된 '모아딤'은 여름과 겨울 같은 계절이 아니라, 무교절 혹은 오순절과 같은 특수 절기를 가리킵니다.

그렇게 볼 때 '징조들'은 그 절기를 지킬 수 있는 표시를 나타낸다고 볼 수 있습니다. 예를 들면 매 달 첫 날인 월삭은 초승달이 떠오르는 것에 맞춰져 있습니다. 그믐이 지나고 초승달이 되는 것은 이지러졌던 달이 다시 생겨나기 시작하는 징조에 달려 있습니다. 넷째 날 창조는 한마디로 달력 기능에 관한 것입니다. 해와 달과 별은 "낮과 밤을 나누고" "땅을 비추고" "징조와 계절과 날과 해"를 나타내기 위해 존재합니다(14-15, 16-18). 어떤 학자는 징조는 별과 관계 있고, 절기는 달과 관계 있고, 날과 해는 태양과 관계되어 있다고 생각합니다. 하지만 성경에서 별과 관계된 징조는 전혀 사용되지 않고, 날과 해 또한 달을 중심으로 한 음력을 사용하고 있기 때문에 잘 맞지 않는 것 같습니다. 한마디로 징조와 계절과 날과 해는 일월성신의 달력 기능을 가리킵니다. 그런데 학자들은 '징조'의 의미에 대해 서로 다른 견해를 보입니다. 슈파이저 같은 학자는 '계절의 징조'로 해석하고, 베스터만과 스텍은 '징조'가 '계절'과 '날과 해'에 걸쳐 있다고 보았는가 하면, 집센(Gipsen)은 무지개와 같은 하늘의 특별한 징조로 보았습니다.[5)]

그런데 히브리어 본문 14절을 액센트를 따라 읽으면 '징조와 계절' '날과 해'로 나누어집니다. 즉, '의미 단위 시간'과 '일정 단위 시간'으로 구분되는 것입니다. 다시 말해 '징조와 계절'은 농경과 관련된 파종과 수확의 시기 등을 보여주고, '날과 해'는 일상사와 관련된 제반 시간을 보여준다고 할 수 있습니다. 이처럼 고대인들은 하루의 해가 뜨고 짐, 일년 중 낮 시간의 길이가 짧고 길어지는 춘분, 추분, 동지, 하지와 달이 차고 이지러지는 초승, 상현, 보름, 하현, 그믐을 기준으로 때를 분간하며 살 수 있었던 것입니다. 특히 고대인들은 별 자리가 계절에 따라 일정하게 배열되는 것에 경이로움을 느꼈습니다. 바벨론인들은 주전 16세기에 이르러 벌써 연중 별자리를 중심으로 12 황도대(Zodiac)를 작성할 수 있었습니다. 그들은 별들을 신격화해서 인간 세계 특히 권력가들의 운명을 좌우하는 것으로 보고 천문학을 발전시켰습니다. 그러나 창조 이야기의 화자는 인간의 지속적

---

5) 위의 책, 114쪽

생존이 가능하도록 일월성신을 주신 엘로힘 하나님께 모든 영광을 돌립니다. 성서의 저자들도 일월성신이 피조물에 불과하다는 관점에서 노래했습니다.[6)]

"해로 낮을 주관하게 하신 이에게 감사하라
 그 인자하심이 영원함이로다
 달과 별들로 밤을 주관하게 하신 이에게 감사하라
 그 인자하심이 영원함이로다"(시 136:8-9)

"네가 묘성[7)]을 매어 묶을 수 있으며 삼성[8)]의 띠를 풀겠느냐
너는 별자리들을 각각 제 때에 이끌어 낼 수 있으며
북두성을 다른 별들에게로 이끌어 갈 수 있겠느냐
네가 하늘의 궤도를 아느냐
하늘로 하여금 그 법칙을 땅에 베풀게 하겠느냐"(욥 38:31-33)

그런데 고대 근동신화에는 엘로힘 하나님이 넷째 날에 해, 달, 별을 만든 것과 유사한 이야기가 나옵니다. 예를 들어 에누마 엘리쉬 다섯 째 토판에 다음과 같이 나와 있습니다.

1 큰 신들을 위하여 설 자리를 만들었다.
 별들을 그들의 모습대로 세웠다.
 해를 정하고 절기를 나누었다
 열두 달에 세 별을 세웠다.

---

6) 이런 관점은 신약 시대 유대인들에게도 예외가 아니었습니다. 야고보서의 저자는 하나님이 별 자리보다 더 뛰어난 분임을 강조합니다(약 1:17)

7) 늦가을에서 겨울에 걸쳐 나타나는 황소 좌의 대표적인 별입니다

8) 겨울 성좌인 오리온 좌의 대표적인 세 별을 가리킵니다.

이에 따라 일 년의 날짜를 정했다.
서로의 움직임을 정하기 위해 북극성을 세웠다.
그래서 어느 것도 잘못하거나 잘못 가지 않았다.
그는 엘릴과 에아의 (별)자리를 그것과 함께 정했다.
그녀의 양쪽 갈비뼈에 문을 열었다.
왼쪽과 오른 쪽에 튼튼한 빗장을 만들었다.
그녀의 간에 천정을 세웠다.
달을 뜨게 해서 밤을 맡겼다.
밤의 보석으로 정하고 그에 따라 날을 재었다.
왕관(모습)에 따라 매달 어김없이 구별하라.
초승달이 땅 위에 비칠 때
뿔(모양)으로 육일 동안 빛난다.
일곱째 날에 왕관은 반이다.
보름(샤파투)에 서로 반대가 된다. 한 달의 절반이다.
태양이 지평선 위에서 너(달)을 쳐다볼 때
너는 빛을 잃고 기운다.
사라지는 날에 태양의 궤도에 가까이 간다.
삼십 일째 너는 두 번째로 태양과 마주친다.
너는 별자리를 정하여 주고, 그 길을 따라간다.
서로 만나서 [......] 재판을 한다.[9]

위의 이야기와 성서의 넷째 날 창조 이야기의 유사점은 하늘의 해, 달, 별이 신적인 선언에 의해 만들어졌고, 그것들이 달력의 기능을 가진다는

9) 조철수, 앞의 책 171-172 쪽.

것입니다. 그러나 에누마 엘리쉬의 이야기에서 그것들이 의인화 혹은 신격화 되고 있는 것과 대조적으로 성서에서는 단순히 피조물로서의 기능만 부각되어 있습니다.

징조와 때와 관련된 시간 관념은 신약에서도 사용되었습니다. 소위 단위 시간인 때(크로노스)와 계획이 성취되는 때(카이로스)의 개념입니다. 유대인들은 자연에서 얻은 때와 절기의 법칙을 영적으로 적용하기 원했습니다. 하나님이 정하신 기한(카이로스)에 맞춰 행동하면 열매를 거둘 수 있다는 것입니다. 그래서 예수님의 제자들은 부활하신 그리스도에게 '주께서 이스라엘 나라를 회복하심(카이로스의 의미)이 이 때(크로노스)니이까'라고 물었고, 그리스도는 '때(크로노스)와 기한(카이로스)는 아버지께서 자기의 권한에 두셨으니 너희의 알 바 아니요'라고 대답하셨던 것입니다(행 1:6, 7). 바울은 에베소 교회 성도들에게 '세월(카이로스)를 아끼라, 때(날들)이 악하니라'고 충고했습니다(엡 5:16).

〈교부들과 함께 성경 읽기〉

하느님께서 낮을 만들기 위해서가 아니라 낮을 정돈하기 위해 '빛 물체들이 낮을 고정시키는 데 도움이 되게 하자'라고 말씀하십니다. 낮과 밤은 빛 물체들보다 더 빨리 생겨났기 때문입니다(대바실리우스, 육일 창조 6,8).[10]

누구든지, 점성술로 예언하는 것과 자연현상으로 별을 관찰하는 것에 큰 차이가 있음을 압니다. 이를 바탕으로, 농부와 뱃사람은 지리적 위치

10) 앤드루 라우스, 앞의 책 69 쪽

를 확인하고 배의 도선사는 항로를 어딘가로 조장하며, 여행가들은 확실하지 않지만 모래투성이인 남쪽 황무지를 거쳐 나아갑니다. 또한 일부 별을 교의에 도움이 될 만한 예로 들어가며 어떤 관점을 설명할 수도 있습니다. 방금 말했듯이, 실용적으로 이용하는 이러한 관습과 날씨를 예측하거나 길을 찾거나 영적 비유를 찾는 것이 아니라, 사건들의 예정된 결과를 눈여겨보려고 별을 연구하는 이들이 접하는 미신 사이에는 큰 차이가 있습니다(아우구스티누스, 서간집 55).[11]

"해와 달이 하늘의 궁창에 있는 큰 빛 물체라고 말하듯이, 그리스도와 교회도 우리 안에 있는 큰 빛 물체입니다. 하느님께서 궁창에 별들을 배치하셨기에 우리 안에, 곧 우리 마음의 하늘에 어떤 별들이 있는지 살펴봅시다. 모세는 자신의 행동으로 우리를 빛나게 하고 비추는, 우리 안에 있는 별입니다. 그리고 아브라함과 이사악, 야곱, 이사야, 예레미야, 에제키엘, 다윗, 다니엘과 하느님 마음에 들었다고 성경이 증언하는 모든 이도 별입니다. "별들이 광채로 서로 구별"(고전 15:41)되듯이, 자기 자신의 위대함에 따라 성인들 각자도 자신의 빛을 발산합니다(오리게네스, 창세기 강해 1,7).[12]

11) 위의 책 71쪽
12) 위의 책, 72쪽

다섯째 날 1장 20-23절

앞의 장들에서 셋째 날 육지와 식물의 창조, 넷째 날 해 달 별 창조를 함께 생각해보았습니다. 이것들을 기능적 측면에서 본다면, 셋째 날 창조는 먹거리에 관한 것이고, 넷째 날 창조는 달력 기능에 관한 것이라고 할 수 있습니다. 이제는 다섯 째 날 물고기와 새의 창조, 여섯째 날 동물과 인간의 창조에 대해 생각해보겠습니다.

창조 이야기의 다섯 번째 단락(20-23절)은 바다와 하늘에서 사는 생물들의 창조에 관한 이야기입니다. 다섯째 날 창조는 둘째 날 창조와 평행을 이룹니다. 둘째 날에 만들어진 하늘과 하늘 아래의 물에 다섯 째 날에 만들어진 새와 물고기들이 살게 된 것입니다. 동물의 창조라는 점에서는 가축과 들짐승도 포함되어야 하겠지만, 전반부 3일과 후반부 3일의 평행을 이루기 위해 땅 위의 동물들은 여섯째 날 창조로 미루어집니다. 먼저 본문을 읽어 보겠습니다.

**20 하나님이 이르시되 물들은 생물을 번성하게 하라 땅 위 하늘의 궁창에
는 새가 날으라 하시고**
**21 하나님이 큰 바다 짐승들과 물에서 번성하여 움직이는 모든 생물을 그
종류대로 날개 있는 모든 새를 종류대로 창조하시니 하나님이 보시기
에 좋았더라**
**22 하나님이 그들에게 복을 주시며 이르시되 생육하고 번성하여 여러 바
닷물에 충만하라 새들도 땅에 번성하라 하시니라**
23 저녁이 되고 아침이 되니 이는 다섯째 날이니라 (한글개역개정)

3급 1급 2급 2급 2급

וַיֹּ֣אמֶר אֱלֹהִ֔ים יִשְׁרְצ֣וּ הַמַּ֔יִם שֶׁ֖רֶץ נֶ֣פֶשׁ חַיָּ֑ה וְעוֹף֙ יְעוֹפֵ֣ף 20

예오페프 뵈오프 하야 네페쉬 셰레쯔 하마임 이슈레쭈 엘로힘 봐요메르

1급 2급 2급

עַל־הָאָ֔רֶץ עַל־פְּנֵ֖י רְקִ֥יעַ הַשָּׁמָֽיִם׃

하샤마임 르키아 알프네이 알-하아레쯔

4급 1급 2급 2급

וַיִּבְרָ֣א אֱלֹהִ֔ים אֶת־הַתַּנִּינִ֖ם הַגְּדֹלִ֑ים וְאֵ֣ת כָּל־נֶ֣פֶשׁ הַֽחַיָּ֣ה ׀ 21

하하야 콜-네페쉬 뵈에트 하그돌림 하타니님-에트 엘로힘 봐이브라

2급 3급 3급 3급 4급 4급

הָֽרֹמֶ֡שֶׂת אֲשֶׁר֩ שָׁרְצ֨וּ הַמַּ֜יִם לְמִֽינֵהֶ֗ם וְאֵ֨ת כָּל־ע֤וֹף כָּנָף֙ לְמִינֵ֔הוּ

레미네후 카나프 콜 -오프 뵈에트 레미네헴 하마임 샤르쭈 아쉐르 로메쎄트

1급 2급

וַיַּ֥רְא אֱלֹהִ֖ים כִּי־טֽוֹב׃

토브 키 엘로힘 봐야르

2급 3급 3급 1급 2급 3급

וַיְבָ֧רֶךְ אֹתָ֛ם אֱלֹהִ֖ים לֵאמֹ֑ר פְּר֣וּ וּרְב֗וּ וּמִלְא֤וּ אֶת־הַמַּ֙יִם֙ בַּיַּמִּ֔ים 22

바야밈 에트-하마임 우밀우 우르부 프루 레에모르 엘로힘 오탐 봐예바레흐

1급 2급

וְהָע֖וֹף יִ֥רֶב בָּאָֽרֶץ׃

바아레쯔 이레브 뵈하오프

1급 2급

וַֽיְהִי־עֶ֥רֶב וַֽיְהִי־בֹ֖קֶר י֥וֹם חֲמִישִֽׁי׃ פ 23

하미쉬 욤 보케르 - 봐예히 에레브 - 봐예히

이제 분리 액센트를 따라 직역한 히브리어 본문을 읽어 보겠습니다. 1급 액센트를 표시한 (//)과, 2급 액센트를 표시한 (/)와, 3급 액센트를 표시한 (*)와, 4급 액센트를 표시한 (#)를 모두 적용해봅니다. 히브리어 어순과는 조금 다르지만, 1급 액센트가 있는 단어는 **고딕**처리를 했습니다.

히브리어 본문에서 그 단어가 (//) 바로 앞에 있다고 보시면 됩니다. 문장의 맨 처음에 나오는 2급 액센트가 전체 문장의 1/4 비중을 차지하고, 두 번째로 나오는 2급 액센트가 1/8을 차지하고, 세 번째로 나오는 2급 액센트는 1/16을 차지하는 원칙을 따라 읽어봅니다.

20 하나님이 말씀하셨다(봐요메르 엘로힘)/물들은 우글거려라(이슈레쭈 하마임)/**생물**/떼로(셰레쯔 네페쉬 **하야**)//그리고 새들은(뵈오프) * 날아라 땅 위를(예오페프 알하아레쯔)/궁창 위의(알프네이 르키아)/ **하늘을**(**하샤마임**)//

21 하나님이 만들어내셨다(봐이브라 엘로힘)/**큰**/괴물들을(에트 하타니님 **하그돌림**)//그리고 움직이는 모든 생물(뵈에트 콜 네페쉬 하하야 로메쎄트)# 물에서 우글거리는(샤르쭈 하마임)# 종류대로(레미네헴) *그리고 모든 날개의*새를*종류대로(뵈에트 콜 오프 카나프 레미네후)/하나님이 보셨다(아쉐르 봐야르 엘로힘)/그것이 **좋았다**(키 **토브**)//

22 하나님이 그들을*축복하셨다(봐예바레흐 오탐 엘로힘)/**말씀하시기를**(**레에모르**)//새끼 낳아라 많아져라(프루 우르부) *가득 차라 여러 바다의 물들을(우밀우 에트하마임 바야밈)/그리고 새들은(뵈하오프)/**땅에서** 많아져라(이레브 **바아레쯔**)//

23 저녁이 있었다 아침이 있었다(봐예히 에레브 봐예히 보케르)/**다섯째** 날(욤 **하미쉬**)//

관찰과 해석

먼저 주요 단어들을 살펴보겠습니다. 먼저 20절과 21절에 나오는 '생물(네페쉬 하야)'는 호흡기관이 있는 동물을 가리킵니다. 당연히 이 단어는 사람에게도 적용됩니다(창 2:9). 그리고 '번성하게 하라'(이쉬레쭈)는 명령형 동사의 의미는 곤충이나 작은 동물들이 분주하게 떼를 지어 움직이는 것을 가리킵니다. '큰 바다 짐승들(하타니님 하그돌림)'에서 히브리어 본문에는 '바다'라는 단어가 없습니다. 하지만 구약 성서 다른 곳에서는 바다 괴물을 가리킵니다. '타니님'은 시편 74:13, 148:7에서 '용들'로, 욥 7:12, 사 27:1과 51:9에서는 단수형태의 '용'으로, 겔 29:3과 32:2에서도 단수형태의 '악어'로, 출 7:9에서는 '뱀'으로 번역되었습니다. 그러니까 모세가 지팡이를 던져 만든 것이 단순한 뱀이 아니었다는 것을 암시합니다.

22절에는 축복하다(바라흐)라는 단어가 처음으로 등장합니다. 그러니까 지금까지 창조된 빛, 하늘, 땅, 식물, 해 달 별은 축복의 대상이 아니었다는 의미입니다. 다시 말해 다섯째 날에 창조되는 생물(네페쉬 하야)과 여섯째 날 인간이 축복의 대상입니다. 현대적 개념에서 셋째 날 만들어진 식물들도 생명체이지만, 고대인들에게 식물은 동물과 인간의 먹거리를 위해 땅이 내어주는 부산물이었습니다. '생육하고 번성하여 충만하라(프루 우르부 우밀우)는 발음상 언어유희가 되는 관용구입니다. 여기서 '생육하고(프루)'를 직역하면 '열매를 맺고'입니다. 과일나무가 과일을 맺고, 그 과일들이 더 많은 과일나무를 생산하는 개념을 생물에게도 사용하고 있는 것입니다.

다섯 째 날 창조의 특징들을 살펴보겠습니다. 첫 번째 특징은 1절에서 '창조하다'는 의미로 사용되었던 동사 바라(ברא)가 다시 나온 것입니다. 그러니까 창조의 6일 가운데서는 처음으로 이 동사가 사용되고 있습니다. 이처럼 '바라' 가 다섯 째 날 창조에 사용된 이유는 호흡이 있는 생명체-동물의 창조를 이전에 창조된 것들과 구별하기 위해서였다고 볼 수 있습니다.[1)] 두 번째 특징은 "그대로 되니라" 는 어구가 나오지 않는다는 것입니다. 그 이유에 대해 저명한 유대교 학자 나흐마니데스는 바다 괴물 같은 최초 피조물이 후대까지 존재하지 않게 되기 때문이라고 합니다.[2] 세 번째 특징은 물들이 생물들로 우글거리게 되도록 명령하고 있다는 것입니다. 그것은 셋째 날에 땅으로 하여금 식물들을 내라고 명령한 것과 같은 형식입니다. 즉, 물속 생물들은 간접 명령형태로 창조되었습니다. 이것 역시 자연에 대한 기능 중심적 설명이라고 할 수 있습니다. 물질중심적 관점에서는 물이 물고기를 내는 것이 아니라, 물고기 알이 물고기를 부화시킨다고 해야 옳습니다. 그러나 기능 중심적 관점에서는 얼마든지 이런 표현이 용납될 수 있습니다. 고대인들의 관점에서는 흙이 식물을 내고, 물이 물고기를 번성하게 한다고 생각하는 것이 자연스러웠을 것입니다.

네 번째 특징은 하나님의 축복이 처음으로 선포되고 있다는 점입니다. 이것은 '창조하다'는 동사가 6일 창조에서 처음 사용된 것과 맥을 같이 합니다. "생육하고 번성하여 충만하라(프루 우르부 우밀우)"는 '창조하다(바라)'와 '축복하다(바랔)' 처럼 운율을 타고 선포되고 있습니다. 구약성서에는 '복' 이라는 단어가 444번 나오는데 모세오경에서 163회, 창세기에서 84회 사용되고 있습니다. 그런 점에서 창세기는 '복' 에 관한 내러티브라고 할 수 있습니다.[3] 복은 '형통케 만드는 능력'을 가리킵니다. 또한 하나님의 축복은 창조 이후 생물들의 계속적인 삶을 약속하고 있기 때문에 6일 창조 이후에도 하나님의 창조 섭리는 지속되고 있다고 보아야 합니다. 다시 말해서 하나님의 창조 행위와 섭리(providence)를 별개의 것으로 취급할 수 없습니다. 이것을 '계속적 창조(creatio continua)'라고 합니다.

시편 저자는 동물들이 태어나는 것을 하나님의 창조 행위로 묘사했습니

---

1) 존. H. 세일해머, 김 동진 역, 서술로서의 모세오경, 새순출판사, 1997, 184쪽.
2) U. Cassuto, 위의 책, 49쪽.
3) 김진섭, 모세오경, 한국성경학연구소, 2006, 132쪽.

다. 이를 테면 '주의 영을 보내어 그들을 창조하사 지면을 새롭게 하시나이다'(시 104:30)라는 식입니다. 당연히 사람이 태어나는 과정도 하나님의 창조 행위로 보았습니다. '주께서 내 내장을 지으시며 나의 모태에서 나를 만드셨나이다 '(시 139:13)라는 구절이 그것을 말해줍니다. 다섯 번째 특징은 앞서 창조된 것들과 대조적으로 다른 피조물들을 섬기는 기능을 갖고 있지 않다는 것입니다. 다섯 째 날에 창조된 것들은 자신들의 종을 번식, 증가, 충만하게 하는 명령을 수행하도록 만들어졌습니다. 이것은 하나님의 심판과 구원을 설명하는 원리가 됩니다.

다시 말해 하나님이 생물들에게 주신 축복은 폐지될 수 없기 때문에, 노아의 홍수 때에도 종류 대로 동물들이 보존되었던 것입니다. 신학적으로 표현하자면, 인간의 죄가 하나님의 창조 섭리를 중단시킬 수 없습니다. 그래서 하나님은 최후 심판 전까지는 죄인에게도 자비하신 분입니다. 예수님은 원수를 사랑하라고 가르치면서 이렇게 말씀하셨습니다. "이같이 한즉 하늘에 계신 너희 아버지의 아들이 되리니 이는 하나님이 그 해를 악인과 선인에게 비추시며 비를 의로운 자와 불의한 자에게 내려주심이라"(마 5:45).

여섯 째 바다 괴물들의 활동에 대해 특별한 언급이 없습니다(21). 창조 이야기에서뿐 아니라 토라 전체를 통해서도 창조주 하나님과 다른 신들 혹은 괴물과의 투쟁 모티브는 발견되지 않습니다. 그럼에도 불구하고 창조 이야기의 화자가 굳이 바다 괴물들을 언급하는 것은, 유일신 엘로힘 하나님 중심의 세계관을 가르치기 위한 것입니다. 바다 괴물들도 하나님이 창조하신 피조물에 불과하다는 것입니다. 성서의 예언서와 성 문서에 나와 있는 것처럼, 이스라엘 민족의 민간 전승 속에는 이미 바다 괴물들에 대한 관념이 들어 있습니다. 창조 이야기의 화자는 그것을 극히 제한적으로 소개함으로써 청중들이 자칫 바알 신화나 에누마 엘리쉬에서 말하는 다신교적 세계관으로 빠져들 위험을 배제시키고 있는 것입니다. 이집트, 메소포타미아, 가나안, 근동 여러 나라들의 신화에는 자기네 위대한 신들과 바다용 혹은 괴물과의 투쟁 이야기가 들어 있습니다.[4] 이를 테면 메소포타미아의 에누마 엘리쉬에는 마르둑 신과 바다의 괴물 킹구와의 싸움 이야기가 있고, 우가릿의 바알 신화집에는 바알 신과 용, 날아 다니는 뱀 리워야단, 꼬불꼬불한 뱀의 투쟁 이야기가 들어 있습니다. 이집트 신화에서 악한 존재는 하마로 묘사됩니다. 근동 문화의 일부였던 이스라엘 민족의 성서에도 그 잔재들이 나타납니다. 성서 속에서 그것들은 하나님에 의해 제압되지만, 하나님과 맞설 만큼 신격화되지도 의인화되지도 않습니다.

> "날을 저주하는 자들 곧 리워야단(용, 바다괴물, 뱀)을 격동시키기에 익숙한 자들이 그 밤을 저주하였더라면" (욥 3:8)

> "내가 바다니이까 바다 괴물(타닌)이니이까 주께서 어찌하여 나를 지키시나이까" (욥 7:12)

> "그는 능력으로 바다를 잔잔하게 하시며 지혜로 라합(바다괴물)을 깨뜨리시며 그의 입김으로 하늘을 맑게 하시고 손으로 날렵한 뱀을 무찌르시나니" (욥 26:12-13)

> "주께서 주의 능력으로 바다를 나누시고 물 가운데 용들(타니님)의 머리를 깨뜨리셨으며 리워야단의 머리를 부수시고 그것을 사막에 사는 자에게 음식물로 주셨으며" (시 74:13-14)

> "그 날에 여호와께서 그의 견고하고 크고 강한 칼로 날랜(날아다니는) 뱀 리워야단을 벌하시며 바다에 있는 용(타닌)을 죽이시리라" (사 27:1)

---

4) U. Cassuto, 앞의 책 49쪽.

"여호와의 팔이여 깨소서 깨소서 능력을 베푸소서 옛날 옛 시대에 깨신 것 같이 하소서 라합을 저미시고 용(타닌)을 찌르신 이가 어찌 주가 아니시며"(사 51:9)

"인자야 너는 애굽의 바로 왕에 대하여 슬픈 노래를 불러 그에게 이르라 너를 여러 나라에서 사자로 생각하였더니 실상은 바다 가운데의 큰 악어(타닌)라 강에서 튀어 일어나 발로 물을 휘저어 그 강을 더럽혔도다"(겔 32:2)

〈교부들과 함께 성경 읽기〉

성경은 물에 사는 짐승뿐 아니라 하늘을 나는 짐승과 날개 있는 모든 피조물이 물에서 태어났다고 말합니다. 마니교도들은 성경 내용에 이의를 제기하고 종종 그릇된 주장을 하며 늘 흠을 잡습니다. 이 물질들을 연구하는 학자들이 보통은 새들이 나는, 구름 끼고 물로 가득한 대기권을 물에 포함시킨다는 사실을, 마니교도들에게 알립시다. 사실 대기권에서는 액체나 고체가 기체로 변하고, 제 생각에 바다의 증기를 부를 만한 것이 서로 만나 증발을 하게 되면 자욱해져, 새들은 그곳에서 만날 수 있습니다. 따라서 고요한 밤에 대기권은 이슬을 맺고, 이슬 방울은 아침 풀 위에 달려 있습니다(아우구스티누스, 마니교도 반박 창세기해설 1,15,24).[5)]

영혼이 서로 다른 본성으로 이동한다고 내세우는 이들은, 제가 보기에는 자연적인 구별을 모두 없애고, 가능한 모든 관점에서 이성적이고 비이성적인 것, 감각이 있고 없는 것을 함께 섞어 혼란시킨다고 생각합니

5) 앤드루 라우스, 앞의 책, 74쪽.

다. 이 모든 일이 어떤 명백한 자연 질서를 따르지 않고 서로 전이되어 바뀌면 그렇단 말입니다. 하나이고 같은 영혼이 육체 안에서 한때 이성적이고 지적 영혼으로 있다가, 파충류와 함께 동굴에 들어가고 새와 함께 무리 지어 가며, 짐 나르는 짐승이나 육식 짐승이 되고 깊은 곳에서 헤엄친다고 말하거나, 뿌리를 내리기 위해 감각이 없는 것으로 떨어지기도 하고, 가지에 싹을 맺는 완전한 나무가 되고 이 싹에서 꽃이나 가시, 먹을 수 있거나 해로운 과일을 생기게 한다고 말하는 것은 모든 사물을 동일하게 만들고 단 하나의 본성이 모든 생물과 통하는 결과를 낳습니다. 서로 구별되는 모든 특징을 무모하게 섞고 혼란시킴으로써, 모든 생물이 서로 밀접한 관계를 가진다고 생각하는 것이나 다름 없습니다(니사의 그레고리우스, 영혼과 부활에 관한 대화).[6]

성경에 나오는 최초의 창조 이야기를 통해, 땅이 맨 처음 '초록 풀'을 생기게 하였으며, 그 풀에서 씨가 맺혔고 씨가 흙 위에 떨어지자, 본디 풀과 같은 형태가 다시 솟아오른 것을 알고 있습니다. 사도는 바로 이와 같은 일이 부활에서도 일어난다고 단언합니다. 부활을 통해 우리 인간성이 더 고귀하게 변할 뿐 아니라, 이런 점에서 처음에 있었던 일을 기대해야 한다는 사실도 사도에게서 배울 수 있습니다(니사의 그레고리우스, 영혼과 부활에 관한 대화).[7]

---

6) 위의 책, 76쪽에서 인용했습니다.
7) 위의 책, 76쪽에서 인용했습니다.

여섯째 날 1장 24-31절

창조 이야기의 여섯째 단락은 동물과 인간의 창조에 관한 것입니다. 인간의 창조와 동물의 창조가 같은 날에 진술된 것은 셋째 날 땅의 창조와 평행을 이루게 하기 위한 것입니다. 다시 말해서 후반부 셋째 날에 창조된 동물과 인간은 전반부 셋째 날에 준비된 땅 위에서 살도록 계획되었습니다.

먼저 본문을 읽어봅니다.

24 하나님이 이르시되 땅은 생물을 그 종류대로 내되 가축과 기는 것과 땅의 짐승을 종류대로 내라 하시니 그대로 되니라

25 하나님이 땅의 짐승을 그 종류대로, 가축을 그 종류대로, 땅에 기는 모든 것을 그 종류대로 만드시니 하나님이 보시기에 좋았더라

26 하나님이 이르시되 우리의 형상을 따라 우리의 모양대로 우리가 사람을 만들고 그들로 바다의 물고기와 하늘의 새와 가축과 온 땅과 땅에 기는 모든 것을 다스리게 하자 하시고

27 하나님이 자기 형상 곧 하나님의 형상대로 사람을 창조하시되 남자와 여자를 창조하시고

28 하나님이 그들에게 복을 주시며 하나님이 그들에게 이르시되 생육하고 번성하여 땅에 충만하라, 땅을 정복하라, 바다의 물고기와 하늘의 새와 땅에 움직이는 모든 생물을 다스리라 하시니라

29 하나님이 이르시되 내가 온 지면의 씨 맺는 모든 채소와 씨 가진 열매 맺는 모든 나무를 너희에게 주노니 너희의 먹을 거리가 되리라

30 또 땅의 모든 짐승과 하늘의 모든 새와 생명이 있어 땅에 기는 모든 것에게는 내가 모든 푸른 풀을 먹을 거리로 주노라 하시니 그대로 되니라

31 하나님이 지으신 그 모든 것을 보시니 보시기에 심히 좋았더라 저녁이 되고 아침이 되니 이는 여섯째 날이니라 (한글개역개정)

3급 2급 3급 4급 3급

24 וַיֹּאמֶר אֱלֹהִים תּוֹצֵא הָאָרֶץ נֶפֶשׁ חַיָּה לְמִינָהּ בְּהֵמָה וָרֶמֶשׂ

봐레메쓰 베헤마 레미나 하야 네페쉬 하아레쯔 토쩨 엘로힘 봐요메르

1급 1급 2급

וְחַיְתוֹ־אֶרֶץ לְמִינָהּ וַיְהִי־כֵן׃

헨 - 봐예히 레미나 에레쯔 뵈하예토

3급 2급 3급 3급 4급

25 וַיַּעַשׂ אֱלֹהִים אֶת־חַיַּת הָאָרֶץ לְמִינָהּ וְאֶת־הַבְּהֵמָה לְמִינָהּ וְאֵת

뵈에트 레미나 하베헤마 - 뵈에트 레미나 하아레쯔 하야트 - 에트 엘로힘 봐야아쓰

1급 2급 1급 2급

כָּל־רֶמֶשׂ הָאֲדָמָה לְמִינֵהוּ וַיַּרְא אֱלֹהִים כִּי־טוֹב׃

토브 - 키 엘로힘 봐야르 레미네후 하아다마 레메쓰 - 콜

4급 1급 2급 3급 2급 2급

26 וַיֹּאמֶר אֱלֹהִים נַעֲשֶׂה אָדָם בְּצַלְמֵנוּ כִּדְמוּתֵנוּ וְיִרְדּוּ בִדְגַת הַיָּם

하얌 비드가트 뵈이르두 키드무테누 베짤메누 아담 나아쎄 엘로힘 봐요메르

2급 2급 3급 3급

וּבְעוֹף הַשָּׁמַיִם וּבַבְּהֵמָה וּבְכָל־הָאָרֶץ וּבְכָל־הָרֶמֶשׂ הָרֹמֵשׂ

하로메쓰 하레메쓰 - 우베홀 하아레쯔 - 우베홀 우바베헤마 하샤마임 우베오프

1급

עַל־הָאָרֶץ׃

하아레쯔 - 알

1급 2급 2급 3급

27 וַיִּבְרָא אֱלֹהִים ׀ אֶת־הָאָדָם בְּצַלְמוֹ בְּצֶלֶם אֱלֹהִים בָּרָא אֹתוֹ

오토 바라 엘로힘 베쩰렘 베짤모 하아담 - 에트 엘로힘 봐이브라

1급 2급

זָכָר וּנְקֵבָה בָּרָא אֹתָם׃

오탐 바라 우네케바 자카르

3급 3급 4급 2급 3급

28 וַיְבָרֶךְ אֹתָם אֱלֹהִים וַיֹּאמֶר לָהֶם אֱלֹהִים פְּרוּ וּרְבוּ וּמִלְאוּ

우밀우 우르부 프루 엘로힘 라헴 봐요메르 엘로힘 오탐 봐예바레흐

2급 2급 3급 4급 1급 2급

אֶת־הָאָרֶץ וְכִבְשֻׁהָ וּרְדוּ בִּדְגַת הַיָּם וּבְעוֹף הַשָּׁמַיִם וּבְכָל־חַיָּה

하야 - 우베홀 하샤마임 우베오프 하얌 비드가트 우르두 뵈키브슈하 하아레쯔 - 에트

1급
הָֽרֹמֶ֖שֶׂת עַל־הָאָֽרֶץ׃
하아레쯔 - 알 하로메쎄트

3급 3급 4급 4급 3급
29 וַיֹּ֣אמֶר אֱלֹהִ֗ים הִנֵּה֩ נָתַ֨תִּי לָכֶ֜ם אֶת־כָּל־עֵ֣שֶׂב ׀ זֹרֵ֣עַ זֶ֗רַע אֲשֶׁר֙
아쉐르 제라 조레아 에쎄브 - 콜 - 에트 라헴 나타티 히네 엘로힘 봐요메르

1급 2급 3급 2급
עַל־פְּנֵ֣י כָל־הָאָ֔רֶץ וְאֶת־כָּל־הָעֵ֛ץ אֲשֶׁר־בּ֥וֹ פְרִי־עֵ֖ץ זֹרֵ֣עַ זָ֑רַע לָכֶ֥ם
라헴 자라 조레아 에쯔 - 프리 보 -아쉐르 에쯔 - 콜 - 뵈에트 하아레쯔 - 콜 프네이 - 알

1급 2급
יִֽהְיֶ֖ה לְאָכְלָֽה׃
레오흘라 이흐예

3급 4급 4급 4급
30 וּֽלְכָל־חַיַּ֣ת הָ֠אָרֶץ וּלְכָל־ע֨וֹף הַשָּׁמַ֜יִם וּלְכֹ֣ל ׀ רוֹמֵ֣שׂ עַל־הָאָ֗רֶץ
하아레쯔 - 알 로메스 울레홀 하샤마임 오프 - 울레홀 하아레쯔 하야트 - 울레홀

1급 1급 2급 2급 3급
אֲשֶׁר־בּוֹ֙ נֶ֣פֶשׁ חַיָּ֔ה אֶת־כָּל־יֶ֥רֶק עֵ֖שֶׂב לְאָכְלָ֑ה וַֽיְהִי־כֵֽן׃
헨 - 봐예히 레오흘라 에쎄브 콜 - 예레크 - 에트 하야 네페쉬 보 - 아쉐르

1급 2급 2급 3급
31 וַיַּ֤רְא אֱלֹהִים֙ אֶת־כָּל־אֲשֶׁ֣ר עָשָׂ֔ה וְהִנֵּה־ט֖וֹב מְאֹ֑ד וַֽיְהִי־עֶ֥רֶב
에레브 - 봐예히 메오드 토브 - 뵈히네 아싸 아쉐르 - 콜 - 에트 엘로힘 봐야르

1급 2급
וַֽיְהִי־בֹ֖קֶר י֥וֹם הַשִּׁשִּֽׁי׃ פ
쉬쉬 욤 보케르-봐예히

이제 분리 액센트를 따라 직역한 히브리어 본문을 읽어 보겠습니다. 1급 액센트를 표시한 (//)과, 2급 액센트를 표시한 (/)와, 3급 액센트를 표시한 (*)와, 4급 액센트를 표시한 (#)를 모두 적용해봅니다. 히브리어 어순과는 조금 다르지만, 1급 액센트가 있는 단어는 **고딕**처리를 했습니다. 히브리어 본문에서 그 단어가 (//) 바로 앞에 있다고 보시면 됩니다. 문장

의 맨 처음에 나오는 2급 액센트가 전체 문장의 1/4 비중을 차지하고, 두 번째로 나오는 2급 액센트가 1/8을 차지하고, 세 번째로 나오는 2급 액센트는 1/16을 차지하는 원칙을 따라 읽어봅니다.

24 하나님이 말씀하셨다(봐요메르 엘로힘) *땅은 내어라(토쩨 하아레쯔)# 생물을*종류대로(네페쉬 하야 레미나)/가축과 기는 것과(베헤마 봐레메쓰) * 야생 동물을(뵈하예토 에레쯔)/**종류대로**(**레미나**)//그렇게 되었다(봐예히 **헨**)//

25 하나님이 만드셨다 들 짐승을(봐야아쓰 엘로힘 에트 하야트 하아레쯔)# 종류대로(레미나) *가축을(뵈에트 하베헤마) *종류대로(레미나)/땅에서 기는 모든 것을(뵈에트 콜 레메쓰 하아다마)/ **종류대로**(**레미네후**)//하나님이 보셨다(봐야르 엘로힘)/ 그것이 **좋았다**(키 **토브**)//

26 하나님이 말씀하셨다(봐요메르 엘로힘)/우리가 사람을 만들자(나아쎄 아담) *우리의 형상대로(베짤메누)/**우리의 모양처럼**(**키드무테누**)//그리고 그들이 다스려라 바다의 물고기를(뵈이르두 비드가트 하얌)#그리고 하늘의 새를(우베오프 하샤마임) *그리고 가축을(우바베헤마) *그리고 모든 땅을(우베홀 하아레쯔)/그리고 **땅** 위에서 움직이는 모든 동물을(우베홀 하레메쓰 하로메쓰 알 **하아레쯔**)//

27 하나님이 만들어내셨다 사람을(봐이브라 엘로힘 하아담) *그의 형상대로(베짤모)/하나님의 형상을 따라(베쩰렘 엘로힘)/**그를** 만들어내셨다(바라 **오토**)//남성과 여성으로(자카르 우네케바)/**그들을** 만드셨다(바라 **오탐**)//

28 하나님이 그들을 축복하셨다(봐예바레흐 오탐 엘로힘)/하나님이 그들에게 말씀하셨다(봐요메르 라헴 엘로힘) *자식을 낳고 번성하여라(프루 우르부) * 그리고 땅에 가득 차라(우밀우 에트 하아레쯔)/**그리고 복종시켜라**(**뵈키브슈하**)//그리고 다스려라(우르두)#바다의 물고기와(비드가트

하얍) ＊하늘의 새와(우베오프 하샤마임)/모든 동물을(우베홀 하야)/땅 위에서 움직이는(하로메쎄트 알 **하아레쯔**)//

29 하나님이 말씀하셨다(봐요메르 엘로힘) ＊보라 내가 너희에게 준다(히네 나타티 라헴)#모든 채소를(에트 콜 에쎄브) ＊모든 지면 위에서 씨 맺는(조레아 제라 알 프네이 콜 하아레쯔)/그리고 모든 나무를(뵈에트 콜 에쯔) ＊ 그 안에 나무 열매(아쉐르 보 프리 에쯔)#**씨** 맺는(조레아 **자라**) //너희를 위한 **먹을 거리가** 되리라(라헴 이흐예 **레오흘라**)//

30 그리고 땅의 모든 야생동물에게(울레홀 하야트 하아레쯔)#그리고 하늘의 모든 새에게(울레홀 오프 하샤마임)# 그리고 땅에서 기는 모든 것들에게(울레홀 로메쓰 알 하아레쯔) ＊그 속에 생명이 있는(아쉐르 보 네페쉬 하야)/모든 녹색 채소를(에트 콜 예레크 에쎄브)/**먹을 거리로**(**레오흘라**)//**그대로** 되었다(봐예히 **헨**)//

31 하나님이 보셨다(봐야르 엘로힘) ＊만드신 모든 것을(에트 콜 아쉐르 아싸)/보시기에 **매우** 좋았다(뵈히네 토브 **메오드**)//저녁이 있었고 아침이 있었다(봐예히 에레브 봐예히 보케르)/**여섯째** 날(욤 **쉬쉬**)//

관찰과 해석

액센트를 따라 읽을 때 셋째 날에 창조된 것들은 두 종류 즉, 채소와 과일 나무의 싹이었습니다. 여섯째 날에 창조된 동물들은 세 종류입니다. 24절과 25절을 액센트를 따라 읽어보면 가축과 기는 것(파충류)과 땅의 짐승(야생 동물)의 세 종류인 것을 알 수 있습니다. 야생동물을 24절에서는 '하예토 에레쯔(היתו ארץ)'라고 했고, 25절과 30절에서는 '하야트 하아레쯔(הית הארץ)'라고 했습니다. 그리고 셋째 날 창조된 식물이 야채와 과일 나무의 두 종류인 것이 29절에서 '씨 맺는 채소'와 '씨 맺는 과일 나무'

두 종류를 통해 확인됩니다. 그런데 여섯째 날 창조에도 몇 가지 특징이 있습니다. 첫째로, 하나님이 땅에게 명령하여 동물을 내게(토쩨) 했다는 것입니다. 마치 셋째 날 땅에게 명령하여 싹을 내게 한 것이나 다섯째 날 물에게 명령하여 물고기들로 우글거리게 한 것과 같습니다. 이것은 물질중심의 세계관으로는 도저히 받아들일 수 없고 황당한 것입니다. 어떻게 땅이 짐승들을 낼 수 있겠습니까? 하지만 기능중심의 세계관으로는 얼마든지 용납할 수 있는 진술입니다. 왜냐하면 비옥한 땅이 동물들을 양육하기 때문입니다. 마치 물이 물고기들을 우글거리게 하는 것과 같습니다. 따라서 이 진술은 땅으로 하여금 짐승을 만들어 내라는 것이 아니라, 짐승들의 삶이 땅으로부터 시작된다는 뜻입니다. <니누르타(Ninurta; 수메르 신)의 공적들> 1.6.2에는 "산들로 하여금 당신을 위해 야생동물들로 가득 차게 하십시오"라는 구절이 나옵니다.[1] 땅이 짐승을 만들어 낸 것이 아니라는 증거는 25절에서 '하나님이 만드셨다'는 진술을 통해서도 확인됩니다.

둘째 특징은 다섯째 날 창조 이야기에 이어 '창조하다(바라)'와 '축복하다(바라흐)'는 단어가 사용되었다는 것입니다.[2] 그런데 이번에는 동물들에게는 사용하지 않고, 사람에게만 사용됩니다. '창조하다'는 단어는 27절에서 세 번, '축복하다'는 단어는 28절에서 한 번 나옵니다. 이처럼 사람에게 이 단어가 세 번이나 사용된 이유는, 숫자 3이 말해주듯이 인간이 특별한 존재임을 보여줍니다. 그리고 하나님만이 창조주이심을 강조하기 위해서입니다. 세 번째 특징은 '그대로 되니라'는 표현이 두 번(24절과 30절), '좋았더라'는 표현이 두 번이나 나온다는 점입니다. 아마도 전체 6일 창조 이야기에서 이런 관용구를 7번 사용하려는 이유로 보입니다. 특히 31절은 전체 6일 창조의 최종 평가로서 '매우 좋았다'라고 묘사합니다. 여섯째 날 창

1) 존 왈튼, 앞의 책 99쪽에서 인용.
2) 동물 창조에는 '아싸(עָשָׂה)'라는 단어가 사용되었습니다.

조의 핵심이자 창조 이야기의 하이라이트는 인간의 창조입니다. 여섯째 날 인간이 창조 되기 전에는 하나님의 창조 행위에 대해 결코 "심히 좋았더라"는 선언을 하지 않았습니다. 이것은 인간이 처음부터 악한 존재로 창조되지 않았음을 암시합니다. 이 선언은 노아의 홍수 이야기에서 '사람이 마음으로 계획하는 모든 것이 악하다(6:5)' '사람이 마음으로 계획하는 바가 어려서부터 악하다'(8:21)는 진술과 대조를 이룹니다. 하나님은 완벽하게 사람을 창조하셨으나, 사람이 스스로 불순종의 길을 걸어갔다는 뜻입니다. 이 사실을 전도서 저자는 이렇게 표현했습니다. "내가 깨달은 것은 오직 이것이라 곧 하나님은 사람을 정직하게 지으셨으나 사람이 많은 꾀를 낸 것이니라"(전 7:29). 네 번째 특징은 인간과 짐승이 모두 풀을 먹도록 계획되었다는 진술입니다(1:30).

좀더 구체적으로 말하자면, 인간은 채소와 과일을 먹고, 동물들은 풀을 먹도록 창조되었다고 합니다. 이것은 과학적 진리가 아니라 인간 중심의 선언입니다(야생동물들도 과일을 먹습니다). 어쨌거나 사람과 동물이 채식을 하도록 창조되었다는 것은, 육식이 임시적인 허용이라는 것을 암시합니다(창 9:3). 예언자들은 이 진리에 입각해서 메시야 시대가 오면 "사자가 소처럼 풀을 먹을 것"(사 11:7, 65:25)이라고 노래했습니다. 이것은 메시야 시대가 창조 질서로의 복귀를 의미한다고 볼 수 있습니다. 그리고 여섯째 날 창조의 다섯 번째 특징은 '여섯째 날(욤 하쉬쉬)'에 정관사가 붙어 있습니다. 학자들 중에는 이것이 창조의 종결을 의미한다고 보기도 합니다. 하지만 카수토 같은 학자는 성경에서 서수(ordinal number) 앞에 정관사가 붙는 경우가 자주 있다고 말합니다. 예를 들어 창세기 2:3, 출애굽기 12:15; 20:10 등입니다.[3] 여섯 번째 특징은 사람의 창조가 하나님의 특별한 계획과 의

3) 카수토, 앞의 책, 60쪽.

도 속에 진행되었다는 점입니다. 이것을 26절을 중심으로 좀더 자세히 살펴봅니다.

1. 우리가 만들자–'나아쎄(נעשה)'

대부분의 랍비 문헌에서 일인칭 복수 어미 '우리의'를 '나의'로 고쳤습니다. 하나님에 대한 의인화를 극도로 기피했던 타르굼 옹켈로스는 예외적으로 맛소라 사본대로 따릅니다.[4] '필로와 다른 유대인 학자들은 "누가 우리를 위하여 갈꼬"(사 6:8) 같은 구절을 근거로 하나님이 천사들과 인간 창조에 대해 상의했던 것으로 해석합니다. 존 세일해머(John SailHamer)와 같은 학자는 '우리'와 '하나님의 형상'과 '남자와 여자'가 연관성이 있다고 봅니다. 즉, 단수인 하나님이 복수 형태로 말하는 것처럼 단수인 사람이 남자와 여자로 묘사된다는 것입니다(창 5:1-2 참조).[5]

카수토 같은 학자는 하나님이 속으로 자신과 더불어 상의하는데 사용된 복수 형이라고 주장합니다. 이를테면 다윗이 "내가 고통 중에 있도다 청하건대 여호와께서는 긍휼이 크시니 우리가 여호와의 손에 빠지고 내가 사람의 손에 빠지지 아니하기를 원하노라"(삼하 24:14)라고 한 것과 같다는 것입니다.[6] 전통적으로 조직신학자들은 삼위일체의 교리적 근거를 찾습니다. 어쨌거나 '우리'라는 단어가 삼위 일체의 표현으로 해석되기 시작한 것은 <바나바의 서한>과 순교자 저스틴이 그리스도에 대한 언급으로 보면서부터입니다.[7] 하지만 창조 이야기의 화자가 삼위일체의 개념을 가지고 있었다고 보는 증거는 될 수 없습니다. 그리고 하나님이 천사들과 상의했

4) 배철현, 앞의 책, 118 쪽.
5) 존, 세일해머, 앞의 책, 187-188쪽.
6) U. Cassuto, 앞의 책, 55쪽.
7) 고든 웬함, 앞의 책, 121쪽.

다는 해석은 상의의 대상이 이사야 6장 8절이나 다른 구절에서처럼 분명하지 않다는 약점이 있습니다. 그리고 '우리'라는 표현이 과연 하나님의 양성을 가르치기 위해 동원한 개념인지 확실하지 않습니다.

2. 우리의 형상을 따라 사람을 만들자

'우리의 형상대로 사람을 만들자'는 '나아쎄 아담 베짤메누(נַעֲשֶׂה אָדָם בְּצַלְמֵנוּ)'를 해석하는 열쇠는 '아담'과 '우리의 형상'사이에 있는 전치사 '베(בּ)'입니다. 이때 전치사는 일반적 의미 '~안에'가 아니라, 전치사 앞과 뒤에 있는 명사들이 본질적으로 같다는 것을 뜻하는 용법(베트 에센시아)으로 사용되었습니다. 따라서 사람이 하나님과 똑같이 만들어졌음을 강조하는 것입니다.[8] 그렇다면 무엇이 꼭 같다는 말일까요? 여기에 대한 해답은 고대 근동의 문화적 배경에서 밖에 찾을 수 없습니다. 구약 성서에서 '형상(쩰렘)'이란 단어가 17번 사용되는데, 그 중 열 번은 다양한 신체 형상에 대해서, 두 번은 사람의 존재를 상이나 그림자로 묘사하며, 다섯 번은 창세기 1:26, 27, 5:3, 9:6에 나옵니다.

이 단어의 어원 중 하나는 아람어에서 '자르다' 혹은 '베다'는 동사에서 찾을 수 있고, 또 다른 하나는 '어두워지다'는 아카드어 혹은 아람어 동사에서 찾을 수 있습니다.[9] 즉, 신상이나 조각상을 만들거나 인간의 그림자 모양을 나타내는 것입니다. 그런데 고대 근동에서 상(statue)을 세우는 경우는 두 가지입니다. 하나는 신상을 세우는 것이고, 하나는 왕의 상을 세우는 것입니다. 고대 근동의 왕들은 자기의 주권을 상징화하기 위해 자신의 영토에 자기를 위한 상을 세우는 일이 흔했습니다. 신상을 세우는 것도

8) 배철현, 앞의 책, 119쪽.
9) 고든 웬함, 앞의 책, 124쪽.

같은 원리였습니다. 아래의 문화적 배경에서 살펴보는 것처럼 왕들은 신의 형상 혹은 현현이었습니다. 따라서 똑 같은 신상을 왕의 영토 전역에 세우는 것은 왕권의 신적 기원을 나타내는 것이었습니다.

창세기 9장 6절에서 살인자를 처형하도록 명령하면서 '사람이 하나님의 형상대로 지음 받았기 때문'이라고 한 이유가 거기에 있습니다. 즉, 하나님의 형상을 파괴한 자는 신성모독죄에 해당하는 것입니다. 이런 원리에 비추어 볼 때 하나님은 자신의 대리자로 사람을 만들어 자연을 통치하게 했다는 것을 알 수 있습니다. 이때 자연 세계는 하나님 자신의 왕국입니다. 하나님이 자신의 대리자로서 인간을 자연의 통치자로 세웠다는 것은, 26절과 28절에서 반복적으로 확인됩니다. 그리고 사람이 자연을 다스릴 권한을 갖고 있다는 사실은 '하나님의 형상'대로 지음 받은 것과 하나님으로부터 받은 명령을 통해 이중적으로 확인됩니다. 이것은 고대 근동 문헌에서 인간이 신의 노예로 창조되었다는 이야기에 비추어볼 때 충격적 선언이 아닐 수 없습니다. 더욱이 근동 신화에서 인간이 신들에게 음식을 제공하는 것과 대조적으로, 성경의 창조 이야기에서는 하나님이 사람들에게 음식을 제공하십니다.[10)]

3. 사람을 창조하시되 남자와 여자를 창조하시고

'사람'이 단수 집합명사이기 때문에, 히브리어 본문 27절에 '그를(오토)'와 '그들을(오탐)'이 동시에 사용되었습니다. 많은 유대인 랍비들은 남자로부터 여자가 창조되었다는 창세기 2장의 진술 때문에 남자가 자웅동체로 창조되었다고 해석해왔습니다(미드라쉬 창세기 랍바 8:1). 그러나 1:27, 28,

---

10) 길가메쉬의 홍수 이야기 156-162행에는 신들이 인간의 제물 냄새를 맡고 파리 떼처럼 모여들었다고 되어 있습니다(조철수, 앞의 책 131쪽)

29에서 그들을 복수로 부르고 있는 점은 그런 추측을 거부합니다.[11] 우리는 하나님이 남자와 여자를 창조하셨다는 진술로부터 남녀 사이에 어떤 차별도 존재하지 않는다는 결론을 얻어낼 수 있습니다.

사람의 창조에 대한 고대근동과 이집트 신화에 나오는 이야기들을 소개합니다. 먼저 인간의 기원에 관한 진술들입니다. 구약 성경과 메소포타미아 신화의 유사점은 신이 진흙으로 사람을 만들었다는 것이고, 여섯째 날에 사람을 창조했다는 것입니다. 그러나 고대 근동의 신화들이 신들의 족보에 큰 관심을 보이는 것과 대조적으로, 성경의 창조 이야기는 신들의 기원(theogony)에 대해 일절 언급하지 않습니다. 물론 인간이 만들어지게 된 동기도 전혀 다릅니다.

1) 사람이 태어난 이야기－수메르 신화[12]

'옛날에'로 시작하는 이 신화를 보면 옛날 옛적에 지위가 낮은 신들은 노동을 했었고, 큰 신들은 편히 쉬고 있었습니다. 작은 신들은 홍수를 방지하고 농사를 잘 짓기 위해 유프라테스 강과 티그리스 강바닥을 파내야 했습니다. 그들의 노역이 점점 힘들어지자 작은 신들은 큰 신들을 비난하고 연장을 모두 부수어버리겠다고 협박했습니다. 지하수의 여신 남무는 아들인 지혜의 신 엔키에게 그들의 노역을 대신할 사람을 만들라고 조언합니다. 엔키는 지하수가 흐르는 '압수'의 천정에서 진흙덩어리를 떼어 내 '이름 있는 피'를 섞어 사람을 만들라고 어머니에게 가르쳐 주었습니다. 엔키는 진흙 덩어리를 떼어내어 사람의 몸 형체를 만들었습니다.

11) U. Cassuto, 앞의 책, 57-58.
12) 조철수, 앞의 책, 50-51쪽.

2) 아트라하시스의 태초 이야기-수메르 신화[13]

이 이야기의 첫 행은 "신들이 사람 대신에 노동을 했고 노역을 감당했다"고 시작합니다. 그 때 이미 신들은 고도로 조직된 도시 체제에서 살고 있었습니다. 하늘의 신 아누는 모든 신들의 아버지이자 왕으로서 하늘을 지배했습니다. 대기의 신 엔릴은 아누 다음 가는 신으로서 땅을 지배하며 작은 신들에게 운하 파는 일을 시키고 감독했습니다. 작은 신들은 40x60년 동안 압박 당한 채 힘든 일을 하는 처지였습니다. 그들이 어느 날 엔릴의 집 앞에서 연장을 태우며 소동을 벌였습니다. 지혜의 신 에아는 모신 닌투(마미)에게 '사람들(룰루)'를 만들게 해서 그 새로운 피조물들로 작은 신들의 노역을 감당하게 할 계획이었습니다. 닌투는 반란을 일으킨 작은 신들의 우두머리의 살과 피를 점토에 섞고, 다른 신들이 그 점토에 침을 뱉었습니다. 마침내 에아가 그 점토를 밟았고, 닌투는 주문을 읊으며 열네 개의 점토덩어리를 떼어 냈습니다. 열 둘 후에 남자 일곱 명, 여자 일곱 명이 자궁에서 나왔습니다. 닌투는 산파 역할을 했습니다. 분만이 끝났을 때 그녀는 기뻐서 "내가 그것들을 만들었다. 내 손으로 그것들을 만들었다"고 외쳤습니다. 그 후부터 사람들은 호미와 삽을 만들어 운하와 수로 파는 노역을 시작했습니다.

3) 에누마 엘리쉬 – 바벨론 신화[14]

에누마 엘리쉬에는 창조 이야기가 일곱 개의 토판에 새겨져 있으며, 인간의 창조는 여섯 째 토판에 기록되어 있습니다. 인간의 기원이 신들의 노역을 대신하게 하기 위한 것이었다는 기본 주제는 변하지 않았으나, 주신

13) 위의 책, 74-75쪽.
14) 위의 책, 174-175쪽.

의 이름이 태양신의 송아지였던 마르둑으로 바뀌어있습니다. 마르둑은 에아와 상의한 뒤 짠물 여신 티아맛과 전쟁을 벌여 승리하고, 그녀의 장군이었던 킹구를 죽여 그의 피로 사람을 만들었습니다. 그리고 신들의 노역을 사람들에게 담당시켰습니다.

4) 구약 성서

"여호와 하나님이 땅의 흙으로 사람을 지으시고 생기를 그 코에 불어넣으시니 사람이 생령이 된지라"(창 2:7)

"내가 은밀한 데서 지음을 받고 땅의 깊은 곳에서 기이하게 지음을 받은 때에 나의 형체가 주의 앞에 숨겨지지 못하였나이다"(시 139:15)

"이르되 내가 모태에서 알몸으로 나왔사온즉 또한 알몸이 그리로 돌아가올지라"(욥 1:21상).[15)]

이제는 신의 형상에 대해 알아봅니다. 메소포타미아와 이집트의 문헌에서도 구약 성서의 창조 이야기에서와 같이 '신의 형상'에 대해 언급하고 있습니다. 그러나 그 문헌들에서 신의 형상은 상징으로서의 신상이거나 왕을 가리켰습니다. 앗수르 신은 날개 달린 원형으로, 샤마쉬 신은 태양으로 나타납니다. '형상'이라는 단어는 고대 메소포타미아에서 신의 현현을 가리켰습니다. 수메르어의 ALAN, 아카드어의 salmu는 천상 신에 대한 지상 신의 존재 그 자체를 표현하는 수단이었습니다.[16)] 그러나 성경에서 엘로힘 하나님의 형상은 가시적으로 상징화되지 않으며, 왕이 아닌 모든 사람에게 주어집니다. 신의 형상으로서의 왕과 사람에 대해 문헌들을 살펴봅

---

15) 욥이 죽어서 어머니 뱃속으로 돌아간다고 하는 표현은 인간이 흙에서 만들어졌다는 생각을 반영하고 있습니다.

16) 배철현, 앞의 책 119쪽.

니다.

1) 메소포타미아 문헌[17)]

① 임금의 아버지, 나의 주인님은 벨 신의 형상이다. 임금, 나의 주인님도 벨 신의 형상이다.
② 임금, 이 나라들의 주인, 샤마쉬 신의 형상이다.
③ 당신은 온 세상의 임금이며 마르둑 신의 형상이다.

2) 이집트 문헌

이집트에서 왕은 신의 아들이요, 계승자요, 상속인입니다. 태양신 '레'는 맨 처음 왕으로 이해되며, 파라오는 레의 아들로서 그 안에 '호루스' 신이 구현되어 있다고 봅니다. 즉, 왕은 호루스의 살아있는 화신입니다. 이는 왕의 신적인 기원을 강조하는 것입니다. 예를들어 라암세스 2세가 프타 신이 그의 형상을 따라 자기를 낳았으며, 그가 자기에게 왕권을 수여했다고 묘사하는 데에서 잘 드러납니다.

"나는 당신의 아들이요
당신께서 왕위에 앉게 한 자입니다
당신은 나에게 왕권을 주셨으며
나를 당신의 형상을 따라 낳으셨습니다
당신은 당신께서 창조하신 모든 것들을 나에게 물려주셨습니다"[18)]

이 외에도 왕의 이름들은 신의 형상을 반영하는 것들이 많습니다. 예를

---

17) 배철현, 위의 책 81쪽.
18) 강성열, 앞의 책, 80-81쪽.

들어 투탄카문은 '아문(Amun) 신의 살아있는(ankh) 형상(tut)'이라는 의미입니다. 그리고 투트모세 4세는 '레(Re) 신의 형상(tut)이 태어났다(moses)'는 뜻입니다.[19]

3) 구약 성서

사람이 무엇이기에 주께서 그를 생각하시며
인자가 무엇이기에 주께서 그를 돌보시나이까
그를 하나님(엘로힘)보다 조금 못하게 하시고
영화와 존귀로 관을 씌우셨나이다
주의 손으로 만드신 것을 다스리게 하시고
만물을 그의 발 아래 두셨으니(시 8:4-6)

여섯째 날 창조 이야기를 마감하면서, 유대인의 명절 투비슈밧(Thu-bi-Shubat)을 소개합니다.[20] 현대 유대인들은 매년 슈밧(shubat)월 15일(투)을 식물들의 신년으로 지킵니다.[21] 투비슈밧은 16세기에 이스라엘 북부 도시 쯔파트에 정착하기 시작한 카발라 유대인들이 지키기 시작했습니다. 이 날 저녁 만찬은 유월절을 지키는 것처럼 정해진 격식(세데르)을 따릅니다. 포도주 넉 잔과 연중 수확한 각종 과일들을 준비해서 먹으며, 식물을 주신 하나님을 송축하고 감사 드립니다.

첫째 잔은 백 포도주를 따라 마시면서 무화과, 대추야자, 견과류 등을 먹습니다. 그리고 과일나무 관련 성경 구절들을 읽고, 그 열매들을 영적

---

19) 배철현, 앞의 책 81쪽.

20) 자세한 내용은 김인철, 이스라엘 12박 13일, 그리심, 206~216쪽 참고.

21) 종교력 신년은 니산 월(3~4월) 1일, 농사력 신년은 티쉬리 월(9~10월) 1일(나팔절), 식물력 신년은 슈밧 월(1~2월) 15일, 가축의 신년은 엘룰 월(8~9월) 1일입니다.

진리를 설명하는데 유추합니다. 이때 백포도주는 건기를 지나고 비가 오기 시작하면서 올라오는 들풀-크로커스, 수선화 등의 색깔을 상징합니다. 둘째 잔은 백 포도주에 적 포도주를 한 두 방울 떨어뜨려 마시고, 빵을 올리브 유에 찍어 먹습니다. 이때 본격적인 저녁 식사가 제공됩니다. 포도주 색깔은 본격적인 우기에 접어든 11월에서 2월 사이 자연의 색깔을 상징합니다. 수전절(하누카)이 들어 있는 이 계절에는 핑크 시클라멘, 붉은 아네모네, 붉은 샤론의 튤립이 꽃을 피웁니다. 빵과 올리브 유와 포도주는 이스라엘의 3대 식품(곡식, 포도주, 기름)을 상징합니다.

둘째 잔은 하나님이 땅을 정복하라고 하신 명령을 식물들을 변형시키라는 명령으로 받아들이는 순서입니다. 곡식과 포도와 올리브를 정복하여 빵과 포도주와 올리브 유를 만들었기 때문입니다. 둘째 잔을 마시면서 나누는 진리는 안식일과 안식년과 관계된 것들입니다. 자연스럽게 땅의 휴경, 십일조, 구제와 같은 주제와 연결됩니다. 사실 투비슈밧 명절의 기원도 십일조와 관계 있습니다. 레위기 19:23-25에는 나무를 심고 5년 째 부터 먹을 수 있다고 나와 있습니다. 언제부터 계산해서 5년째인지 오랜 논쟁을 거쳐 투비슈밧을 기산일로 정했던 것입니다. 왜 하필 슈밧 월 보름으로 정했느냐 하면, 이스라엘에서는 그 날부터 과일 나무가 동면을 깨고 뿌리에서 물을 빨아올리기 시작한다는 것입니다. 그 전까지는 지난 해에 속하고, 그 날부터 식물들의 새해가 시작되는 것이죠.

셋째 잔은 백포도주와 적포도주를 절반씩 섞어서 마십니다. 이 색깔은 정확히 투비슈밧일의 자연 색깔을 상징합니다. 겨울이 끝나지 않았지만, 무화과와 석류의 붉은 잎이 나오기 시작하고, 아몬드 나무에 핑크 빛 꽃이 피기 시작합니다. 세 번째 잔을 마실 때 나누는 교훈은 '발 타쉬키트(파괴금지)'입니다. 그 대표적인 성경 구절이 "너희가 어떤 성읍을 오랫동안 에워싸고 그 성읍을 쳐서 점령하려 할 때에도 도끼를 둘러 그 곳의 나무를 찍어내지 말라 이는 너희가 먹을 것이 될 것임이니 찍지 말라 들의 수목이 사람이냐 너희가 어찌 그것을 에워싸겠느냐"(신 20:19)입니다. 전쟁에서 승리하기 위해서 하나님의 창조 섭리를 거슬리면 안 된다는 것입니다.

이와 같은 '발 타쉬키트' 원칙은 남이 유용하게 쓸 수 있는 것을 파괴하지 못하게 하는 의미를 담고 있습니다. 그래서 먹을 수 있는 음식을 버리는 것, 집을 파괴하는 것, 샘을 막는 것 등이 포함됩니다. 예수님께서 오병이어의 기적을 베푸신 다음 떡 부스러기를 모아 버리는 것이 없게 했다는 것도 전형적인 발 타쉬키트 법의 실천 기록입니다.

네 번째 잔은 적포도주를 마시고, 식물을 주신 하나님을 송축하므로 세데르를 끝냅니다. 이때에 상응하는 계절은 유월이며, 적포도주의 색깔은 양귀비, 미나리아제비, 석류꽃 등 붉은 꽃을 상징합니다. 네 번째 잔을 나눌 때 생각하는 교훈은 하나님의 자연 보존 섭리입니다. 노아에게 "땅이 있을 동안에는 심음과 거둠과(먹거리) 여름과 겨울과 추위와 더위와(계절) 낮과 밤이(시간) 쉬지 아니하리라"(창 8:22)고 하신 하나님은 창조하신 세계를 여전히 보존하시며, 공급하십니다. 하나님의 대리 통치자로 세워진 인간은 자연을 관리하는 청지기로서 하나님의 섭리를 충실히 이행해야 합니다. 원래 식물의 신년은 슈밧 월 1일이었으나, 힐렐의 주장을 따라 15일로 정했습니다. 현대 유대인들은 이 날을 식목일로 삼아 나무를 심습니다. 20세기 들어와서 본토로 귀환하는 유대인들이 훌레 습지의 말라리아를 방지하기 위해 유칼립투스 나무를 심은 것이 기원이 되었습니다.

〈교부들과 함께 성경 읽기〉

성자 홀로 성부의 모습이라면 왜 '우리'(모습대로)입니까? 우리가 말한 대로 사람을 '우리 모습대로' 만들자고 한 것은 불완전한 비슷함 때문입니다. 또한 '우리'라는 말은 사람이 삼위의 모습이 될 수 있다는 뜻입니다. 이 모습은 성자께서 성부와 같듯이, 삼위와 같다는 뜻이 아니라 어떤 비슷함에 다가가는 것이라고 말할 수 있습니다. 전혀 다른 사물이어도 가까운 경우가 있습니다. 그러나 이 경우에는 공간적으로 가깝다는 뜻이 아니라 닮음으로 가깝다는 뜻입니다(아우구스티누스, 삼위일체론).[22)]

이처럼 하느님께서는 보이는 본성과 보이지 않는 본성으로, 당신 손수 당신 모습대로 당신과 비슷하게 사람을 창조하셨습니다. 그분은 흙으로 육체를 만드시고 육체에 당신의 숨을 내쉬며, 우리가 하느님의 모습이라 부르는 육체에 이성적 · 지적 영혼을 불어넣어 주셨습니다. '모습대로' 있다는 말은 지성과 자유의지로 분명히 나타납니다. '비슷하게' 있다는 말은 덕에서 이러한 비슷함이 분명히 나타날 수 있다는 것입니다(다마스쿠스의 요한, 정통신앙).[23)]

22) 앤드루 라우스, 앞의 책 82쪽.
23) 앤드루 라우스, 위의 책, 87쪽.

일곱째 날 2장 1-3절

지금까지는 다섯째 날 물고기와 새의 창조, 여섯째 날 동물과 인간의 창조를 함께 생각해보았습니다. 사실 물고기와 새, 동물과 인간을 하루에 창조하신 것으로 묘사할 수도 있었습니다. 그러나 창조 이야기의 독특한 구조에서 새와 물고기는 하늘과 물의 분리가 있었던 둘째 날과 대칭을 이루도록 묘사되었습니다. 그리고 동물과 인간은 셋째 날과 대칭을 이루도록 묘사되었습니다. 그런데 일곱째 날 창조는 어느 날과도 평행을 이루지 않습니다. 창조 이야기의 일곱 번째 단락(2:1-3절)은 하나님의 안식에 관한 이야기입니다. 먼저 본문을 읽어보겠습니다.

1 천지와 만물이 다 이루어지니라

2 하나님이 그가 하시던 일을 일곱 째 날에 마치시니 그가 하시던 모든 일을 그치고 일곱 째 날에 안식하시니라

3 하나님이 그 일곱 째 날을 복되게 하사 거룩하게 하셨으니 이는 하나님이 그 창조하시며 만드시던 모든 일을 마치시고 그 날에 안식하셨음이라

(한글 개역개정)

WTT **2:1** וַיְכֻלּוּ(3급) הַשָּׁמַיִם וְהָאָרֶץ(2급) וְכָל־צְבָאָם(1급)׃

봐예훌루 하샤마임 뵈하아레쯔 뵈홀 - 쯔바암

2 וַיְכַל אֱלֹהִים(3급) בַּיּוֹם הַשְּׁבִיעִי(2급) מְלַאכְתּוֹ(2급) אֲשֶׁר עָשָׂה(1급) וַיִּשְׁבֹּת(3급) בַּיּוֹם

봐예할 엘로힘 바욤 하슈비이 멜라흐토 아쉐르 아싸 봐이쉬보트 바욤

1급 2급 2급

הַשְּׁבִיעִ֔י מִכָּל־מְלַאכְתּ֖וֹ אֲשֶׁ֥ר עָשָֽׂה׃

아싸 아쉐르 멜라흐토 - 미홀 하슈비이

3급 1급 2급 2급 3급

3 וַיְבָ֤רֶךְ אֱלֹהִים֙ אֶת־י֣וֹם הַשְּׁבִיעִ֔י וַיְקַדֵּ֖שׁ אֹת֑וֹ כִּ֣י ב֤וֹ שָׁבַת֙

샤바트 보 키 오토 봐예카데쉬 하슈비이 욤 -에트 엘로힘 봐예바레흐

1급 2급 2급

מִכָּל־מְלַאכְתּ֔וֹ אֲשֶׁר־בָּרָ֥א אֱלֹהִ֖ים לַעֲשֽׂוֹת׃ פ

라아쏘트 엘로힘 바라 - 아쉐르 멜라흐토 - 미홀

이제 분리 액센트를 따라 직역한 히브리어 본문을 읽어 보겠습니다. 1급 액센트를 표시한 (//)과, 2급 액센트를 표시한 (/)와, 3급 액센트를 표시한 (*)와, 4급 액센트를 표시한 (#)를 모두 적용해봅니다. 히브리어 어순과는 조금 다르지만, 1급 액센트가 있는 단어는 **고딕**처리를 했습니다. 히브리어 본문에서 그 단어가 (//) 바로 앞에 있다고 보시면 됩니다. 문장의 맨 처음에 나오는 2급 액센트가 전체 문장의 1/4 비중을 차지하고, 두 번째로 나오는 2급 액센트가 1/8을 차지하고, 세 번째로 나오는 2급 액센트는 1/16을 차지하는 원칙을 따라 읽어봅니다.

1 완성되었다(봐예훌루) * 하늘 그리고 땅(하샤마임 뵈하아레쯔)/그리고 모든 그들의 군대가(뵈홀 쯔바암)//

2 완성하셨다 하나님이(봐예할 엘로힘) * 일곱째 날에(바욤 하슈비이)/그의 일을(멜라흐토)/만드시던(아쉐르 아싸)//그치셨다(봐이쉬보트) * 일곱째 날에(바욤 하슈비이)/모든 그의 일을(미홀 멜라흐토)/만드시던(아쉐르 아싸)//

3 축복하셨다 하나님이(봐예바레흐 엘로힘) * 일곱째 날을(에트 욤 하슈비이)/거룩하게 하셨다 그를(봐예카데쉬 오토)//왜냐하면 그 날에 그치셨

기 때문이다(키 보 샤바트) *그의 모든 일을(미홀 멜라흐토)/하나님이 창조하시던(아쉐르 바라 엘로힘)/만드시려고(라아쏘트)//

관찰과 해석

먼저 일곱 째 날 이야기를 전체 창조 이야기의 구조 속에서 개관하면, 수미쌍관(inclusio)을 이루고 있음을 알 수 있습니다. 2:1-3에는 '천지(하늘과 땅)' '하나님' '창조'의 세 단어가 사용되고 있는데, 1:1에서 사용되었던 '창조' '하나님' '천지'와 순서만 바뀌어져 있습니다. 그러니까 창조 이야기의 마지막 단락이 첫 단락과 함께 중간의 6일 창조 단락들을 앞뒤에서 받쳐주고 있는 구조입니다. 그렇다고 해서 일곱 째 날 이야기가 단순히 6일 창조의 결론이나 부록은 아닙니다. 오히려 특별한 일이 있었던 날에 대한 이야기라고 할 수 있습니다. 창조 이야기의 화자는 일곱 째 날에 '하나님(엘로힘)' '만들다(아싸)' '일곱 째 날(욤 하슈비이)' '그의 일(멜라흐토)를 각각 세 차례, '완성하다(카할)' '그치다(샤바트)'를 두 차례 사용함으로써 특별한 의미를 부여했습니다.[1] 그런데 천지 창조의 마지막 날 이야기는 앞선 6일 동안의 이야기와 사뭇 다른 형식으로 기록되어 있습니다. 이를테면 '하나님이 이르시되' '그대로 되니라' '보시기에 좋았더라' '이는 ~째 날이니라'는 식의 어구가 사용되지 않았습니다. 그리고 창조와 관련된 특별한 내용이 없어, 마치 안식일 준수의 기원을 설명하기 위해 삽입된 것처럼 보입니다. 물질적 관점에서 살펴보자면 일곱째 날은 단순히 창조 사역이 없었던 날에 불과합니다. 그러나 기능적 관점에서 접근할 때 일곱 째 날이야말로 창조 사역의 하이라이트라고 할 수 있습니다. 왜냐하면 일곱째 날은 신의

1) 3은 신성한 숫자, 2는 중복과 힘을 나타내는 숫자입니다.

안식(divine rest)과 신의 즉위(enthronement)를 상징하는 날이기 때문입니다. 다시 말해 일곱 째 날은 엘로힘 하나님이 정식으로 우주통치를 시작하는 날이 됩니다.

1절에 나오는 '군대'는 일반적으로 하늘의 일월성신(사 34:4, 40:26)이나 천사들(왕상 22:19)을 가리키는데 사용되었습니다. 이 단어는 '만군의 여호와'로 번역되는 '야훼 쯔바오트(יהוה צבאות)'에 사용되었습니다. 하지만 1절을 액센트를 따라 읽어보면, 군대가 하늘과 땅 모두에 속한 것으로 묘사되었습니다. 다시 말해 1절은 우주의 모든 것이 엘로힘 하나님에 의해 창조되었으며, 그것들이 하나님을 위해 복종하는 신분임을 밝히고 있습니다.

2절 전반부에 나오는 '일곱 째 날'을 70인역, 페쉬타, 사마리아 오경에서는 모두 '여섯 째 날'로 고쳤습니다. 그 이유는 하나님의 창조 사역이 여섯 째 날에 완성되었다고 보기 때문입니다. 그러나 맛소라 사본과 타르굼 옹켈로스는 '일곱 째 날'을 고수합니다. 카수토의 설명에 의하면 2절은 동의 대구를 이루고 있는 문장입니다.[2] 즉, '하나님이 완성하셨다(봐예할 엘로힘)'과 '그가 그치셨다(봐이쉬보트)'가 평행을 이루고 있고, '일곱째 날에(바욤 하슈비이)'와 '일곱째 날에(바욤 하슈비이)'가 평행을 이룹니다. 그리고 '만드시던 그의 일(멜라흐토 아셰르 아싸)'와 '만드시던 그의 모든 일(미훌 멜라흐토 아셰르 아싸)'가 대구를 이루고 있습니다. 더구나 '그가 완성하셨다(봐예할)'과 '그가 그치셨다(봐이쉬보트)'는 '봐 이크톨'형으로서, 같은 용법으로 사용되었습니다.[3] 2절이 동의 대구형식으로 기록되어 있기 때문에, 첫 번째 나오는 '일곱째 날에(바욤 하슈비이)'를 굳이 '여섯째 날에(바욤 하쉬쉬)'로

2) 카수토, 앞의 책, 61쪽.

3) 과거 완료형인 '봐이크톨' 시제는 1절에서 '완성하셨다(봐예흘루)'와 3절에서 '축복하셨다(봐예바레흐)'와 '거룩하게 하셨다(봐예카데쉬)'에서도 사용되었습니다.

바꿀 필요가 없습니다. 그렇게 되면 오히려 원문의 의미를 왜곡시키는 결과를 가져오게 됩니다. 그런 관점에서 볼 때, 하나님이 일곱 째 날에 자신의 일을 그친(바이쉬보트) 것은, 곧 자신의 일을 완성한(바예할) 것이라는 결론에 이르게 됩니다.

하나님이 자신의 일을 중단함으로써 완성하신 것은 어떤 의의가 있는 것일까요? 우리는 고대 근동의 문헌에서 창조주가 창조를 마치고 신전에 들어가 통치를 시작하는 개념에서 해석의 실마리를 찾을 수 있습니다. 고대 근동에서 신전은 사람들을 위한 예배의 장소가 아니라, 신을 위한 통치의 장소였습니다. 그리고 신들은 오직 신전에서만 안식할 수 있었습니다.[4] 그런데 안식은 휴식의 의미가 아니라, 전쟁이나 기근 따위의 문제가 없는 정상적인 일상(normal routine)을 의미합니다. 시편 저자는 이스라엘 백성들이 가나안에 정착하여 광야의 방랑을 끝내는 것을 안식이라고 묘사했습니다(시 95:11). 그리고 예언자 이사야는 기근에서 벗어나는 것을 안식이라고 합니다(사 28:12). 모세도 이스라엘 민족이 가나안 땅에 정착하면서 전쟁 없이 일상을 누릴 수 있게 된 것을 안식(메누하)이라고 부릅니다(신 12:9).[5] 이때 사용된 단어 '메누하(מנוחה)'는 하나님이 성전에서 안식하시는 것을 묘사할 때도 사용됩니다(시 132:8,14, 대하 7:41, 사 66:1).

그러니까 창조 사역을 마치고 하나님이 안식하셨다는 것은, 정상적인 통치를 시작하셨다는 것을 의미합니다. 단지 하나님은 특정한 집이 아니라, 우주를 자신의 신전으로 삼아 안식을 시작하셨을 뿐입니다. 하나님이 우주 신전에서 안식에 들어가셨다는 암시는 '그의 일(멜라흐토)'을 마쳤다(봐예할)는 표현에서도 찾아볼 수 있습니다. 일반적인 사람들의 일(창 33:14,

---

4) 존 왈튼, 앞의 책 105쪽.

5) 같은 단어(누아흐)가 한글 성경에서 때때로 '평강' 혹은 '평안'으로도 번역되었습니다(대상 22:9하, 대하 20:30)

39:11)을 가리키는 단어 '믈라하'는 출애굽기에서 성막 건설을 가리킬 때 집중적으로 사용되었습니다(출 35:29, 36:2,7,8, 39:43). 특히 모세가 성막 '역사를 필하다(봐예할 하믈라하)'라고 할 때(출 40:33), 창 2:2에서 사용된 '그의 일을 완성하다(봐예할 멜라흐토)'와 같은 단어들을 사용했습니다. 그것은 창조 이야기의 화자가 천지 창조의 완성과 성막의 완성을 같은 맥락으로 소개하려 했다는 것을 말해줍니다.

3절은 안식일의 유래에 관한 가르침입니다. 출애굽기 20:11에서는 안식일의 기원을 창조 이야기의 일곱째 날에 두고 있습니다. 그런데 출애굽기 16:23-30을 보면 이스라엘이 안식일을 지키기 시작한 것은 신(Sin) 광야를 통과하면서부터였습니다. 그들이 애굽에 있었을 때나 족장들의 시대에 안식일을 지켰다는 증거가 없습니다. 그런 의미에서 창조 이야기의 화자가 '안식일(샤바트)'이라는 말 대신 굳이 '일곱 째 날(욤 하슈비이)'라는 단어를 세 번이나 사용한 것은 의도적이라고 볼 수 있습니다. 그것은 마치 넷째 날 창조에서 '해'와 '달'이란 단어 대신 '큰 광명'과 '작은 광명'이라는 단어를 사용한 것과 비슷합니다. 그 이유에 대해 카수토는 이스라엘이 안식일을 메소포타미아의 이교적 개념-샤바투-에서 빌려온 것이 아니고, 오히려 반대하기 위한 목적으로 봅니다.[6] 어쨌거나 창조 이야기에서 말하는 안식일은 창조 사역이 완성된 날이며, 복을 받고 거룩하게 된 날로서의 특징을 갖습니다.

첫째, 창조 사역이 완성된 날이라는 것은, 엘로힘 하나님이 우주의 통치자로 즉위하신 날이라는 의미입니다. 따라서 토라에서는 언제나 안식일의 주인이 하나님으로 묘사됩니다. 다시 말해 안식일이 일차적으로 인간의 안식을 위한 날이 아니라, 하나님의 안식을 위한 날인 것입니다. 그것은 안

6) 카수토, 앞의 책, 68쪽.

식일이 여호와의 날(출 20:10, 31:13, 겔 20:12, 13, 16, 20, 21, 24, 22:8, 26, 23:38, 44:24)이라는 진술에서 반복적으로 확인됩니다. 이런 관점에서 예수 그리스도가 자신을 안식일의 주인이라고 선언한 것은 신성의 선언으로 받아들일 수 있습니다(마 12:8).

둘째, 창조 이야기에서 조류, 어류, 인간 등 피조물이 복을 받은 예에 비추어, '일곱 째'날이 복을 받은 것은 특이합니다. 그것은 그 날이 창조의 6일과 본질적으로 다른 날이었음을 보여줍니다. 그 날은 엘로힘 하나님이 창조 사역을 그치고 안식에 들어가시는 첫 날이었기에, 복을 받고 구별되어야 마땅했던 것입니다. 그 사실은 근동에서 달과 별들의 이름을 따라 요일을 표시하던 것에 비추어 보면 더 명확해집니다. 이를테면 '달의 날' '금성의 날'이 아니라, '하나님의 날'의 시작이었던 것입니다. 따라서 '일곱 째 날'을 정기적으로 순환되는 한 날 혹은 일주일의 첫 날 개념으로 해석하면 안됩니다. 창조 이야기에서 '일곱 째 날'은 특별한 날 하루였으며, 여덟 째 날 전날이 아니었던 것입니다. 인간들이 안식일을 지키되, 성회로 모여야 할 이유가 거기에 있었습니다(레 23:3). 그 날은 왕 되신 하나님을 찬양하며 경배하는 날이었기 때문입니다. 그래서 이스라엘 민족은 그 날에 모든 노동을 그치고 쉬어야 했습니다. 그럼으로써 하나님이 그들에게 안식-정상적인 일상(normal routine)을 주신 것을 표현할 수 있었습니다.

본문과 관계된 주요 사상들을 고대근동 신화와 구약 성서에서 찾아봅니다.

안식일

1. 메소포타미아 문헌[7)]

고대 바벨론과 앗시리아에서 매 월 15일을 '샤바투' 혹은 '샤파투'라고 불렀습니다. 그 날은 달 신 '신-나나루'를 경배하는 날이었습니다. 그 날은 또한 '심장이 쉬는 날'이라는 의미에서 '움 누 리비'라고 불렀는데, 경배를 통해 신들의 심장을 쉬게 한다고 생각했습니다. 안식일과 밀접한 관계가 있는 것으로 보이는 메소포타미아의 달력은 7일, 14일, 21일, 28일입니다. 이 날들은 달의 차고 기우는 것의 4단계와 연관되어 있습니다. 나중에 19일까지 포함시켜 사람들이 스스로 괴롭게 하고 즐거움을 추구하지 않으며 중요한 과업을 수행하지 말아야 하는 날로 간주했습니다. 왜냐하면 그 날들은 형통하지 않은 불길한 날이라는 것입니다.

2. 멤피스의 창조 신화 – 샤바카

이집트의 창조 신화 샤바카(주전 761-701년)에는 프타(Ptah)신이 마음의 생각과 명령으로 우주를 창조하고(55-58행), 창조를 마친 뒤에 휴식을 취한다는 내용이 들어 있습니다.[8)]

참으로 신의 모든 말은 마음을 통해 이루어졌으며
혀를 통해 말해졌다
그리하여 모든 일과 모든 기술,
손으로 하는 행동,
발로 걷는 행동,
사지의 모든 움직임 등은 마음에 의해 이루어지고
혀에 의해 명하여진 그의 명령을 따라 만들어졌다
프타는 자신의 모든 말들과 일들을 마친 후에 휴식을 취했다.

---

7) U. Cassuto, 앞의 책 65-68쪽.

8) Beyerlin, *Near Eastern Texts Reading to the OT*, 5. 강성열, 고대 근동 세계와 이스라엘 종교 77쪽에서 재 인용.

3. 구약 성서

이스라엘 민족이 안식일(샤밧) 준수의 계명을 최초로 받은 것은, 애굽에서 나온 직후 신(Sin) 광야에 이르렀을 때입니다(출 16:22-30). 그 이전에 애굽에서 살 때나 족장 시대에 안식일을 지켰다는 기록은 없습니다. 안식일 계명은 천지 창조의 제 7일에 기원을 두고 있습니다(출 20:8). 하지만 정작 창조 이야기에서는 '안식일(샤밧)'이라는 명칭을 사용하지 않고, '일곱 째 날(욤 하쉬비이)'이라고 부릅니다. 안식일 계명의 두 번째 기원은 출애굽 사건입니다. 이로써 안식일은 할례와 더불어 이스라엘 민족의 정체성을 상징하는 것이 되었습니다. 곧 "너희는 나의 안식일을 지키라 이는 나와 너희 사이에 너희 대대에 표징이니"라는 구절과 같습니다(출 31:13).

그런데 이스라엘의 안식일(샤밧)과 메소포타미아 사람들의 '샤바투' 혹은 '불길한 날'은 발음상의 유사성과 정기적 금기일(tabooing days)이라는 점에서 관련성이 있어 보입니다. 그러나 '샤밧'과 '샤바투'가 같은 어원을 가지고 있는 지에 대해 학자들은 의견의 일치를 보지 못하고 있습니다. 그리고 메소포타미아의 달력에서 7일 단위로 표시되는 불길한 날들과 이스라엘의 안식일은 내용상 근본적인 차이점을 가지고 있습니다. 첫째로 메소포타미아의 불길한 날들은 이스라엘의 안식일처럼 노동이 절대적으로 금지되지는 않았습니다.[9] 둘째로 안식일은 메소포타미아의 '샤바투'처럼 신을 쉬게 하기 위해 제정된 날이 아닙니다. 하나님이 창조 작업을 끝내고 안식한 것처럼, 사람들도 노동으로부터 자유롭게 되는 날이며, 하나님이 축복하신 날입니다.[10]

---

9) 강성열, 위의 책 68쪽.
10) 강성열, 위의 책 68쪽.

신전 건축

이집트와 고대 근동 신화에서 신전은 신의 거주지인 하늘을 상징했습니다. 이집트의 헬리오폴리스 신전은 '이집트의 하늘'이라고 불렀고, 카르낙 '신전은 '지상의 하늘'이라고 했고, 덴데라 신전은 '하토르의 하늘'이라고 불렀습니다. 메소포타미아에서도 예외는 아니었습니다. 시파르에 있는 태양신전 부조에는 하늘 바다 위에 태양신이 앉아 있고, 그 위로 신(달), 샤마쉬(태양), 이쉬타르(금성)이 그려져 있습니다.[11]

1. 메소포타미아 문헌

바벨론 신화 에누마 엘리쉬에는, 마르둑이 창조 사역을 완성한 후 신들의 추대를 받아 왕좌에 오릅니다. 신들은 그를 위한 신전 에사길라를 바벨론에 건설하여 안식하겠다고 했고, 신전을 건설한 후 함께 모여 향연을 베풉니다.[12] 이 외에도 메소포타미아 문헌들에서 신전 건설은 창조 사역의 완성으로, 신들의 안식처로, 우주의 모델로 제시됩니다. 다시 말해서 신전이 없었다는 것은 곧 우주가 만들어지지 않았다는 이야기가 됩니다. 다음에 나오는 수메르의 한 기도문이 그것을 보여줍니다.[13]

"어떤 거룩한 집도, 어떤 신들의 집도 순수한 장소에 건설되지 않았다
아무 갈대도 나지 않았고, 아무 나무도 창조되지 않았다
아무 벽돌도 놓이지 않았고, 아무 벽돌 틀도 창조되지 않았다
아무 집도 건설되지 않았고, 아무 도시도 창조되지 않았다

---

11) Othamar Keel, *The Symbolism Of The Biblical World*, Eisenbrauns, 1997, 책에서 인용했습니다.

12) 조철수, 앞의 책 176-178쪽.

13) 존 왈튼, 앞의 책, 113-14쪽.

아무 도시도 건설되지 않았고, 아무 정착도 없었다
니푸르(Nippur)는 건설되지 않았었고, 에쿠르(Ekur)도 창조되지 않았다
우룩(Uruk)도 건설되지 않았고, 에안나(Eanna)도 창조되지 않았다
깊음들도 건설되지 않았고, 에리두(Eridu)도 창조되지 않았다
어떤 거룩한 집도, 어떤 신들의 집도, 그들을 위해 어떤 처소도 창조되지 않았다
모든 세계는 바다였다
바다 한 가운데의 샘이라고는 해협뿐이었다
그 때 에리두(Eridu)가 건설되었다. 에사길라(Esagila)가 창조되었다

그 때 마르둑이 신들을 각자의 처소에 정착시킨다. 그리고 사람과 동물들을 창조한다. 그리고 티그리스(Tigris)와 유프라테스(Euphrates)를 바로 놓았다"

위의 기록 외에도 신전 건설에 관해 다음과 같이 라가쉬의 통치자 구데아가 닌기루스의 에닌누를 지은 날에 대한 기록이 있습니다.

"내가 그의 사랑하는 신전 에닌누를 지었을 때 빚을 탕감했고 정결례를 행했다. 칠 일[14] 동안 곡식을 찧지 않았다. 여종이 그녀의 여주인과 동등했고 남종이 그의 주인과 어깨를 맞대고 있었다. 부자와 그의 약자가 함께 도시 밖에서 누워 있었다. 악을 그들의 집에서 막았으며 난쉐와 닌기르수에게 물어보았다. 고아를 부자에게 넘겨주지 않게 했다. 과부를 권력자에게 넘겨주지 않게 했다. 상속할 아들이 없는 집에 딸이 상속인으로 들어가게 했다."[15]

---

14) 솔로몬은 성전 낙성식 축제를 7일과 7일 도합 십사 일을 지켰습니다(왕상 8:65).

15) 조철수, 앞의 책 458-459쪽.

2. 구약성서

구약 성서에는 성전을 하나님이 거하시는 처소(dwelling place) 혹은 안식할 처소(resting place)로 묘사한 구절이 자주 나옵니다. 지성소에 놓인 법궤를 발등상(foot stool)이라고도 하고, 그 위에 놓인 두 그룹 천사와 날개를 보좌(throne)로 묘사합니다. 그와 동시에 하나님이 인간에 의해 건설된 신전을 필요로 하지 않는다고 반복적으로 말합니다. 왜냐하면 우주가 곧 하나님의 신전이기 때문이라는 것입니다. 이런 진술들은 솔로몬의 성전 낙성식 기도문이나 시편 혹은 예언서들에서 자주 발견됩니다. 그러니까 하나님은 우주를 안식처 혹은 처소 삼고 있으며, 지상의 성전은 그 모형이라는 것입니다. 이런 구절들을 통해 일곱 째 날의 안식이 우주 창조의 완성으로서, 하나님의 신전 낙성식인 동시에 만물의 통치자로서의 즉위식을 말하는 것이었음을 알 수 있습니다.

> "우리가 그의 계신 곳(dwelling place)으로 들어가서 그의 발등상(foot stool) 앞에서 엎드려 예배하리로다. 여호와여 일어나사 주의 권능의 궤와 함께 평안한(안식할) 곳(resting place)으로 들어가소서"(시 132:7-8)

> "여호와께서 시온을 택하시고 자기 거처(habitation)를 삼고자 하여 이르시기를 이는 내가 영원히 쉴(안식할) 곳(resting place)이라 내가 여기 거주할 것은 이를 원하였음이로다"(시 132:13-14)

> "하나님이 참으로 사람과 함께 땅에 계시리이까 보소서 하늘과 하늘들의 하늘이라도 주를 용납지 못하겠거든 하물며 내가 건축한 이 성전이오리이까.........여호와여 일어나 들어가사 주의 능력의 궤와 함께 주의 평안한 처소(resting place)에 계시옵소서"(대하 7:18, 41상)

> "여호와께서 이와 같이 말씀하시되 하늘은 나의 보좌(throne)요 땅은 나의 발판(foot stool)이니 너희가 나를 위하여 무슨 집을 지으랴 내가 안식

할(resting place) 처소가 어디랴"(사 66:1)

"여호와께서는 그의 성전에 계시고 여호와의 보좌(throne)는 하늘에 있음이여 (시 11:4상) 다윗이 일어나 자기와 함께 있는 모든 사람과 더불어 바알레유다로 가서 거기서 하나님의 궤를 메어 오려 하니 그 궤는 그룹들 사이에 좌정하신 만군의 여호와의 이름으로 불리는 것이라"(삼하 6:2)

"그가 또 하늘을 드리우고 강림하시니 그의 발 아래는 어두컴컴하였도다 그룹을 타고 날으심이여 바람 날개 위에 나타나셨도다 그가 흑암 곧 모인 물과 공중의 빽빽한 구름으로 둘린 장막을 삼으심이여"(삼하 22:10-12).

〈교부들과 함께 성경 읽기〉

우리가 하나님의 축복으로 가득하고 그 분의 거룩함으로 바뀐다면, 우리 자신이 '이렛날'이 될 것입니다. 그때 우리는 쉬면서 그 분이 하느님이심을 알게 될 것입니다. 우리는 너희가 신들처럼 되리라(창 3:5)는 유혹자의 감언이설에 넘어가 스스로 그 분의 신성을 가지고 싶어 합니다. 그 결과, 우리는 의무를 행하지 않고는 결코 얻을 수 없는, 곧 그 분께 참여함으로써 신성을 우리에게 나누어 주실 참 하느님이신 그 분에게서 멀어지게 됩니다. 그 분의 노여움으로 말미암아 사람이 파멸할 일 말고 우리가 과연 무엇을 했습니까? 우리가 하느님에 의해 바뀌고 그 분의 더 큰 은총으로 완전하게 될 때만, 우리는 영원히 쉬게 되고, 그러면서 그 분이 하느님이심을 알게 될 것입니다(아우구스티누스, 신국론 22,30).[16]

---

16) 앤드루 라우스, 앞의 책, 99쪽.

둘째 이야기

둘째 이야기

서론 2장 4-7절

이제 창조 이야기의 두 번째 부분(section)으로 넘어갑니다. 지금부터 살펴볼 본문은 창조 이야기의 첫 번째 본문과 여러 면에서 차이를 보이고 있습니다. 우선 눈에 띄는 것은 문체입니다. 앞의 이야기가 논리적이고 관념적이었다면, 지금부터의 이야기는 체험적이고 정서적입니다. 전자가 우주 창조의 초월적 하나님을 묘사한 반면, 후자는 도덕적이고 인격적인 하나님을 그리고 있습니다. 창조 이야기가 토라의 일부이자 맨 앞에 있는 점을 생각할 때, 이런 사실들은 두 이야기 모두 특정한 주제에 관한 근본적 진리를 전달하는 것으로 볼 수 있습니다.

하지만 비평학자들은 창조 이야기가 두 개인 이유를, 토라의 최종 편집 과정에서 두 개의 서로 다른 자료가 합쳐졌기 때문이라고 생각합니다. 중요한 것은 두 개의 이야기 속에서 수 많은 고대 근동의 전승들이 발견된다는 점입니다. 이 전승들은 비평학자들이 생각하는 것보다 훨씬 오래 전에 이미 이스라엘 문화 속에 들어와 있던 것으로 보입니다. 따라서 두 이야기는, 이미 이스라엘 문화에 정착되어 있던 전승들을 사용해서, 처음부터 그렇게 구성되었던 것으로 보는 편이 더 낫습니다. 어쨌거나 두 번째 이야기는 내용상 첫 번째 이야기와 상충되어 보이기도 합니다.

1. 하늘과 땅이 하루에 만들어진 것처럼 진술합니다(2:4)
2. 땅이 물 속에 잠겨 있었던 것이 아니라 땅에서 물이 솟아난 것처럼 진술합니다(2:6)
3. 사람이 식물보다 먼저 창조된 것처럼 진술합니다(2:5-9)
4. 사람이 동물보다 먼저 창조된 것처럼 진술합니다(2:19)

5. 남자와 여자가 시간적 간격을 두고 창조된 것으로 진술합니다(2:7, 21-23)
6. 창조주를 야훼 엘로힘으로 부릅니다(2:4, 5, 7, 8, 9, 15, 16, 18, 19, 21, 22, 3:1, 8, 9, 13, 14, 21, 22, 23).

이 사실에 근거해서 비평학자들은 첫 번째 이야기와 두 번째 이야기를 P 문서와 J 문서라는 서로 다른 자료로 봅니다. 더 나아가 2:4을 어김없이 둘로 나눕니다. 즉, "이것이 천지가 창조될 때에 하늘과 땅의 내력이니" 부분을 소위 P 문서인 일곱째 날에 포함시키고, "여호와 하나님이 땅과 하늘을 만드시던 날에" 부분을 J 문서가 시작되는 새로운 단락으로 해석합니다. 2:4을 분리해야 하는지에 대해서는 본문을 관찰하고 해석할 때 좀 더 자세히 다루도록 하겠습니다.

우선 첫 번째 이야기와 두 번째 이야기가 세부적인 면에서 왜 조금씩 다른 지 살펴봅니다. 먼저 첫 번째 차이점에 대해 생각해봅니다. 카수토는 '여호와 하나님이 천지를 만드시던 날'을 굳이 한 날(one day)로 볼 이유가 없다고 말합니다. 예를 들어 '여호와께서 시내 산에서 모세와 말씀하실 때에'(민 3:1) 라는 구절에서도 '날(day)'이라는 단어를 사용했지만 특정한 날이 아니라 기간을 가리켰습니다. 그 뿐 아니라 이스라엘 족장들이 12일 동안 봉헌한 물건을 드린 기간도 단수로 묘사하고 있습니다(민 7:84). 그리고 "하나님이 다윗을 모든 대적의 손과 사울의 손에서 구원하신 날"(삼하 22:1)이라는 기간도 단수로 묘사했습니다.[1] 따라서 성경 저자들은 종종 기간 단위의 시간을 단수형태의 '날(욤)'로 묘사하는 것을 알 수 있습니다. 두 번째 논점은 이야기의 초점이 다르기 때문에 보이는 현상입니다. 첫 번째 이

1) Cassuto, 앞의 책, 99쪽.

야기는 육지가 생겨난 기원을 말하는 것이고, 두 번째 이야기는 식물이 나오기 전 불모상태의 땅을 묘사하는 차이일 뿐입니다. 세 번째와 네 번째 논점도 마찬가지입니다. 본문을 자세히 읽어보면 두 번째 이야기가 시간적 순서에 따라 묘사하고 있지 않다는 것을 알게 됩니다.

다시 말해 두 번째 이야기는 주제의 중요도에 맞춰 논리적 순서에 따라 기록했습니다. 마치 영화를 제작할 때 배우들이 현장에 도착한 순서에 따라 촬영하지 않고, 줄거리의 진행 상 극적 효과를 내는 배역-주로 주인공 중심으로 프레임에 담는 것과 같습니다. 다섯 번째 논점도 마찬가지입니다. 1장에서는 인류가 하나님의 형상을 따라 지음 받았다는 주제에 초점을 맞춰 기록했습니다. 그러다 보니 마치 인류의 남녀 조상이 동시에 창조된 것 같은 느낌을 받습니다. 그와 대조적으로 2장은 남녀의 역할과 책임에 초점을 맞춰 기록했습니다. 왜냐하면 죄와 형벌에 관한 교훈을 주어야 했기 때문입니다. 그래서 남자의 창조 이야기가 먼저 기록되고, 여자의 창조 이야기가 뒤에 기록되었습니다.

남자의 창조가 먼저 그리고 길게 기록된 것은 하나님의 명령에 대한 순종 혹은 불순종의 1차 책임이 남자에게 있었다는 것을 말해줍니다. 그래서 선악과는 남녀 모두 먹었지만, 죽음의 선고는 남자가 대표로 받았습니다. 죽어서 흙으로 돌아가는 것은 남녀가 모두 같지만, 그 사실이 남자에게 선고되었습니다. 남자가 흙으로 만들어졌다는 모티프를 창조 이야기가 사용하는 이유도 본질적으로 토라가 교훈을 주기 위한 책이기 때문입니다. 그와 반면 여자는 조력자로 창조되었습니다. 그래서 시간적으로도 뒤늦게 만들어졌고, 선악과를 먹지 말라는 명령도 직접 받지 않은 것으로 묘사되었습니다. 여섯 번째 논점인 하나님의 이름에 관한 것은 창조 이야기를 처음 시작할 때 이미 다루었습니다. 하나님의 이름이 다른 것은 성경 저자들이

'엘로힘'을 우주적 하나님으로, '야훼'를 이스라엘의 하나님으로 묘사하는 관습을 따른 것입니다. 그리고 창 2-3에는 '야훼 엘로힘'이라는 명칭이 20번 나오는데, 구약의 다른 곳에서 16번 사용된 것에 비해 압도적으로 많은 빈도를 보이고 있습니다. 그런 사실에 비추어 볼 때, 창 2-3의 '야훼 엘로힘' 명칭은 창조주가 곧 야훼임을 강조하려는 의도인 것으로 보입니다. 만약에 1장과 2-3장이 다른 출처의 문서라면, '엘로힘'의 이름이 2-3장에 나오지 않아야 하는데 3번(3:4, 5, 9)이나 사용되고 있습니다. 그것은 창조 이야기의 첫 부분을 쓴 저자가 두 번째 부분도 썼다는 결론에 이르게 합니다.

창조의 두 번째 이야기는 두 부분으로 구성되어 있습니다. 즉, 세상과 인간 창조에 관한 이야기와(2:4-25), 인간의 타락에 관한 이야기입니다(3:1-24). 그런데 에덴 동산의 삶을 기록한 2장과 선악과 사건을 기록한 3장은, 여러 면에서 대조를 이루고 있습니다. 예를 들면 2장에서 흙(먼지)로 만들어진 인간은 3장에서 흙(먼지)로 돌아가도록 선고됩니다.

2장에서 에덴 동산으로 입주한 인간은 3장에서 그곳으로부터 추방됩니다. 2장에서는 하나님의 명령, 3장에서는 인간의 거역이 나옵니다. 2장에서 남자를 돕도록 만들어진 여자가 3장에서는 남자를 넘어지게 합니다. 2장에서는 불모지에서 시작한 인간의 역사를, 3장에서는 다시 불모지로 돌아가는 내력을 그리고 있습니다.

이런 대조는 창세기 2-3장이 하나님의 명령과 인간의 책임에 대한 교훈을 주제로 씌어졌다는 것을 보여줍니다. 카수토에 의하면 2장과 3장에는 주요 단어들이 7배수로 들어 있다고 합니다.[2] 이를테면 '에덴'과 '동쪽'은 도합 7번, '아담'과 '남자'는 도합 28번, '여자' '돕는 자' '갈비뼈'는 도합

---

2) 카수토, 앞의 책, 94쪽.

21번, '먹다'에서 파생된 단어가 21번(그 중에서 죄와 관계된 부분인 3:1-7에만 7번) 나옵니다. 다시 말해 창조 이야기의 화자는 두 번째 이야기 또한 의도적으로 숫자를 통해 특정 주제를 강조하고 있습니다. 또한 히브리 문화가 7이란 숫자를 신성시했던 고대 근동 문화의 일부임을 보여줍니다. 이제 본문을 읽어 보겠습니다.

4 이것이 천지가 창조될 때에 하늘과 땅의 내력이니 여호와 하나님이 땅과 하늘을 만드시던 날에

5 여호와 하나님이 땅에 비를 내리지 아니하셨고 땅을 갈 사람도 없었으므로 들에는 초목이 아직 없었고 밭에는 채소가 나지 아니하였으며

6 안개만 땅에서 올라와 온 지면을 적셨더라

7 여호와 하나님이 땅의 흙으로 사람을 지으시고 생기를 그 코에 불어넣으시니 사람이 생령이 되니라 (한글개역개정)

3급 3급 1급 2급 3급

אֵלֶּה תוֹלְדוֹת הַשָּׁמַיִם וְהָאָרֶץ בְּהִבָּרְאָם בְּיוֹם עֲשׂוֹת יְהוָה 4

아도나이 아쏘트 베욤 베히바르암 붸하아레쯔 하샤마임 톨도트 엘레

1급 2급

אֱלֹהִים אֶרֶץ וְשָׁמָיִם׃

뵈샤마임 에레쯔 엘로힘

2급 2급 3급 3급 4급

5 וְכֹל ׀ שִׂיחַ הַשָּׂדֶה טֶרֶם יִהְיֶה בָאָרֶץ וְכָל־עֵשֶׂב הַשָּׂדֶה טֶרֶם

테렘 하싸데 에쎄브 - 뵈콜 바아레쯔 이흐예 테렘 하싸데 씨아흐 뵈콜

2급 2급 2급 3급 4급 1급

יִצְמָח כִּי לֹא הִמְטִיר יְהוָה אֱלֹהִים עַל־הָאָרֶץ וְאָדָם אַיִן לַעֲבֹד

라아보드 아인 뵈아담 하아레쯔 - 알 엘로힘 아도나이 힘티르 로 키 이쯔마흐

1급

אֶת־הָאֲדָמָה׃

하아다마 - 에트

1급 2급 1급 2급

6 וְאֵ֖ד יַעֲלֶ֣ה מִן־הָאָ֑רֶץ וְהִשְׁקָ֖ה אֶֽת־כָּל־פְּנֵֽי־הָאֲדָמָֽה׃

하아다마 - 프네이 - 콜 - 에트 뵈히쉬카 하아레쯔 - 민 야알레 뵈에드

2급 2급 3급 3급 4급

7 וַיִּיצֶר֩ יְהוָ֨ה אֱלֹהִ֜ים אֶת־הָֽאָדָ֗ם עָפָר֙ מִן־הָ֣אֲדָמָ֔ה וַיִּפַּ֥ח בְּאַפָּ֖יו

베아파브 뵈이파흐 하아다마 - 민 아파르 하아담 - 에트 엘로힘 아도나이 봐이쩨르

1급 2급 1급

נִשְׁמַ֣ת חַיִּ֑ים וַיְהִ֥י הָֽאָדָ֖ם לְנֶ֥פֶשׁ חַיָּֽה׃

하야 라네페쉬 하아담 봐예히 하임 니쉬마트

이제 분리 액센트를 따라 직역한 히브리어 본문을 읽어 보겠습니다. 1급 액센트를 표시한 (//)과, 2급 액센트를 표시한 (/)와, 3급 액센트를 표시한 (*)와, 4급 액센트를 표시한 (#)를 모두 적용해봅니다. 히브리어 어순과는 조금 다르지만, 1급 액센트가 있는 단어는 고딕처리를 했습니다. 히브리어 본문에서 그 단어가 (//) 바로 앞에 있다고 보시면 됩니다. 문장의 맨 처음에 나오는 2급 액센트가 전체 문장의 1/4 비중을 차지하고, 두 번째로 나오는 2급 액센트가 1/8을 차지하고, 세 번째로 나오는 2급 액센트는 1/16을 차지하는 원칙을 따라 읽어봅니다.

4 이것은 내력이다 하늘(엘레 톨도트 하샤마임) * 그리고 땅의(뵈하아레쯔)/ **그들이 만들어져 나오던 때에(베히바르암)**//만드시던(베욤) *날에(아쏘트) *야훼 하나님이(아도나이 엘로힘)/땅 그리고 **하늘을**(에레쯔 **뵈샤마임**)//

5 그런데 모든(뵈홀)# 들의 가시나무가(씨아흐 하싸데) * 아직(테렘) * 없었다 땅에(이흐예 바아레쯔)/그리고 모든 들의 채소(곡식)가(뵈홀 에쎄브 하싸데)/아직 **나오지 않았다**(테렘 **이쯔마흐**)//왜냐하면 비 내리지 않으셨기 때문에(키 로 힘티르)# 야훼 하나님이(아도나이 엘로힘) * 땅 위에(알 하아레쯔)/ 경작할 사람도 아주 없었다(뵈아담 아인 라아보드)/**땅**을

(에트 **하아다마**)//

6 그리고 샘이(뵈에드)/ 솟아났다 **땅**으로부터(야알레 민 **하아레쯔**)//그리고
적셨다(뵈히쉬카)/모든 **지면을**(에트 콜 프네이 **하아다마**)//

7 야훼 하나님이 빚으셨다(봐이쩨르 아도나이 엘로힘)# 사람을(에트 하아담)
* 티끌을(아파르) * 땅으로부터(민 하아다마)/불어넣으셨다 그의 코에
(뵈이파흐 베아파브)/**살아있는** 숨결을(니쉬마트 **하임**)//그러자 사람이 되
었다(봐예히 하아담)/**살아있는** 생명체가(라네페쉬 **하야**)//

1:1을 연상시키는 2:4은 창조 이야기 두 번째 단락을 시작하는 구절입니다. 새로운 단락이 시작된다는 것은, 4절을 시작하는 어구 '엘레 톨도트(אלה תלדות)'를 보면 알 수 있습니다. 앞서 살펴본 것처럼 창세기 네러티브의 10 단락은 '톨도트'로 시작합니다. 비평학자들은 2:4상 절이 앞 단락에 붙어야 한다고 생각합니다. 하지만 다른 데서 모두 새로운 단락을 시작하는 어구가 여기서만 앞 단락을 수식한다는 것이 어색합니다. 더욱 중요한 사실은 2:4이 다음과 같이 정교하게 교차대구 형식을 따르고 있어서, 둘로 나눌 수 없는 가장 중요한 이유가 됩니다. 2:4에서 교차대구 형식을 읽지 못하는 것은 라틴어 성경이 원전으로 삼은 70인 역에서 b′와 a′의 순서를 바꾸어 놓았기 때문입니다.

a 하늘
  b 땅
    c 창조된
    c′ 만들어진
  b′ 땅
a′ 하늘

카수토 같은 학자는 '그들이 창조되던 때에(베히바르암)'와 '만드시던 날에(베욤 아쏘트)'라는 어구가 에스겔이 에덴 동산을 묘사할 때 사용한 '네가 지음을 받던 날에(베욤 히바르하 - 겔 28:13)와 '네가 지음을 받던 날로부터(우미욤 히바르하 - 겔 28:15)'과 흡사하다고 합니다. 따라서 에덴 동산 이야기를 시작하는 단락을 둘로 나눌 이유가 없다고 합니다.[3)]

2:5-6은 창조 이전의 불모지 상태를 보여주며, 1:2을 연상시킵니다. 여기에서 '땅(에레쯔)' '들(싸데)' '땅(아다마)'는 각각 조금 다른 의미로 사용됩니다. 그러니까 땅(에레쯔)은 '들(싸데)'과 '땅(아다마)'을 아우르는 개념입니다. 왜냐하면 '에레쯔'는 4절에서 하늘과 대조되는 곳이고, 5절에서 비가 내리는 장소이며, 들의 초목과 들의 채소가 자라는 곳이기 때문입니다.[4)] 여기서 들(싸데)은 아직 개간되지 않은 땅을 가리킵니다. 오경을 포함한 구약 성서에서 '들(싸데)'는 주거 지역 밖, 야생 동식물들이 있는 곳, 목축을 하는 곳을 가리켰기 때문입니다. 그래서 '싸데'에 채소가 없었다고 한 것은, 아직 땅이 채소를 경작할 밭으로 개간되지 않았음을 보여줍니다.

'싸데'와 대조적으로 '아다마'는 경작지를 가리킵니다. 그것은 땅(아다마)를 갈 사람이 없었다는 5절의 묘사를 통해서도 확인됩니다. 5절은 '아직..... 아니다'를 의미하는 부사 '테렘(טרם)'을 사용해서 아직 '초목(씨아흐)'도 '채소(에쎄브)'도 없었다고 말합니다. 그 이유는 하나님이 비를 내리지 않았고, 경작할 사람도 없었기 때문이라고 합니다. 그런데 카수토는 '초목'을 '가시나무'로, '채소'를 '곡식'으로 해석합니다.[5)] 그러니까 창조 이전 불모

---

3) 카수토, 앞의 책, 99쪽.

4) 한글 개역개정 성경 2:5에서 '싸데'를 '들' '밭'으로 의역한 것은 읽는 사람들에게 혼동을 일으킵니다.

5) 카수토, 위의 책 102쪽.

지 상태를 인간의 타락 이후의 관점으로 기록했다는 것입니다. 베스터만 같은 학자는 '씨아흐'를 야생식물로, '에쎄브'를 농작물로 해석하고, 웬함 같은 학자는 '씨아흐'를 먹을 수 없는 식물로, '에쎄브'를 먹을 수 있는 식물로 해석합니다.[6]

어쨌거나 카수토의 해석을 좀더 소개하자면, 인간이 타락한 결과 "땅이 가시덤불과 엉겅퀴를 내고, 인간은 밭의 식물(에세브 하싸데)를 먹고"(3:18), "얼굴에 땀이 흐르도록 노동해야 먹거리를 먹을 수 있고"(3:19), 인간은 "근본인 토지를 갈게"되었습니다(3:23). 그러니까 타락 이전에는 과일을 먹었기 때문에 아직 들의 곡식(밭의 채소)이 없었다는 것입니다. 그리고 비는 곡식재배에 필요한 것이기 때문에, 농경을 시작하기 전의 상태에서는 내리지 않았다고 합니다. 마찬가지로 들의 가시나무는 타락의 결과 주어진 것이기 때문에 인간이 창조되기 전에는 아직 나지 않았다는 진술이라는 것입니다. 그렇게 볼 때 창조 이야기에서 고대인들의 창조 이전상태에 관한 관념은, 현실 태의 반대 개념으로서의 잠재 태(inert potentiality)이었을 것이라고 추측할 수 있습니다.

창조 이전의 상태가 불모지였음을 말해주는 또 하나의 진술은, 5절에서 '여호와 하나님이 비를 내리지 않았고, 땅을 갈 사람도 없었다'는 표현입니다. 여기서 하나님은 '비를 내리는 신'이고, 사람은 경작지를 일구는 주체입니다. 바벨론 신화에서는 마르둑 신, 가나안 신화에서는 바알, 헷 족속과 호리 족속에서는 테슈브 신, 아람 신화에서는 하다드 신이 비를 내리는 신입니다.[7]

그리고 인간들은 침적토를 파내어 수로를 정비하도록 만들어졌다고 합

---

6) Tsumura, 앞의 책, 79쪽

7) 에블라 문헌에는 하다(Hadda), 우가릿 문헌에는 하두(Haddu)입니다.

니다. 흥미로운 것은 6절에서 '안개(에드)만 땅에서 올라와 온 지면을 적셨다'는 표현입니다. 한글 개역개정 욥기 36:27에서도 '에드(אד)'는 '안개'로 번역되어 있습니다. 쭈무라(Tsumura, David)에 의하면 창세기 2:6의 '에드'는 수메르어 '에데'에서 직접 차용한 것이고, 욥기 36:27의 '에도(그의 에드)'는 아카드어를 통해 수메르어 '에데'에서 차용한 것이라고 합니다. 그런데 아카드어에서 '에데'의 의미는 '급한 물살'을 가리킵니다. 따라서 2:6의 '에드'는 지하수가 솟구쳐 나온 것으로 해석할 수 있습니다.[8] 어쨌거나 '에드'가 땅에서 올라와 지면을 적시고 있었다면, 늪 지대를 형성했을 것입니다. 그것은 에누마 엘리쉬 I, 6의 '늪'에 관한 표현과도 잘 어울리며, 4개의 강이 에덴에서 흘러나와 동산을 적셨다는 2:10의 진술과도 잘 맞습니다. 그리고 불모지 상태를 설명하는 5, 6절의 문맥상 '위에서 내려오는 물(비)'가 아직 없었지만 '땅에서 솟아나는 물(에드)'은 있었다고 해석할 수 있습니다. 더 나아가 인간 창조를 위해 흙을 빚을 만큼 충분히 땅이 젖어 있었다는 의미가 됩니(7절). 만약 '에드'를 안개로 해석하면 불모지 설명이나 인간 창조의 설명에 어울리지 않습니다.

2:7에서 사람이 진흙으로 만들어졌다는 진술은 히브리 문화가 고대 근동의 큰 틀 안에 있음을 보여줍니다. 그것은 근동 신화에서 인간이 진흙으로 만들어졌다든가 강바닥의 쌓이는 진흙을 파내 수로를 정비했다든가 하는 이야기와 비교해보면 알 수 있습니다. 창조 이야기의 화자는 토기장이가 진흙을 빚는 것을 가리키는 단어 야짜르(יצר)를 사용하여 아담의 창조를 설명합니다. 이 단어는 2:8에서 또 한 번 사용됩니다. 인간이 흙으로부터 만들어졌다는 것은 3장에서 인간의 죽음을 설명하기 위한 서론과 같습

---

8) Tsumura, 앞의 책, 85-106쪽.

니다. 즉, 흙으로 만들어진 인간이 죄를 지어 다시 흙으로 돌아간다는 것입니다. 여기서 마른 흙 혹은 먼지를 가리키는 단어 '아파르'를 굳이 진흙과 다른 재료로 해석할 필요는 없습니다.

3:23에서는 아담이 흙(아다마)로 만들어졌다고 했기 때문입니다. 아담은 원래 고유명사였지만 나중에 보통명사가 되어 '사람'을 가리키는 말이 되었습니다. 땅을 가리키는 '아다마(אדמה)'는 아담에 여성형 어미가 붙은 것입니다. 창세기의 화자는 사람의 붉은 피부색과 검붉은 땅(아다마)를 연결시키려고 노력합니다. 실제로 피를 가리키는 '담(דם)'과 모습을 가리키는 '데무트(דמות)'와 아담(אדם) 혹은 아다마(אדמה)는 같은 어원에서 유래합니다. 7절에서 엘로힘 하나님이 생명의 숨결을 진흙에 불어 넣어 사람을 만들었다는 진술은, 히브리 문화의 전승과정에서 고대 근동과 이집트의 신화와 관련되어 있음을 암시합니다.

메소포타미아 신화에서는 신의 피를 진흙에 섞어 인간을 만들었다고 합니다. 이집트 신화에서는 크눔(Khnum) 신이 토기장이의 물레 앞에 앉아 사람을 빚었고, 그의 조력자 헤켓(Heket) 신이 삶(ka)의 표시로서 코를 얹어주고 있습니다.[9] 크눔 신이 인간의 형체를 만든다는 이야기를 상징적으로 보여주는 기록은 이집트의 데이르 엘 바흐리에 있는 하트셉수트 장제전에 새겨져 있습니다.[10] 이집트 역사에서 유일한 여성 파라오였던 하트셉수트(주전 1478-1458년)는 아버지 투트모시스 I를 기리는 장제전에 자신의 탄생 신화를 새겼습니다.

내용을 요약하면 아문 신이 아버지의 모습으로 어머니 아흐모세와 동침하고, 크눔 신을 시켜 하트셉수트의 몸(카트)를 만들게 합니다. 이집트 문

---

9) Cassuto, 앞의 책 106쪽

10) 하트셉수트 장제전의 이집트 이름은 '제세르 제세루(holy of holies)'로서, 명당 중의 명당이란 뜻입니다.

헌 아마르나 편지 143번에서 베리루트에 있는 신하는 파라오를 '생명의 숨(šāru balāti)'라고 부르고, 자기는 '먼지'라고 부르고 있습니다.[11] 이집트에서 파라오가 신의 현현으로 간주되었던 것을 생각해보면, 창조 이야기가 이집트적 배경을 가지고 있다는 것도 알 수 있습니다. 구약 성서에서 흙을 모태로 표현하는 구절들은 창세기 2장의 창조 이야기가 인간의 기원에 대한 히브리 사상의 뿌리가 되고 있음을 보여줍니다.

> "이르되 내가 모태에서 알몸으로 나왔사온즉 또한 알몸이 그리로 돌아가올지라"(욥 1:21상)
>
> "나와 그대가 하나님 앞에서 동일하니 나도 흙으로 지으심을 입었은즉"(욥 33:6)
>
> "주께서 사람을 티끌로 돌아가게 하시고 말씀하시기를 너희 인생들은 돌아가라 하셨사오니"(시 90:3)
>
> "이는 그가 우리의 체질을 아시며 우리가 단지 먼지뿐임을 기억하심이로다"(시 103:14)
>
> "내가 은밀한 데서 지음을 받고 땅의 깊은 곳에서 기이하게 지음을 받은 때에 나의 형체가 주의 앞에 숨겨지지 못하였나이다"(시 139:15)
>
> "너희의 패역함이 심하도다 토기장이를 어찌 진흙 같이 여기겠느냐 지음을 받은 물건이 어찌 자기를 지은 이에게 대하여 이르기를 그가 나를 짓지 아니하였다 하겠으며 빚음을 받은 물건이 자기를 빚은 이에게 대하여 이르기를 그가 총명이 없다 하겠느냐"(사 29:16)

그런데 한글성경은 야훼 하나님으로부터 생명의 숨결을 받은 인간이 생

11) 배철현, 위의 책, 123쪽.

령(living soul)이 되었다고 번역했습니다. 이것은 '네페쉬 하야(נפש חיה)' 를 '프쉬켄 조산(ψυχὴν ζῶσαν)'으로 번역한 70인 역을 기초로 하고 있기 때문입니다. 헬라어 '프쉬케'는 '자아' '영혼' '삶'으로 번역이 가능합니다. 그런데 70인 역이 '네페쉬'를 '프쉬케'로 번역한 것은 인간이 동물보다 우월하게 창조되었다는 후대의 가르침에 영향을 받은 것입니다. 70인 역보다 3-400년 뒤에 만들어진 옹켈로스 타르굼은 한 술 더 떠 아담이 '말하는 영(루아흐)'가 되었다고 고쳤습니다. 이는 헬라 제국 시대에 살던 유대인들의 사고방식이 헬라화 되고 있음을 보여줍니다. 고대 히브리 사상에서는 육체와 영혼을 따로 구분 짓지 않습니다. 인간을 영(프뉴마) 혼(프쉬케) 육(삵스)로 구분하는 것은 헬라적 사고방식에 기초한 것입니다. 이뿐 아니라 70인 역은 신약성서의 저자들에게도 영향을 끼쳤습니다. 바울은 고린도 교회에 보낸 편지에서 "기록된 바 첫 사람 아담은 생령(living soul)이 되었다 함과 같이 마지막 아담은 살려주는 영(life giving spirit)이 되었나니"(고전 15:45)라고 썼습니다. 이후 KJV와 같은 일부 영어 역본은 바울 서신에 입각하여 창 2:7의 네페쉬 하야를 '생령'으로 번역해 오늘에 이르고 있습니다. 그러나 NAS, RSV, NIV 등은 생명체(living being)으로 재 번역했습니다.

본문과 관계된 주요 사상들을 고대근동 신화와 구약 성경에서 찾아봅니다.

불모지

1. 아트라하시스의 태초 이야기(4단 2-6줄)[12]

12) 조철수, 앞의 책, 102쪽.

위에서는 [비가 내리지 않았고]
밑에서는 지하수에서 물이 올라오지 않았다
땅의 자궁은 애를 낳지 않았다
싹이 돋아나지 않았고,
사람들이 보이지 않았다

2. 에누마 엘리쉬(첫째 토판 1-6줄)[13]

위에 하늘이 이름 지어지지 않았고,
밑에 마른 땅이 이름으로 불려지지 않았는데
처음으로 그들(신들)의 아버지 앞수(지하수)와
그들 모두를 낳을 모체 티아마트(바다)는
자기네들의 물을 하나로 섞고 있었다
갈대 집이 엮어지지 않았고, 늪 있는 땅도 보이지 않았다

인간창조

고대 근동의 많은 문헌은 인간이 진흙으로 만들어졌다고 합니다. 이집트 신화에서 크눔 신의 눈물을 섞었다고 합니다. 아트라하시스의 태초 이야기, 에누마 엘리쉬에서 진흙에 신의 피를 섞어 만들었다고 합니다. 다음에 인용된 <엔릴의 곡괭이 창조> 역시 인간이 진흙으로 만들어졌다는 이야기 가운데 하나입니다.[14]

---

13) 위의 책, 154쪽, 역자 주에 의하면 6째 줄의 '늪 있는 땅'은 늪에 풀이 자라는 땅 즉, 경작지가 없었다는 뜻이라고 합니다.

14) Krammer, The Summerians, 145; W. Beyerlin, Near Eastern Texts Relating to the OT(Philadelphia:Westminster Press, 1978),75, 강성열, 앞의 책 59에서 재 인용.

날이 밝아오자 엔릴은 곡괭이를 만들고
곡괭이를 사용할 자의 의무들을 세웠다
그가 팔을 뻗어 곡괭이와 광주리를 잡을 수 있도록
엔릴은 곡괭이를 찬미하기 시작했다
그의 곡괭이는 금으로 되어 있었으며
그 날은 라피스 라즐리(lapis lazuli)로 되어 있었다...
그가 곡괭이로 땅을 팠더니
그 구덩이로부터 첫 인간이 나왔다(8-18행)

〈교부들과 함께 성경 읽기〉

그리스도는 예언자가 말하는 샘입니다. '샘은 온 땅에 물을 대 적셔줍니다. 그러나 그리스도께서는 보이거나 보이지 않는 온 우주를 적셔 주십니다. 그분은 생명의 샘으로 존재하는 모든 사물의 실체에 물을 적셔주십니다. 그 분이 생명이라는 점에서 그리스도이십니다. 그분이 물을 적셔 주시는 점에서 성령이십니다. 그분에게 생명력이 있다는 점에서는, 그분은 아버지이자 하느님이십니다. 그러나 세 분 모두 한 분의 하느님이십니다(마리우스 빅토리누스, 아리우스 반박 IA, 47).[15]

하느님께서는 땅에서 창조된 이 피조물을, 영혼이 있는 이성적 본성의 참여자로 만듦으로써 인간에 대한 당신의 사랑을 기뻐하셨습니다. 이로써 살아 있는 이 피조물이 뛰어나고 완전하다는 게 분명해졌습니다. '그 코에 생명의 숨을 불어넣으셨다' 불어넣는 행위로 말미암아 땅에서 난

15) 앤드루 라우스, 앞의 책, 102쪽

사람에게 생명력이 부여되고, 영혼의 본성이 생겨났습니다. 따라서 모세는 '사람이 살아 있는 영혼이 되었다'고 덧붙였습니다. 먼지로 창조된 것은 불어 넣은 행위, 곧 생명의 숨을 받음으로써 '살아 있는 영혼이 되었습니다' '살아 있는 영혼'은 어떤 뜻입니까? 활동적인 영혼을 뜻합니다. 이 영혼은 육체를 지닌 지체들이, 제 의지에 복종하고 자신이 활동하는 데 쓰일 도구로 사용합니다(요한 크리소스토무스, 창세기 강해 12, 15).[16)]

하느님께서 사람에게 생명의 숨을 불어넣으시니, 그는 살아있는 영혼이 되었다는 구절을, 하느님 본성의 일부분이 사람의 영혼으로 바뀌었다는 뜻으로 받아들여서는 안 됩니다. ... 하느님의 본성은 바뀔 수 없고, 잘못이 없으며 악이나 죄로 더럽혀져 타락되지 않습니다.... 영혼은 전능하신 하느님께서 만드셨기에, 하느님의 본성도 하느님에게 속한 일부분도 아님을 성경은 분명히 밝힙니다(아우구스티누스, 마니교도 반박 창세기 강해 2,8,11).[17)]

16) 위의 책, 103쪽
17) 위의 책, 105쪽

에덴 동산 2장 8-17절

지금까지는 에덴 동산 이야기의 서론 부분을 살펴보았습니다. 인간이 창조 되기 전 불모 상태에 있었던 자연과 인간이 흙으로 창조된 의미를 함께 생각했습니다. 이제는 본격적으로 에덴 이야기로 들어갑니다. 에덴 동산 이야기는 최초의 인류가 살았다가 잃어버린 주거환경에 관한 것입니다. 그곳에는 물과 과일이 풍족했으며, 영생에 이르는 열매와 죽음에 이르는 금단의 열매도 있었습니다. 최초의 인류는 그곳에서 일하며, 동산을 관리하도록 세워졌습니다. 2:19을 보면 최초의 인류가 동물들과도 사이 좋게 지냈다고 합니다. 그러니까 에덴 동산 이야기에는 최초의 주거지라는 일반적 주제와 인간의 죽음이라는 신학적 주제가 들어 있습니다. 편의상 본문을 8-17절과 18-25의 두 부분으로 나누어 읽어 봅니다.

8 여호와 하나님이 동방의 에덴에 동산을 창설하시고 그 지으신 사람을 거기 두시니라

9 여호와 하나님이 그 땅에서 보기에 아름답고 먹기에 좋은 나무가 나게 하시니 동산 가운데에는 생명 나무와 선악을 알게 하는 나무도 있더라

10 강이 에덴에서 흘러 나와 동산을 적시고 거기서부터 갈라져 네 근원이 되었으니

11 첫째의 이름은 비손이라 금이 있는 하윌라 온 땅을 둘렀으며

12 그 땅의 금은 순금이요 그 곳에는 베델리엄과 호마노도 있으며

13 둘째 강의 이름은 기혼이라 구스 온 땅을 둘렀고

14 셋째 강의 이름은 힛데겔이라 앗수르 동쪽으로 흘렀으며 넷째 강의 이름은 유브라데더라

15 여호와 하나님이 그 사람을 이끌어 에덴 동산에 두어 그것을 경작하며 지키게 하시고

16 여호와 하나님이 그 사람에게 명하여 이르시되 동산 각종 나무의 열매는 네가 임의로 먹되

17 선악을 알게 하는 나무의 열매는 먹지 말라 네가 먹는 날에는 반드시 죽으리라 하시니라 (한글개역개정)

2급 2급 1급 2급 3급 4급

וַיִּטַּע יְהוָה אֱלֹהִים גַּן־בְּעֵדֶן מִקֶּדֶם וַיָּשֶׂם שָׁם אֶת־הָאָדָם אֲשֶׁר 8

아쉐르 하아담 - 에트 샴 봐야쎔 미케뎀 베에덴 - 간 엘로힘 아도나이 봐이타

1급

יָצָר׃

야짜르

2급 3급 2급 3급 4급

וַיַּצְמַח יְהוָה אֱלֹהִים מִן־הָאֲדָמָה כָּל־עֵץ נֶחְמָד לְמַרְאֶה וְטוֹב 9

뵈토브 레마르에 네흐마드 에쯔 -콜 하아다마 - 민 엘로힘 아도나이 봐야쯔마흐

1급 2급 2급 2급 3급 1급

לְמַאֲכָל וְעֵץ הַחַיִּים בְּתוֹךְ הַגָּן וְעֵץ הַדַּעַת טוֹב וָרָע׃

봐라아 토브 하다아트 뵈에쯔 하간 베토흐 하하임 뵈에쯔 레마아할

2급 2급 3급 1급 2급 2급 3급

וְנָהָר יֹצֵא מֵעֵדֶן לְהַשְׁקוֹת אֶת־הַגָּן וּמִשָּׁם יִפָּרֵד וְהָיָה לְאַרְבָּעָה 10

레아르바아 뵈하야 이파레드 우미샴 하간 - 에트 레하슈코트 메에덴 요쩨 뵈나하르

1급

רָאשִׁים׃

로쉼

2급 2급 3급 3급 1급 2급

שֵׁם הָאֶחָד פִּישׁוֹן הוּא הַסֹּבֵב אֵת כָּל־אֶרֶץ הַחֲוִילָה אֲשֶׁר־שָׁם 11

샴 - 아쉐르 하하빌라 에레쯔 - 콜 에트 하쏘베브 후 피숀 하에하드 쉠

1급

הַזָּהָב׃

하자하브

1급 2급 1급 2급 4급

12 וּֽזֲהַ֛ב הָאָ֥רֶץ הַהִ֖וא ט֑וֹב שָׁ֥ם הַבְּדֹ֖לַח וְאֶ֥בֶן הַשֹּֽׁהַם׃

하쇼함 뵈에벤 하브돌라흐 샴 토브 하히 하아레쯔 우자하브

1급 2급 2급 1급 2급

13 וְשֵֽׁם־הַנָּהָ֥ר הַשֵּׁנִ֖י גִּיח֑וֹן ה֣וּא הַסּוֹבֵ֔ב אֵ֖ת כָּל־אֶ֥רֶץ כּֽוּשׁ׃

쿠쉬 에레쯔 - 콜 에트 하쏘베브 후 기혼 하쉐니 하나하르 - 뵈쉠

1급 2급 2급 3급

14 וְשֵׁ֨ם הַנָּהָ֤ר הַשְּׁלִישִׁי֙ חִדֶּ֔קֶל ה֥וּא הַהֹלֵ֖ךְ קִדְמַ֣ת אַשּׁ֑וּר וְהַנָּהָ֥ר

뵈하나하르 아슈르 키드마트 하홀레흐 후 힛데켈 하슐리쉬 하나하르 뵈쉠

1급 2급

הָרְבִיעִ֖י ה֥וּא פְרָֽת׃

프라트 후 하르비이

2급 2급 1급 2급 3급

15 וַיִּקַּ֛ח יְהוָ֥ה אֱלֹהִ֖ים אֶת־הָֽאָדָ֑ם וַיַּנִּחֵ֣הוּ בְגַן־עֵ֔דֶן לְעָבְדָ֖הּ

레오브다 에덴 - 베간 봐야니헤후 하아담 - 에트 엘로힘 아도나이 봐이카흐

1급

וּלְשָׁמְרָֽהּ׃

울레쇼므라

1급 2급 1급 2급 2급 3급

16 וַיְצַו֙ יְהוָ֣ה אֱלֹהִ֔ים עַל־הָֽאָדָ֖ם לֵאמֹ֑ר מִכֹּ֥ל עֵֽץ־הַגָּ֖ן אָכֹ֥ל תֹּאכֵֽל׃

토헬 아콜 하간 - 에쯔 미콜 레에모르 하아담 - 알 엘로힘 아도나이 봐예짜브

2급 3급 3급 1급 2급 2급 3급 3급

17 וּמֵעֵ֗ץ הַדַּ֙עַת֙ ט֣וֹב וָרָ֔ע לֹ֥א תֹאכַ֖ל מִמֶּ֑נּוּ כִּ֗י בְּי֛וֹם אֲכָלְךָ֥ מִמֶּ֖נּוּ

미메누 아홀하 베욤 키 미메누 토할 로 봐라아 토브 하다아트 우메에쯔

1급

מ֥וֹת תָּמֽוּת׃

타무트 모트

이제 분리 액센트를 따라 직역한 히브리어 본문을 읽어 보겠습니다. 1급 액센트를 표시한 (//)과, 2급 액센트를 표시한 (/)와, 3급 액센트를 표시한 (*)와, 4급 액센트를 표시한 (#)를 모두 적용해봅니다. 히브리어 어

순과는 조금 다르지만, 1급 액센트가 있는 단어는 **고딕**처리를 했습니다. 히브리어 본문에서 그 단어가 (//) 바로 앞에 있다고 보시면 됩니다. 문장의 맨 처음에 나오는 2급 액센트가 전체 문장의 1/4 비중을 차지하고, 두 번째로 나오는 2급 액센트가 1/8을 차지하고, 세 번째로 나오는 2급 액센트는 1/16을 차지하는 원칙을 따라 읽어봅니다.

8 건설하셨다(봐이타)# 야훼 하나님이(아도나이 엘로힘) * **동방의**(**미케뎀**) 에덴에 동산을(간 베에덴)//그가 거기에 두셨다(봐야쎔 샴)/그 사람을(에트 하아담)/(아쉐르)**그가 빚으신**(**야짜르**)//

9 그리고 나게 하셨다(봐야쯔마흐)# 야훼 하나님이(아도나이 엘로힘) * 땅으로부터(민 하아다마)/모든 나무를(콜 에쯔) * 보기에 아름답고(네흐마드 레마르에)/**먹기에** 좋은(뵈토브 **레마아할**)//그리고 생명의 나무(뵈에쯔 하하임) *동산의 중앙에(베토흐 하간)/그리고 나무(뵈에쯔)/ 지식의(하다아트)/선과 **악의**(토브 **봐라아**)//

10 그리고 강이(뵈나하르) * 나왔다 에덴으로부터(요쩨 메에덴)/적시기 위하여(레하슈코트)/**동산**을(에트 **하간**)//그리고 거기로부터(우미샴) *갈라져(이파레드)/되었다(뵈하야)/네 개의 **근원이**(레아르바아 **로쉼**)//

11 그 하나의 이름은(쉠 하에하드)/**피숀인데**(**피숀**)//(후)온 땅을 둘렀다(하쏘베브 에트 콜 에레쯔) * 하빌라의(하하빌라)/거기에 **금이 있는**(아쉐르 샴 **하자하브**)//

12 그 땅의 금(우자하브 하아레쯔) * 그것은 **정금이었다**(하히 **토브**)//거기에 브돌라흐도(샴하브돌라흐)/**쇼함** 보석도(뵈에벤 **하쇼함**)//

13 둘째 강의 이름은(뵈쉠 하나하르 하쉐니)/**기혼인데**(**기혼**)//그것이 둘렀

다(후 하쏘베브)/**구스** 온 땅을(에트 콜 에레쯔 **쿠쉬**)//

14 그리고 세 번째 강의 이름은(뵈쉠 하나하르 하슐리쉬) * 힛데켈인데(힛
데켈)/그것이 흘렀다(후 하홀레흐)/**아슈르** 동쪽으로(키드마트 **아슈르**)//
그리고 네 째 강은 **프랕이었다**(뵈하나하르 하르비이 후 **프랕**)//

15 취하셨다(봐이카흐) * 야훼 하나님이(아도나이 엘로힘)/**그 사람**을(에트
하아담)//정착시키셨다 에덴 동산에서(봐야니헤후 베간 에덴)/일하도록
(레오브다)/**그리고 지키도록**(**울레쇼므라**)//

16 명령하셨다(봐예짜브) * 야훼 하나님이(아도나이 엘로힘)/그 사람에게
(알 하아담)/ **말씀하시기를**(**레에모르**)//동산의 모든 나무로부터(미콜 에
쯔 하간)/먹고 싶은대로 **너는 먹는다**(아콜 **토헬**)//

17 그러나 나무로부터(우메 에쯔) *선과 악의 지식(하다아트 토브 봐라아)/
먹지 말라 **그것으로부터**(로 토할 **미메누**)//왜냐하면(키) * 그날에(베욤)
*그것으로부터 네가 먹는(미메누 아홀하)/죽음을 **네가 죽는다**(모트 **타
무트**)//

관찰과 해석

위의 본문은 의미상 8-9절(에덴 동산 내부의 사람과 과일 나무), 10-14절(에덴 동산 외부와 연결된 네 개의 강들), 15-17절(사람에게 주신 하나님의 명령)이라는 작은 단락들로 나누어질 수 있습니다. 먼저 중요한 단어들을 살펴봅니다. 무엇보다 우리의 눈길을 끄는 단어는 에덴 동산입니다. 정확히 말하면 동방의 에덴에 세워진 동산입니다. 먼저 8절을 읽어 보면 하나님이 에덴 동산을 만드셨다는 문장과 사람을 그곳에 데려다 놓으신 문장의 비중이 같은 것을 알 수 있습니다. 즉, 사람이 가장 좋은 환경에서 살게 하기 위해

에덴 동산을 만드셨습니다. 마치 새로 태어난 자녀를 위해 부모가 최적의 환경을 준비해주는 것과 같습니다. 9절은 8절을 보충 설명하는 문장입니다. 여기서 '보기에 아름다운 나무'라는 표현은 고대 근동문헌에서 신의 정원에 대한 관용적 표현입니다. 본문에서는 '먹기에 좋은 나무'라는 표현을 덧붙여 운율을 타게 만들었습니다. 9절의 뒷부분에 나오는 생명 나무와 선악과 나무는 인간 타락 이야기를 위한 배경이 됩니다. 10절은 에덴 동산이 물이 풍부한 곳으로서, 4 대 강의 수원지라는 점을 강조합니다. 11절 이하에는 강들의 이름과 그 강이 흐르는 곳의 이름과 특산물까지 구체적으로 소개하고 있습니다.

먼저 에덴 동산의 어원과 위치에 대해 살펴보겠습니다.

수메르어 학자 조철수는 서구 학자들의 일반적인 견해를 따라 창조 이야기에 나오는 에덴 동산의 히브리어 '간 에덴'을 '들판의 경작지'라는 의미의 수메르어 '가나 에덴'과 같은 단어로 봅니다.[1)] 조철수에 의하면 지우수드라에 나오는 에덴(들판)[2)]은 유프라테스 강과 티그리스 강 사이에 있었던 지역입니다. 이 들판에 들 짐승들이 살았고, 사람들은 수로를 만들어 경작지를 넓혔습니다. 에덴이 고유명사로 사용된 적도 있는데, 도시 국가 움마(Umma)와 기르수(Girsu) 사이에 있었던 들판 이름을 '에덴의 강둑(gu2-eden)이라고 불렀습니다. 지우수드라에는 "들짐승과 머리 넷 달린 동물들이 들판(에덴)에서 서로 즐겁게 놀았다"(50행)고 되어 있는데, 아담이 짐승들 이름을 붙여주고, 뱀과도 서로 말을 주고 받으며 살았다는 창조 이야기와 관련이 있어 보입니다.[3)]

---

1) 조철수, 앞의 책 67쪽
2) 수메르어로 edin, 아카드어로 edinu 입니다.
3) 조철수, 위의 책, 66-67쪽

그러나 카수토 같은 학자는 '에덴'의 어원이 '초원' 혹은 '들판'을 가리키는 수메르어 '에디누'에서 왔다는 설을 부정합니다. 오히려 바알 신화에서 볼 수 있는 것처럼 '물을 풍성히 주다'는 의미의 우가릿 단어의 어근 'dn에서 어원을 찾습니다. 히브리어 어근 עדן(아단)도 같은 의미로 봅니다. 따라서 에덴은 '급수가 잘 된 장소'로 해석합니다.[4] 쭈무라(Tsumura) 같은 학자도 에덴을 물이 잘 공급된 장소로 봅니다. 왜냐하면 '에드(샘)'이 풍부한 물을 공급해서 네 개의 강이 발원된 장소로 보기 때문입니다.[5] 2:10을 보면 에덴은 네 개의 강이 시작되는 수원지였습니다. 2:6의 '에드'를 '샘물'로 해석할 때, 에덴에서 시작되는 강은 '에드'에서 흘러나왔음을 알게 됩니다. 그러니까 에덴에서 시작된 강이 동산을 적시고 네 개로 나누어져 더 넓은 땅으로 흘러갔다는 것입니다.

고대 근동학자 배철현은 이 단어가 후대에 와서 어근 '-d-n(기쁨, 풍족함)'으로 잘못 해석되었다고 추정합니다. 그래서 그리스 문헌 (기원후 4세기, 제노폰의 <역사>) 이후의 이 단어는 '사후의 낙원'이란 뜻으로 사용되었다는 것입니다. 아랍어 '잔나툰(jannatun)'에도 '동산'과 '천국'이라는 두 가지 의미가 있습니다.[6] 영어로 낙원이라는 단어 paradise의 어원은 고대 이란어인 아베스타어에서 '둘러싸인 공원'이라는 단어 pairi-daēza 입니다. 페르시아의 초대 왕 고레스는 파사르가데(Pasargadae)를 수도로 정한 뒤 피정복 국가들에서 조공으로 받은 희귀한 동식물을 울타리 안에 두어 공원을 꾸며놓고 '파이리다에자'라고 이름 붙였습니다.[7]

창조 이야기에는 야훼 하나님이 사람을 에덴에 있는 동산에 두어 일하

---

4) Cassuto, 앞의 책, 107-108쪽
5) Tsumura, 앞의 책, 107-124쪽 참조.
6) 배철현, 앞의 책, 123
7) 위의 책, 123-124쪽

며 지키게 했고, 에덴에서 시작된 강들의 이름에 프랏(유프라테스)과 힛데겔(티그리스)이 나옵니다.

그런데 에덴의 위치에 대해서는 2:7의 '동방'이라는 단어와 2:11-14에 나오는 지명들을 통해 짐작할 수 있을 뿐입니다. 이스라엘이 가나안에 정착한 이후 동방은 메소포타미아 지역을 가리켰습니다. 첫째 강 비손[8]이 금이 많은 하윌라 땅을 감돌았고, 베델리엄과 호마노가 있었다는 것은 아라비아 쪽을 흐르던 강 가운데 하나였을 가능성을 보여줍니다. 왜냐하면 고대에 금이 나는 지역은 아라비아로 알려졌으며, 베델리엄을 남부 아라비아 나무에서 나오는 수지와 같은 것으로 해석할 수 있기 때문입니다(민 11:7). 창세기 25:18과 사무엘상 15:7에서도 하윌라는 홍해 근처 아라비아를 가리킵니다. 호마노 보석 (אבן השהם)은 아프카니스탄에서 나는 청금석(lapis lazuli)으로 간주됩니다. 구약 성경에는 이 보석이 성막과 성전 장식, 대제사장의 의복의 장신구로 사용되었습니다. 이집트와 근동에서는 주로 신상의 얼굴 혹은 장신구로 사용되었습니다.

둘째 강 기혼[9]은 에티오피아 쪽으로 흐르던 강 가운데 하나였을 것입니다. 셋째 강 힛데겔은 티그리스 강을 가리킵니다. 다니엘 10:4에서 다니엘이 힛데겔이라는 큰 강변에서 환상을 보았다는 표현이 그런 해석을 뒷받침해줍니다. 그런데 티그리스 강이 앗수르 동쪽으로 흘렀다는 표현은 티그리스 강변의 앗수르 도시를 수도로 삼았던 고대 아시리아 왕국에 대한 묘사입니다. 학자들은 이 표현을 근거로 에덴 동산 이야기가 적어도 주전 1400년 전부터 있었을 것으로 봅니다. 왜냐하면 그 이후 앗수르는 더 이상 아시리아의 수도가 아니었기 때문입니다. 유브라데(프랏) 강은 유프

---

8) 히브리어 '피숀'은 '용솟음치다'는 의미를 가지고 있습니다. 원래 이 단어(푸스)는 여기 저기 뛰어다닌다는 의미를 가지고 있습니다(말 4:2).

9) 히브리어 '기혼'은 '뿜어져 나오다'는 의미를 가지고 있습니다(욥 38:8).

라테스 강을 가리킵니다.[10] 이런 사실들을 종합해볼 때 창조 이야기의 에덴 동산은 아마도 메소포타미아 혹은 아라비아 어디엔가를 배경으로 하고 있습니다. 카수토는 네 개의 강이 이스라엘을 중심으로 남과 북으로 두 개씩 갈라진 강들로 추정합니다. 그러니까 북쪽으로 힛데겔과 유프라테스는 앗시리아와 바빌론을, 비손과 기혼은 에티오피아에서 발원해서 이집트로 흐르는 나일강의 두 원류-청 나일(blue Nile)과 백 나일(white Nile)로 추정합니다. 그 이유로서 무엇보다도 비손과 기혼 모두 하늘에서 내리는 비가 아닌 땅에서 솟는 물을 근원으로 하고 있습니다.

창세기 13:10을 보면 "여호와께서 소돔과 고모라를 멸하시기 전이었으므로 여호와의 동산 같고 애굽 땅과 같았더라"고 되어 있습니다.[11] 여기서 여호와의 동산과 애굽 땅의 공통점은 비와 상관없는 물이 땅을 적신다는 점입니다. 엄밀하게 말하면 나일 강도 빗물이 수원입니다. 이집트 국경 남쪽에서 내리는 비가, 열 개의 폭포를 이룬 다음 급류가 되어 만들어진 것입니다. 그 상류에서 청 나일과 백 나일이 합쳐져서 하나의 강이 됩니다. 하지만 이집트 인들은 수 천년 동안 비를 구경하지 못한 채 때가 되면 나일 강이 범람하는 것만 보고 살았습니다. 앞서 비손 강이 흐르는 하윌라 땅에는 금과 베델리엄과 호마노가 있어서 아라비아로 추정된다고 말씀 드렸습니다. 그런데 이집트 남부의 고대 푼트 왕국은 이집트의 주요 금 수입국이었습니다. 뿐 아니라 푼트에는 몰약 같은 향품이 많이 생산되었습니다. 하윌라가 홍해 근처 아라비아를 가리켰다면, 홍해 건너편 아프리카의 푼트도 얼마든지 생각해볼 수 있습니다.

---

10) 유프라테스 강은 아카드어로 Purattu, 고대 페르시아어로는 Ufrātu, 엘람어로는 Uprattuš 라고 불렸습니다(배철현, 앞의 책 125쪽)

11) 카수토 앞의 책, 117쪽

에덴 동산 이야기의 일반적인 주제는 야훼 하나님이 사람을 위해 만든 주거지가 얼마나 살기 좋았는가 하는 것입니다. 무엇보다 그곳은 해가 뜨는 동쪽에 위치하고 있었습니다(2:8). 그리고 관상수와 과수 등 각종 나무가 자라고 있었습니다(2:9). 건기와 우기가 분명한 근동에서 여름철에도 생명력을 유지하는 푸른 나무들은 신적인 힘이 깃들여져 있기 때문으로 간주되었습니다. 더구나 동산을 적시는 풍부한 물은 신이 인간에게 주는 가장 큰 선물이었습니다. 우가릿 문서에는 가나안의 엘(El) 신이 강의 샘 근원에 산다고 되어 있고, 성서의 창조 이야기에도 하나님의 신은 물 위를 운행했다고 되어 있습니다. 그것은 물이 동식물의 생존과 경작에 가장 중요한 요소였음을 말해줍니다.

에덴 동산이 인간에게 주어진 풍요의 땅이라는 점과 함께 생각할 것은 신전 개념입니다. 창세기 13:10에는 요단 건너편 땅의 비옥함이 '여호와의 동산(에덴 동산)' 같다고 했고, 이사야서와 에스겔서에는 '여호와의 동산(사 51:3), '하나님의 동산(겔 28:13, 31:8)' '에덴(겔 31:9)' '에덴 동산(겔 36:35)'이라는 용어를 사용합니다. 이것은 에덴 동산이 하나님의 특별한 소유였다는 사실을 말해줍니다.

2:8, 15은 인간이 에덴 동산에 고용된 직원이며, 그를 데리고 오신 하나님이 주인인 것을 반복적으로 말하고 있습니다. 그런가 하면 창 2장에서는 아담이 에덴 동산에서 야훼 하나님의 계명을 들었고, 3장에는 아담과 하와가 야훼 하나님이 동산을 거니시는 소리를 들었습니다. 그리고 선악과를 먹은 다음, 그곳에서 추방되어 화염검과 그룹들 때문에 돌아갈 수 없었다고 했습니다. 이런 표현들은 에덴 동산이 하나님의 거하시며 다스리시는 궁전이라는 것을 암시합니다. 특히 눈길을 끄는 어구는 2:15의 '경작하며 지키게 하시고(레오브다 울레쇼므라)'입니다. 이것은 단순히 에덴 동산에서

농사짓고 관리하게 했다는 의미를 넘어섭니다. 왜냐하면 이 단어들이 성막에서 종사하는 레위인들의 임무에 흔히 사용되었기 때문입니다(레 18:5). 특히 외부인들로부터 성막을 지켜야 하는 의무에 대해 사용되었습니다(민 3:7-8 4:23-24). 그래서 '레오브다 울레쇼무라'를 의역하면 '(하나님을)섬기며 (의무를) 행하게 하시고'가 됩니다. '경작하며'로 번역하는 것이 어색한 이유 중 하나는, 선악과 사건 이후에 경작이 시작되었기 때문입니다(3:17, 19, 23). 15절에서 더욱 흥미로운 것은 '두어(누아흐)'라는 단어입니다. 이 단어는 '두어'로 번역하기 보다 '정착시켜' 혹은 '안식하게 하셔서'로 번역하는 것이 낫습니다.

15절을 액센트를 따라 읽어보면, 하나님이 아담을 취하신 행위와, 그를 정착시켜 섬기며 행하게 하신 행위가 비중이 같습니다. 다시 말해 하나님은 의도적으로(고용하여) 아담을 에덴 동산에서 일하게 하셨습니다. 여기서 '누아흐'라는 단어는 하나님의 안식을 연상시킵니다. 그리고 하나님이 일곱 째 날부터 영원히 안식하신 것처럼, 아담도 변함없이 하나님을 섬기도록 종신직으로 발탁되었음을 암시합니다. 그것은 레위인들과 제사장이 종신직으로 세워지는 것과 같은 원리라고 할 수 있습니다.

에덴을 신전 개념으로 생각해야 할 또 한가지 이유는, 에덴 동산으로부터 강이 네 개로 갈라져 온 땅을 둘렀기 때문입니다. 에스겔서에는 성전 문지방에서 물이 흘러나와 동쪽으로 흐르다가 제단 남쪽으로 흘러 큰 강이 되는 환상이 나옵니다(겔 47:1-2). 그런데 에스겔의 환상에 나오는 성전에는 번제단 외에 아무 기구도 없습니다. 그리고 물이 스며나오는 장소는 정확히 솔로몬의 성전에서 놋 바다가 있던 자리이며(왕상 7:39), 거기서 시작된 물이 큰 강을 이루어 세상을 비옥하게 만듭니다. 이 환상은 에덴에서 시작된 물이 온 세상에 생명을 주었다는 이야기와 평행을 이룹니다.[12] 요한계시록에 나오는 하나님과 어린 양의 보좌로부터 흘러나와 세상을 치료하는 생명수의 강 환상은, 에스겔 환상의 복사본이라고 할 수 있습니다(계 22:1-2). 그리고 에덴 동산 이야기에 나오는 금, 베델리엄, 호마노는 성막의 기구들과 대제사장의 의복 장신구에 사용하는 귀금속입니다. 물론 솔로몬의 성전은 성막보다 더 화려하게 치장되었습니다. 그리고 에스겔서에 나오는 여호와의 동산의 그룹 또한 화려한 귀금속으로 치장되었습니다(겔 28:13). 솔로몬이 성소와 지성소를 분리하는 문에 그룹 천사를 새겨 넣고, 지성소 안에 올리브 나무로 그룹 천사의 형상을 만들어 세운 것은 에덴 동산을 지켰던 그룹 천사를 상징한 것입니다(왕상 7:23-27, 32-36). 모세의 성막에 있었다는 기구들은 모두 금으로 만들어졌거나 금으로 싼 것들입니다. 솔로몬은 한술 더 떠 성소와 지성소 안을 모두 금으로 쌌습니다(왕상 6:20-22). 그리고 솔로몬의 성전 중앙 입구에는 야긴과 보아스라는 나무 모양의 기둥이 있었습니다(왕상 7:15-22). 그 기둥들은 창 2:9에 나오는 에덴 동산 중앙에 있는 나무를 상징하는 것이라고 할 수 있습니다.[13] 성경의 이런 기록들은 성막과 성전이 에덴 동산을 모델로 만들어졌으며, 에덴 동산을 하나님의 궁전으로 이해했었다는 증거가 됩니다.

이제 두 나무에 관한 이야기를 해보겠습니다.

에덴 동산 이야기에서 가장 관심을 끄는 부분은 신비의 두 나무－생명나무와 선과 악의 지식나무에 관한 것입니다. 9절에서 잠깐 언급된 두 나무 중에서 선악의 지식나무는 15-17절에서 계명의 형식으로 다시 한 번 소개됩니다. 생명나무는 영생의 열매가 열리는 나무이며(3:22), 선과 악의 지식 나무는 그 열매를 먹는 자를 죽음에 이르게 하는 나무입니다. 선과

---

12) Victor A. Hurowitz, *YHWH's Exalted House, Temple and Worship in Biblical Israel,* John Day, ed. T&T Clark, 2007, 80쪽

13) 위의 책, 84쪽

악의 지식이 무엇을 말하느냐에 대해서는 수많은 해석이 있었습니다. 가장 대표적인 것은 성적인 지식, 도덕적 지식, 전지한 능력(Omniscience), 통찰력, 도덕적 자율성(moral autonomy), 순종 여부에 따라 알게 되는 선 또는 악이라는 이론입니다. 성적인 지식으로 해석하는 이유는 '알게 하다'는 히브리어 '야다'가 남녀의 성관계를 진술할 때도 사용되는 단어이기 때문입니다. 그러나 그 해석은 선악과를 먹기 전에 이미 아담과 하와가 하나님의 축복 속에 결혼한 일과 크게 배치됩니다. 더구나 창조 이야기의 화자는 그것을 결혼의 원리로 소개하고 있습니다(2:25).

특히 선악과를 먹은 인간을 향해 하나님이 "이 사람이 선악을 아는 일에 우리 중 하나 같이 되었으니"(창 3:22)라고 한 것에 주목할 필요가 있습니다. 만약 선악과가 성행위를 상징한다면, 하나님이 선악을 아시는 일도 성적으로 해석해야 하는 모순에 봉착하게 됩니다. 여러 해석 중에서 비교적 문제가 적은 해석이 '전지한 능력'과 '도적적 자율성'이다. 먼저 '전지한 능력'을 보자면 창조 이야기에서 '천지(샤마임 베아레쯔)'라는 단어가 우주 전체를 가리키듯, '선과 악(토브 봐라아)'라는 단어도 전체적인 지식을 가리키기 때문입니다.[14)]

이것은 에덴 동산에서 사람들이 추방된 것과 평행을 이루는 에스겔 28장의 두로 왕 추방과 비교해도 알 수 있습니다. 두로 왕은 신으로 자처하며, 다니엘보다 지혜롭다고 선언하다가 에덴에서 쫓겨난 영적 존재에 비유되었습니다(겔 28:1-3,11-16). 그리고 3:5에서 뱀이 하와를 유혹하면서, 선악과를 먹을 경우 하나님과 같이 되어 선악을 알게 된다고 한 것이나, 3:23에서 인간이 선악과를 먹은 결과로 선악을 아는 일에 하나님처럼 되었다는 표현을 보아서도 알 수 있습니다. 물론 '하나님처럼 되었다'는 표현을

14) 고든 웬함, 앞의 책, 177쪽.

풍자(sarcasm)로 볼 수도 있습니다. 어쨌거나 선악과는 인간이 넘보지 말아야 할 신적 전지함에 관한 금지라고 할 수 있습니다. 또 하나의 가능한 해석은 선악과가 '도덕적 자율성'에 대한 금지였다는 것입니다.15)

다시 말해 선과 악을 자기 의지대로 결정하는 행위에 대한 금지로 보는 것입니다. 이 경우 역시 아담과 하와가 분수를 넘어 하나님의 영역에 이르려 했다는 결론에 이르게 됩니다. 그러면 '네가 먹는 날에는 정녕 죽으리라'는 의미가 무엇이었을까요? 실제로 아담과 하와는 선악과를 먹은 날 죽지 않았으며, 아담은 930년 동안이나 살았습니다. 먼저 알 것은 사람이 선악과를 먹었기 때문에 죽을 운명이 된 것이 아니라는 점입니다. 다시 말해 인간은 처음부터 불멸의 존재로 만들어지지 않았습니다. 그렇기 때문에 생명나무의 과실이 준비되었던 것입니다. 따라서 카수토는 사람이 죽게 된다는 의미가 생명나무의 과실을 먹지 못하게 된다는 것으로 해석했습니다. 그리고 '먹는 날에는'(2:17)이라는 의미도 '먹는 당일'이 아니라, 2:4의 '날(욤)'처럼 '먹는 때'로 해석했습니다.16)

카수토의 이런 해석은 타락 후 인간이 생명나무의 과실을 먹지 못하도록 추방되었다는 3:23과도 어울립니다. 잠언에는 지혜를 생명나무에 비유했으며(잠 3:18, 11:30, 13:12, 1:4) 신약의 저자들은 그 생명나무의 열매가 예수 그리스도를 통해 다시 주어지는 것으로 믿었습니다(계 2:7). 덧붙여서, 선악과 자체에 독이 들어 있었다든가 하는 것이 아니었습니다. '네가 죽으리라'는 선언은 히브리어 칼 부정사 문장으로 되어 있는데, 이런 문장은 신이나 왕이 위협을 가하는 형태로 되어있습니다(20:7, 삼상 14:39,44, 22:16, 왕상 2:3742, 왕하 1:4,6, 겔 33:8,14).17)

---

15) 트렘퍼 롱맨, 앞의 책, 148쪽
16) Cassuto, 앞의 책, 125쪽
17) 고든 웬함, 위의 책, 184쪽

에덴 동산 이야기에서 눈 여겨 보아야 할 것은 하나님의 계명입니다 (2:16-17). 에덴 동산 이야기는 전체 토라의 가르침을 구성하고 있는 단위 가운데 하나입니다. 그것은 시내산 계명을 단순히 순종과 불순종, 영생과 죽음에 대한 선택 개념으로 보게 만듭니다. 언약 신학(covenant theology) 학자들은 야훼 하나님이 아담에게 준 명령을 최초의 언약으로 간주합니다. 선악과를 통해 인간이 지식을 추구하게 된 의미에 대해서는 3장에 가서 조금 더 자세히 살펴보도록 하겠습니다.

고대근동 신화의 낙원과 생명 나무

수메르의 낙원 신화인 "엔키와 닌후르삭"에는 지우수드라가 살고 있는 낙원-딜문이 어떤 곳인지 나와 있습니다.[18)]

딜문에서는 까마귀가 울지 않으며
새도 울부짖지 않는다
사자는 죽이지 않으며
늑대는 양을 덮치지 않고
사나운 개도 어린 아이를 해치지 않고
돼지도 곡물을 삼키지 않으며
지붕에 널어놓은 과부의 엿기름을
먹어 치우는 새도 없다
비둘기는 그 머리를 수그리지 않으며
눈을 앓는 자는 눈이 아프다고 말하지 않고
머리가 아픈 자는 머리가 아프다고 말하지 않고

---

18) Kramer, *The Sumerians,* 282, 강성열, 앞의 책 63쪽에서 재인용

늙은 여자들은 자기가 늙었다고 말하지 않고
늙은 남자들은 자기가 늙었다고 말하지 않는다(13-25행)

생명나무 이야기는 구약 성서뿐 아니라 근동 신화에서도 발견됩니다. 이를테면 길가메쉬의 홍수 이야기에는 길가메쉬가 딜문이라는 낙원의 섬에 살고 있는 지우수드라(우트나피쉬팀)을 찾아가는 이야기가 나옵니다. 길가메쉬는 영원한 생명을 얻을 수 있는 '재기의 풀'을 얻으려 죽음의 바다를 건너 여행 떠납니다. 그 열한 번 째 토판에는 다음과 같은 내용이 들어 있습니다.

오! 길가메쉬여, 내가 감춰진 것을 드러내리라
그리고 내가 신들의 비밀에 대하여 너에게 말하리라
이 식물은 마치 털갈매나무(buckthorn)처럼, 그것의 [...]
그것의 가시는 장미의 가시처럼 네 손들을 찌를 것이다
만일 네 손이 그 식물을 얻는다면, 너는 새 생명을 찾을 것이다
그것의 이름은 '사람이 말년에 새 생명을 찾았다'이다
내가 먹어 나의 젊은 시절로 돌아갈 것이다(266-272행).[19]

〈교부들과 함께 성경 읽기〉

"낙원이란 이미지는 교회를 나타냅니다. 교회는 열매 맺는 나무들로 교회 울타리를 칩니다. 이들 가운데 좋은 열매를 맺지 못하는 나무는 어떤 나무든 잘려 불 속으로 던져집니다" 키프리아누스 <서간집> 73,1020

19) 배철현, 위의 책, 124쪽.

"그리스도께서는 그 나무에 올려져 십자가에 못박히셨습니다. 그분은 지금도 그 생명 나무로 우리를 되살아나게 하십니다. 예, 그렇습니다. 그리스도께서는 당신과 함께 십자가에 못 박힌 죄수 한 명까지도 구원하십니다. 그분은 어둠속에서도 보이는 세상을 모두 감싸 안으십니다."
[나지안주스의 그레고리우스 <성자>(신학적 연설 29) 2021]

아담과 하와 2장 18-25절

이제는 아담과 하와의 혼인 이야기 본문을 읽어 보겠습니다.

18 여호와 하나님이 이르시되 사람이 혼자 사는 것이 좋지 아니하니 내가
그를 위하여 돕는 배필을 지으리라 하시니라

19 여호와 하나님이 흙으로 각종 들짐승과 공중의 각종 새를 지으시고 아
담이 무엇이라고 부르나 보시려고 그것들을 그에게로 이끌어 가시니
아담이 각 생물을 부르는 것이 곧 그 이름이 되었더라

20 아담이 모든 가축과 공중의 새와 들의 모든 짐승에게 이름을 주니라 아
담이 돕는 배필이 없으므로

21 여호와 하나님이 아담을 깊이 잠들게 하시니 잠들매 그가 그 갈빗대 하
나를 취하고 살로 대신 채우시고

22 여호와 하나님이 아담에게서 취하신 그 갈빗대로 여자를 만드시고 그
를 아담에게로 이끌어 오시니

23 아담이 이르되 이는 내 뼈 중의 뼈요 살 중의 살이라 이것을 남자에게
서 취하였은즉 여자라 부르리라 하니라

24 이러므로 남자가 그 부모를 떠나 그의 아내와 합하여 둘이 한 몸을 이
룰지로다

25 아담과 그의 아내 두 사람이 벌거벗었으나 부끄러워하지 아니하니라

(한글개역개정)

2급 1급 2급 3급 2급 3급

וַיֹּאמֶר יְהוָה אֱלֹהִים לֹא־טוֹב הֱיוֹת הָאָדָם לְבַדּוֹ אֶעֱשֶׂה־לּוֹ עֵזֶר 18

에제르 로 - 에에쎄 레바도 하아담 헤이요트 토브 - 로 엘로힘 아도나이 봐요메르

1급

כְּנֶגְדּוֹ׃

케네그도

3급 3급 3급 4급

וַיִּצֶר יְהוָה אֱלֹהִים מִן־הָאֲדָמָה כָּל־חַיַּת הַשָּׂדֶה וְאֵת כָּל־עוֹף 19

오프 - 콜 뵈에트 하싸데 하야트 - 콜 하아다마 - 민 엘로힘 아도나이 봐이쩨르

1급 2급 2급 3급 2급

הַשָּׁמַיִם וַיָּבֵא אֶל־הָאָדָם לִרְאוֹת מַה־יִּקְרָא־לוֹ וְכֹל אֲשֶׁר יִקְרָא־לוֹ

로 - 이크라 아쉐르 뵈콜 로 - 이크라 - 마 리르오트 하아담-엘 봐야베 하샤마임

1급 2급 3급

הָאָדָם נֶפֶשׁ חַיָּה הוּא שְׁמוֹ׃

슈모 후 하야 네페쉬 하아담

2급 2급 3급 3급 4급

וַיִּקְרָא הָאָדָם שֵׁמוֹת לְכָל־הַבְּהֵמָה וּלְעוֹף הַשָּׁמַיִם וּלְכֹל חַיַּת 20

하야트 울레홀 하샤마임 울레오프 하베헤마 - 레콜 쉐모트 하아담 봐이크라

1급 2급 2급 1급

הַשָּׂדֶה וּלְאָדָם לֹא־מָצָא עֵזֶר כְּנֶגְדּוֹ׃

케네그도 에제르 마짜 - 로 울레아담 하싸데

3급 3급 1급 2급 3급

וַיַּפֵּל יְהוָה אֱלֹהִים ׀ תַּרְדֵּמָה עַל־הָאָדָם וַיִּישָׁן וַיִּקַּח אַחַת 21

아하트 봐이카흐 봐이셴 하아담 - 알 타르데마 엘로힘 아도나이 봐야펠

1급 3급 2급

מִצַּלְעֹתָיו וַיִּסְגֹּר בָּשָׂר תַּחְתֶּנָּה׃

타흐테나 바싸르 봐이쓰고르 미짤오타브

1급 2급 3급

וַיִּבֶן יְהוָה אֱלֹהִים ׀ אֶת־הַצֵּלָע אֲשֶׁר־לָקַח מִן־הָאָדָם לְאִשָּׁה 22

레이샤 하아담 - 민 라카흐 - 아쉐르 하쩰라 - 에트 엘로힘 아도나이 봐이벤

1급 2급

וַיְבִאֶהָ אֶל־הָאָדָם׃

하아담 - 엘 봐예비에하

3급 1급 2급 2급 3급 3급 2급 3급

23 וַיֹּאמֶר הָאָדָם זֹאת הַפַּעַם עֶצֶם מֵעֲצָמַי וּבָשָׂר מִבְּשָׂרִי לְזֹאת

레조트 미브싸리 우바싸르 메에짜마이 에쩸 하파암 조트 하아담 봐요메르

1급 2급 2급

יִקָּרֵא אִשָּׁה כִּי מֵאִישׁ לֻקֳחָה־זֹּאת׃

조트- 루카흐 메이쉬 키 이샤 이카레

2급 2급 1급 2급 2급 3급

24 עַל־כֵּן יַעֲזָב־אִישׁ אֶת־אָבִיו וְאֶת־אִמּוֹ וְדָבַק בְּאִשְׁתּוֹ וְהָיוּ

뵈하유 베이쉬토 뵈다바크 이모 - 뵈에트 아비브 - 에트 이쉬 - 야아조브 캔 - 알

1급

לְבָשָׂר אֶחָד׃

에하드 레바싸르

1급 2급 1급 2급 2급 3급

25 וַיִּהְיוּ שְׁנֵיהֶם עֲרוּמִּים הָאָדָם וְאִשְׁתּוֹ וְלֹא יִתְבֹּשָׁשׁוּ׃

이트보샤슈 뵐로 뵈이쉬토 하아담 아루밈 슈네이햄 뵈이흐유

이제 분리 액센트를 따라 직역한 히브리어 본문을 읽어 보겠습니다. 1 급 액센트를 표시한 (//)과, 2급 액센트를 표시한 (/)와, 3급 액센트를 표시한 (*)와, 4 급 액센트를 표시한 (#)를 모두 적용해봅니다. 히브리어 어순과는 조금 다르지만, 1 급 액센트가 있는 단어는 **고딕**처리를 했습니다. 히브리어 본문에서 그 단어가 (//) 바로 앞에 있다고 보시면 됩니다. 문장의 맨 처음에 나오는 2급 액센트가 전체 문장의 1/4 비중을 차지하고, 두 번째로 나오는 2급 액센트가 1/8을 차지하고, 세 번째로 나오는 2급 액센트는 1/16을 차지하는 원칙을 따라 읽어봅니다.

18 말씀하셨다(봐요메르) * 야훼 하나님이(아도나이 엘로힘)/좋지 않다(로 토브) * 그 사람이 있는 것이(헤이요트 하아담)/ **그의 독신이(레바도)**// 내가 그를 위하여 만들겠다 돕는 자를(에아쎄 로 에제르)/**그의 상대방**

으로서(**케네그도**)//

19 빚으셨다 야훼 하나님이(봐이쩨르 야훼 엘로힘)/흙으로부터(민하아다마)
* 모든 들 짐승을(콜 하야트 하싸데) * 그리고 공중의 모든 새를(뵈에
트 콜 오프 하샤마임)/그 사람에게로 데리고 오셨다(봐야베 엘 하아담)/
보시기 위해(리르오트)/**그것을** 무엇이라고 이름 짓는지(마 이크라 **로**)//
그 사람이 부르는 모든 것이(뵈콜 아쉐르 이크라 로 하아담) * 생물(네페
쉬 하야) /그것이 **이름이었다**(후 **슈모**)//

20 그 사람이 이름들을 주었다(봐이크라 하아담 쉐모트)/모든 가축을(레홀
하베헤마) * 그리고 공중의 새들을(울레오프 하샤마임)/ 그리고 모든(울
레홀)/ **들**짐승에게(하야트 **하싸데**)//그러나 그 사람은(울레아담)/ 돕는
자를 만나지 못했다(로 마짜 에제르)/**그의 상대방으로서**(**케네그도**)//

21 야훼 하나님이 깊은 잠을 떨어뜨리셨다(봐야펠 아도나이 엘로힘 타르데
마) *그 사람 위에(알 하아담)/**그래서 그가 잠들었다**(**봐이셴**)//그리고
하나를 취하셨다(봐이카흐 아하트) *그의 갈비뼈를(미짤오타브)/그리고 살
로 메꾸었다(봐이쓰고르 바싸르)/ 그대신(**타흐테나**)//

22 야훼 하나님이 건설하셨다 그 갈비뼈로(봐이벤 아도나이 엘로힘 에트 하
쩰라) * 그 사람에게서 취한(아쉐르 라카흐 민 하아담)/**여자를**(**레이샤**)//
그리고 데려오셨다(봐예비에하)/ **그 사람**에게로(엘 **하아담**)//

23 그 사람이 말했다(봐요메르 하아담)/이번에야 말로(조트 하파암) * 뼈이
다(에쩸) * 내 뼈들 중에서(메에짜마이)/그리고 살이다(우바싸르)/**내 살
중에서**(**미브싸리**)//이것은(레조트) * 여자로 불려질 것이다(이카레 이
샤)/왜냐하면 남자로부터(키 메이쉬)/**이것이** 취해졌기 때문이다(루카
흐 **조트**)//

24 그러므로(알 캔) * 남자는 떠난다(야아조브 이쉬)/그의 아버지를(에트 아비브)/그리고 **그의 어머니를**(뵈에트 **이모**)//그래서 그의 아내와 뭉친다(뵈다바크 베이쉬토)/그래서 그들이 된다(뵈하유)/ **하나의** 살이(레바싸르 **에하드**)//

25 그런데 그들 둘이(뵈이흐유 슈네이햄) * 벌거벗었다(아루밈)/그 사람과(하아담)/ **그의 아내가**(**뵈이쉬토**)//하지만 않았다(뵐로)/ **그들이 부끄러워하지**(**이트보샤슈**)//

관찰과 해석

아담의 결혼 이야기는 실낙원 이야기의 두 번 째 부분에 해당합니다.[1] 그런데 아담의 결혼 이야기에 나오는 짐승들과 여자의 창조 순서는 창 1장의 것과 다릅니다. 창 1장에서는 짐승들이 먼저 창조되고, 그 다음으로 남자와 여자가 동시에 창조된 것으로 진술하고 있습니다. 그러나 2장에서는 남자가 먼저 창조되고, 짐승들이 그 다음, 여자가 맨 마지막입니다. 이것은 화자가 말하려는 주제에 따라 때로는 시간적 순서로, 때로는 논리적 순서로 기록했음을 보여줍니다. 다시 말해 2:19의 짐승 창조는 아담으로 하여금 배우자를 찾도록 하려는 하나님의 의도를 보여주기 위한 것입니다. 따라서 짐승들이 아담보다 늦게, 여자보다 먼저 창조된 것으로 묘사하고 있습니다. 그것은 2:19 앞뒤 구절에 모두 '돕는 배필'이라는 단어가 들어 있는 것을 보아서도 알 수 있습니다. 따라서 아담의 결혼 이야기는 다음과 같은 내용으로 전개되고 있습니다. 그 중에서도 18절과 24절이 평행을 이

---

1) 첫 부분은 아담과 에덴 동산의 창조, 셋째 부분은 아담과 하와의 선악과 섭취, 넷째 부분은 하나님의 심판과 실락원이 될 것입니다.

루며, 19-20절과 21-23절이 평행을 이루고 있습니다.

18 아담의 배우자를 만들어 주려는 야훼 하나님의 의도
19 야훼 하나님이 들 짐승과 새를 만들어 아담에게로 데리고 오심
20 아담이 모든 짐승에게 이름을 주었지만 배우자는 발견하지 못함
21 야훼 하나님이 아담을 깊이 잠들게 해서 갈비뼈를 취함
22 야훼 하나님이 그 갈비뼈로 여자를 만들어 데리고 오심
23 아담이 여자를 배우자로 받아들이고 이름을 줌
24 아담의 결혼이 주는 교훈
25 아담과 그의 아내가 선악과를 먹기 전의 상태

먼저 아담의 이름에 대해 생각해보겠습니다. 아담을 가리키는 단어는 기본적으로 'האדם(하아담)'입니다. 그런데 '하아담'이 한글 성경 2장 19절 이전까지는 '사람' 혹은 '그 사람'으로 번역되어 있습니다(2:7, 8, 15, 16, 18). 그리고 19절부터는 아담으로 번역됩니다(2:19, 20, 21, 22, 23, 25; 3:8, 9, 12, 17, 20, 21). 그것은 70인역 헬라어 성경에서 2장 18절까지 히브리어 '하아담'을 '사람(안트로포스)'으로 번역하다가, 2장 19절부터 '아담'으로 번역한 것과 정확히 일치합니다. 하지만 히브리어 본문 2장 20절, 3장 17절의 '울레아담(그리고 아담에게)'과 3장 21절의 '레아담(아담에게)'를 제외하면, 아담으로 번역한 히브리어 단어는 모두 '하아담'입니다. 흥미로운 사실은 영어 성경 NAS만 그 세 구절에서 사람 이름으로서의 '아담'으로 번역하고, 나머지는 모두 '사람' 혹은 '그 사람'으로 번역한 것입니다.

아담의 결혼 이야기는 교훈적입니다. 결혼의 원리를 천명한 24절과, 선악과를 먹기 전 아담과 하와의 상태를 진술한 25절 외에도, 암시적인 교훈들이 들어 있습니다. 우선 18절에서 "사람이 혼자 사는 것이 좋지 아니하

다"는 야훼의 독백입니다.

그것은 잠언 18:22에 나오는 "מָצָא אִשָּׁה מָצָא טוֹב(마짜 이샤 마짜 토브) 아내를 얻는 자는 복을 얻고" 라는 경구를 떠올리게 합니다. 왜냐하면 이 경구에 나오는 핵심 단어 '아내'가 이 단락에서 네 번(22, 23, 24, 25)이나 사용되었고, '복(좋음)'은 18절의 핵심단어이기 때문입니다. 20절에서 다시 한 번 사용되는 단어 '돕는 배필(에제르 케네그도)'은 배우자의 역할이 무엇인지 보여줍니다. 배우자는 단순히 성적 동반자(sex partner)이거나 가사 도우미가 아니라는 것입니다. 오히려 영혼과 육체를 아우르는 삶 전반에 걸친 조력자입니다. 그것도 남자의 생각이 미치지 못하는 맞은 편에서 돕는 자입니다.

그것은 19-20절에서 아담이 짐승들 가운데 배우자를 찾지 못한 이유가 됩니다. 아담이 짐승들 가운데 배우자를 찾지 못했다는 이야기는 짐승과의 성관계를 금지하는 계명의 기초를 제공합니다. 그것은 남자와 한 몸을 이루게 된 여자의 경우도 마찬가지입니다(레 20:15,16 참조). 그러나 아우구스티누스와 같은 교부들은 이 단어를 자녀 출산을 위한 조력자로 해석했습니다. 어쨌거나 아담이 짐승들의 이름을 붙인 것은, 1:26, 28의 명령대로 주인으로서의 권위를 행사한 것입니다(민 32:38, 왕하 23:34 참조).

21-23절에서 하나님이 아담의 갈비뼈로 여자를 만드신 이야기는 결혼에 대해 또 하나의 풍유적 교훈을 담고 있습니다. 다시 말해서 한 남자의 아내가 되는 여자는 그 남자와 친족 관계를 형성하게 됩니다. 이때 친족 관계를 설명하는 히브리어 숙어는 다음의 구절들이 보여주는 것과 같이 '골육(뼈와 살)'입니다. "라반이 이르되 너는 참으로 내 혈육(아쯔미 우브싸리)이로다 하였더라"(창 29:14) "나는 너희와 골육(아쯔메헴 우브싸르헴)임을 기억하라"(삿 9:2) "우리는 왕(당신)의 한 골육(아쯔메하 우베싸르하)이니이

다"(삼하 5:1) 그런데 결혼한 여자가 남편과 친족 관계가 된다는 교훈은 24절에서 "둘이 한 몸(바싸르)을 이룰지로다"라는 표현을 통해 다시 한 번 확인됩니다. 고든 웬함의 설명에 따르면 유대인은 이 원리 때문에 여자가 남편과 사별한 후에도 남편 가족의 남자 중 누구와도 재혼할 수 없다고 합니다. 왜냐하면 그 여자는 이미 남편 형제의 자매이자 시아버지의 딸이 되었기 때문입니다.[2)]

23절에서 아담이 여자를 보고 "이는 내 뼈 중의 뼈요 살 중의 살이라" 고 한 것도 법적 의미에서 친족 관계에 대한 묘사입니다. 그럼에도 불구하고 '남자(이쉬)'와 '여자(이샤)'는 같은 어근을 갖고 있지 않으며, 비슷한 발음으로 언어유희를 이루고 있을 뿐입니다. 그리고 23절은 성서에 나오는 최초의 히브리 시가로서 다음과 같이 5행으로 구성되어 있습니다.

이제야말로[3)]	(2 소절)
내 뼈들로부터의 뼈	(2 소절)
살로부터의 살	(2 소절)
이는 여자로 불려질 것이다	(3 소절)
왜냐하면 이가 남자로부터 취해졌기 때문	(3 소절)

그러면 사람의 많은 뼈들 중에서 왜 하필 갈비뼈를 취해서 만들었는가라는 의문이 제기됩니다. 매튜 헨리는 "여자가 남자를 능가하도록 머리로

2) 고든 웬함, 앞의 책, 189쪽.

3) '이것'을 가리키는 여성형 지시 대명사 조트(זאת)와 횟수를 나타내는 '...번'의 의미의 여성 보통 명사 파암(פעם)에 정관사가 붙어 '이번에는'이라는 의미의 어구가 되었습니다. 만약 '하파암'이 담화 표시어(discourse marker)라면 '이제야말로'로 해석해도 좋을 것입니다. 창 18:32에는 같은 단어가 '이번만'으로, 창 29:32, 30:20에서는 '이제는'으로 번역되었습니다. 카수토는 '조트 하파암'을 의미상 '이번에는(this time)으로 번역하는 것이 부자연스럽다고 합니다3 어쩌면 비슷한 의미의 '조트'와 '하파암'이 함께 사용된 것은 히브리 시가의 운율을 맞추기 위해서인지도 모릅니다.

부터 만들어지지 않고, 그에 의해서 짓밟히도록 발로부터도 만들어지지 않고, 동등한 존재가 되도록 옆구리로부터, 보호 받도록 팔 아래서, 사랑받도록 심장 가까이에서 만들어졌다"고 해석합니다. 카수토는 갈비뼈가 옆구리에 있는 것처럼 좋은 아내는 남자 곁에 꼭 붙어서 돕는 자가 된다는 의미라고 합니다.4)

그러나 2:22에서 사용된 동사 '바나'가 아카드어와 우가릿의 창조 문헌에서 자주 사용되었고, 갈비뼈라는 단어가 우가릿 문헌에서 '기둥'을 의미하는 건축 용어로 사용되었던 것과 관련 지어 해석하는 것이 더 나아 보입니다. 예를 들어 에누마 엘리쉬 여섯 째 토판 33, 129행에서도 ibna와 ibnu라는 단어를 사용했습니다. 아카드어와 우가릿어에서는 이 단어가 창조 이야기에서 자주 사용되지만, 성경에서는 오직 창세기 2:22과 아모스 9:6에서만 발견됩니다. 남자의 갈비뼈로 여자를 만들었고, 남자가 여자의 이름을 '하와(생명을 주는 자)'라고 부르게 된 직접적 배경은 수메르 신화 '딜문의 시'에 나옵니다. 물의 신 '엔키(Enki)'가 병이 들어 몸의 여덟 부분이 상했답니다. 그때 대모신 '닌후르삭(Ninhursag)'이 나타나 8 신을 창조해서 엔키의 몸을 고쳐줍니다. 이때 엔키의 갈비뼈를 고치기 위해 만든 신이 '닌티(Ninti)'라는 여신입니다. 이 여신은 '갈비뼈의 여인'이란 이름을 가졌고, '살아있게 만드는 여인'이라는 뜻도 가지고 있습니다. 이처럼 수메르어로는 '갈비' 와 '살아있게 하는 여자'가 같은 의미이지만, 히브리어로 갈비뼈를 의미하는 '쩰라'와 살아있게 하는 자라는 의미의 '하와'는 서로 의미상 호환이 되지 않습니다.5)

24절은 아담의 결혼 이야기로 만든 창조 이야기 화자의 교훈입니다. 여

---

4) Cassuto, 앞의 책 134쪽.
5) Walter C, Kaiser Jr. 외, *Hard Sayings of the Bible*, IVP, 1996, 94쪽.

기에는 두 가지 원리가 들어 있습니다. 첫째는 남자가 부모를 떠나는 것이고, 둘째는 아내와 합하여 둘이 한 몸을 이루는 것입니다. 여기에서 부모를 떠난다는 것은 지리적이 아니라 관계적인 의미입니다. 왜냐하면 이스라엘은 전통적으로 여자가 부모를 떠나 남자의 집으로 오는 결혼 형태를 유지했기 때문입니다. 따라서 남자가 부모를 떠나는 것은, 부모에게 순종하고 연합하는 관계에서 벗어나 자신의 새로운 가정을 만드는 것을 의미합니다. 그리고 아내와 합하여 한 몸을 이룬다는 것은 단순히 성적인 것만을 의미하지 않습니다.

돕는 배필이란 표현이 보여주듯 영적이고 정신적인 의미를 포함하며, 골육이라는 단어가 말하듯 법적인 의미까지 들어 있습니다. 고든 웬함은 '떠나다'와 '연합하다'가 종종 하나님과 이스라엘의 계약관계를 설명하는데 사용되었음을 주목합니다. 특히 '떠나다'는 단어가 '저버리다'의 의미로 사용되었다는 것입니다. 이를테면 하나님은 이스라엘을 버리지 않으시며(신 31:18), 이스라엘도 언약을 저버리지 않아야 합니다(신 12:19, 14:27, 29:24). 그리고 이스라엘은 하나님과 연합하도록 역설된다는 것입니다(신 10:20, 11:22, 13:5 등). 따라서 아담의 결혼 이야기 끝에 나오는 교훈은 결혼이 법적 계약 관계에 있음을 시사합니다.[6] 그런 관점에서 2:24은 십계명 가운데 제 7계명의 원리를 제공하고 있다고 할 수 있습니다.

25절은 3:7, 11과 대조적으로 선악과를 먹기 전 아담과 그의 아내의 상태를 보여줍니다. 한가지 분명한 것은 선악과가 성적인 지식을 주는 열매가 아니었다는 점입니다. 왜냐하면 25절에서 이미 두 사람이 부부가 된 것으로 말하고 있기 때문입니다. 따라서 선악과를 먹은 사건이 성적 금지 계

---

6) 고든 웬함, 앞의 책, 188-189쪽

율을 어긴 행위로 해석하는 것은 앞뒤가 맞지 않는 해석입니다. 적어도 그들은 선악과를 먹기 전까지 옷을 입지 않았던 것으로 보이는데, 그 기간이 얼마나 오래 되었는지 아무도 모릅니다.

〈교부들과 함께 성경 읽기〉

협력자라는 낱말을 좋은 의미로 받아들일 때, 여자의 협력은 세세 대대 매우 중요합니다. 마치 땅이 씨앗을 받아들여 제한된 공간에서 자라도록 촉진시키면, 씨앗은 제때 열매를 맺고 자라납니다. 이런 점에서, 여자는 힘이 덜 센 위치에 있지만 좋은 협력자입니다(암브로시우스, 낙원 10. 48).[7]

여자가 자녀를 낳아야 하는, 남자의 협력자로 만들어지지 않았다고 가정해봅시다. 그렇다면 여자는 어떻게 해서 남자를 도울 수 있겠습니까? 그녀가 남자와 함께 땅을 일구도록 만들어졌을 리는 거의 없습니다. 여자의 도움이 필요한 일이 아직까지는 없었기 때문입니다(아우구스티누스, 창세기 문자적 해설 9, 5, 9).[8]

하느님께서 아담의 옆구리에서 갈빗대를 뽑아 여자를 세우셨다. 여기서 성경은 '세우셨다'고 말합니다. '세우다'라는 개념은 커다란 집을 짓는 것을 뜻합니다. 결과적으로 여자를 만들기 위한 아담의 갈빗대는 사도적 권위(에페 5,32 참조)에 의해 그리스도와 교회를 나타냅니다. 이는 하느님께서 갈빗대로 여자를 지으셨다고 성경이 말하는 까닭이기도 합니

---

7) 앤드루 라우스, 앞의 책, 122쪽.
8) 위의 책, 122-123쪽.

다. 우리는 첫째 아담에 관해 들어왔으니, 이제 둘째 아담에게 가서 교회가 어떻게 둘째 아담의 옆구리에서 만들어졌는지 알아봅시다. 십자가에 달린 구세주 주님의 옆구리는 창에 찔려 피와 물이 흘러나왔습니다. 교회가 어떻게 물과 피로 세워졌는지 여러분은 알고 있지 않습니까? 첫째, 물로 세례를 받음으로써 죄는 용서되고, 그 다음 순교자가 흘린 피는 건물에 월계관을 씌웁니다(히에로니무스, 강해집 66).[9]

여러분이 겉옷을 벗으면 사제는 몸소 여러분을 흐르는 물속으로 데리고 갑니다. 그런데 왜 벌거벗습니까? 사제는 여러분이, 전에는 알몸이었어도 낙원에 있었을 때 부끄러워하지 않았음을 떠올리게 해줍니다. 거룩한 문서는 '아담과 하와는 알몸이면서도 부끄러워하지 않았다'고 말합니다. 그들이 죄라는 옷, 곧 매우 부끄러워하여 두툼한 옷을 입을 때까지는 그러했습니다(요한 크리소스토무스, 예비신자 교리교육 11, 28).[10]

9) 위의 책, 124쪽
10) 위의 책, 126쪽

선악과 3장 1-7절

지난 시간에 우리는 에덴 동산 이야기를 살펴보았습니다. 오늘부터는 에덴 동산에서 인간이 추방당한 이야기를 시작하겠습니다. 이 이야기의 핵심은 인간이 계명을 어기고 하나님이 금지한 선악과를 먹었기 때문에 불행하게 되었다는 것입니다. 본문은 기본적으로 토라의 일부입니다. 그러니까 하나님의 계명을 지키도록 하려는 교훈적 의도를 담고 있습니다. 따라서 창 3장의 내러티브를 모두 원인론(etiology)에 초점을 맞추어 해석하는 것이 바람직하지 않습니다. 예를 들면 뱀과 여자의 후손에 관한 예언을, 사람이 뱀을 싫어하게 된 기원으로 보는 것이 원인론입니다. 원인론의 관점에서 보면 남편이 아내를 다스리게 되리라는 예언은 남편의 비이성적 통제를 아내가 받아들이는 기원이 됩니다. 그리고 출산의 고통을 하와에 대한 형벌에서 찾는 것도 원인론적 해석에 속합니다. 더욱 주의해야 할 것은 마치 그런 원인론적 해석을 영원한 진리처럼 착각하는 일입니다. 먼저 본문을 읽어 봅니다.

본문 읽기

3:1 그런데 뱀은 여호와 하나님이 지으신 들 짐승 중에 가장 간교하니라 뱀이 여자에게 물어 이르되 하나님이 참으로 너희에게 동산 모든 나무의 열매를 먹지 말라 하시더냐

2 여자가 뱀에게 말하되 동산 나무의 열매를 우리가 먹을 수 있으나

3 동산 중앙에 있는 나무의 열매는 하나님의 말씀에 너희는 먹지도 말고 만지지도 말라 너희가 죽을까 하노라 하셨느니라

4 뱀이 여자에게 이르되 너희가 결코 죽지 아니하리라

5 너희가 그것을 먹는 날에는 너희 눈이 밝아져 하나님과 같이 되어 선악을 알 줄 하나님이 아심이니라

6 여자가 그 나무를 본즉 먹음직도 하고 보암직도 하고 지혜롭게 할 만큼 탐스럽기도 한 나무인지라 여자가 그 열매를 따먹고 자기와 함께 있는 남편에게도 주매 그도 먹은지라

7 이에 그들의 눈이 밝아져 자기들이 벗은 줄을 알고 무화과 나무 잎을 엮어 치마로 삼았더라

2급 3급

וְהַנָּחָשׁ הָיָה עָרוּם WTT **Genesis 3:1**

아룸 하야 뵈하나하쉬

3급 2급 3급 1급 2급 2급 3급

מִכֹּל חַיַּת הַשָּׂדֶה אֲשֶׁר עָשָׂה יְהוָה אֱלֹהִים וַיֹּאמֶר אֶל־הָאִשָּׁה אַף

아프 하이샤 - 엘 봐요메르 엘로힘 아도나이 아싸 아쉐르 하싸데 하야트 미콜

1급 2급 2급 2급

כִּי־אָמַר אֱלֹהִים לֹא תֹאכְלוּ מִכֹּל עֵץ הַגָּן׃

하간 에쯔 미콜 토흘루 로 엘로힘 아마르 - 키

1급 2급 1급 3급

2 וַתֹּאמֶר הָאִשָּׁה אֶל־הַנָּחָשׁ מִפְּרִי עֵץ־הַגָּן נֹאכֵל׃

노헬 하간 - 에쯔 미프리 하나하쉬 - 엘 하이샤 봐토메르

2급 3급 3급 3급 2급 3급

3 וּמִפְּרִי הָעֵץ אֲשֶׁר בְּתוֹךְ־הַגָּן אָמַר אֱלֹהִים לֹא תֹאכְלוּ מִמֶּנּוּ וְלֹא

뷀로 미메누 토흘루 로 엘로힘 아마르 하간 - 베토흐 아쉐르 하에쯔 우미프리

1급 1급 2급

תִגְּעוּ בּוֹ פֶּן־תְּמֻתוּן׃

테무툰 - 펜 보 티그우

1급 2급 1급 2급

4 וַיֹּאמֶר הַנָּחָשׁ אֶל־הָאִשָּׁה לֹא־מוֹת תְּמֻתוּן׃

테무툰 모트 - 로 하이샤 - 엘 하나하쉬 봐요메르

3급 1급 2급 2급 3급 3급 2급 1급

5 כִּי יֹדֵעַ אֱלֹהִים כִּי בְּיוֹם אֲכָלְכֶם מִמֶּנּוּ וְנִפְקְחוּ עֵינֵיכֶם וִהְיִיתֶם

뷔흐이템 에이네이헴 뵈니프케후 미메누 아콜헴 베욤 키 엘로힘 요데아 키

1급 2급 2급

כֵּאלֹהִים יֹדְעֵי טוֹב וָרָע׃

봐라아 토브 요드에이 켈로힘

3급 4급 4급

6 וַתֵּרֶא הָאִשָּׁה כִּי טוֹב הָעֵץ לְמַאֲכָל וְכִי תַאֲוָה־הוּא לָעֵינַיִם

라에이나임 후 - 타아봐 뵈키 레마아할 하에쯔 토브 키 하이샤 봐테레

2급 3급 1급 2급 2급 3급

וְנֶחְמָד הָעֵץ לְהַשְׂכִּיל וַתִּקַּח מִפִּרְיוֹ וַתֹּאכַל וַתִּתֵּן גַּם־לְאִישָׁהּ עִמָּהּ

이마 레이샤 - 감 봐티텐 봐토할 미프리요 봐티카흐 레하쓰킬 하에쯔 뵈네흐마드

1급

וַיֹּאכַל׃

봐요할

2급 3급 1급 2급 2급 2급 3급

7 וַתִּפָּקַחְנָה עֵינֵי שְׁנֵיהֶם וַיֵּדְעוּ כִּי עֵירֻמִּם הֵם וַיִּתְפְּרוּ עֲלֵה תְאֵנָה

테에나 알레 봐이트페루 햄 에루밈 키 봐예드우 슈네이햄 에이네이 봐티파카흐나

1급 2급

וַיַּעֲשׂוּ לָהֶם חֲגֹרֹת׃

하고로트 라헴 봐야아쑤

이제 분리 액센트를 따라 직역한 히브리어 본문을 읽어 보겠습니다. 1급 액센트를 표시한 (//)과, 2급 액센트를 표시한 (/)와, 3급 액센트를 표시한 (*)와, 4급 액센트를 표시한 (#)를 모두 적용해봅니다. 히브리어 어순과는 조금 다르지만, 1급 액센트가 있는 단어는 **고딕**처리를 했습니다.

히브리어 본문에서 그 단어가 (//) 바로 앞에 있다고 보시면 됩니다. 문장의 맨 처음에 나오는 2급 액센트가 전체 문장의 1/4 비중을 차지하고, 두 번째로 나오는 2급 액센트가 1/8을 차지하고, 세 번째로 나오는 2급 액센트는 1/16을 차지하는 원칙을 따라 읽어봅니다.

1 그런데 뱀은(뵈하나하쉬) * 영악했다(하야 아룸)/모든(미홀) * 들 짐승 중에서(하야트 하싸데)/만드신(아쉐르 아싸)/야훼 **하나님이**(아도나이 **엘로힘**)//그가 말했다(봐요메르) * 여자에게(엘 하이샤)/참으로(아프 키) * 하나님이 말씀하셨나(아마르 엘로힘)/너희들은 먹지 말아라(로 토흘루)/모든~로부터(미홀)/ 동**산의** 나무(에쯔 **하간**)//

2 여자가 말했다(봐토메르 하이샤)/**뱀**에게(엘 **하나하쉬**)//동산의 나무 열매를(미프리 에쯔 하간)/**우리가 먹는다**(노헬)//

3 하지만 그 나무 열매(우미프리 하에쯔) * 동산의 중앙에 있는(베토흐 하간)/ 하나님이 말씀하셨다(아마르 엘로힘) * 너희는 먹지 말라(로 토흘루) * 그것을(미메누)/그리고 건드리지 말라(뷀로 티그우)/**그것을**(**보**)//**죽지 않기** 위해(펜 **테무툰**)//

4 뱀이 말했다(봐요메르 하나하쉬)/여자에게(엘 **하이샤**)//**절대 죽지 않는다**(로 모트 **테무툰**)//

5 왜냐하면(키) * 하나님이 아신다(요데아 엘로힘)/접속사(키) * 그날에(베욤) * 너희들이 그것을 먹는(아홀헴 미메누)/열려진다(뵈니프케후)/**너희들의 눈이**(**에이네이헴**)//너희들이 된다(뷔흐이템) * 신들처럼(켈로힘)/아는 것(요드에이)/선과 **악을**(토브 **봐라아**)//

6 여자가 보았다(봐테레 하이샤)#그 나무가 먹기에 좋고(키 토브 하에쯔 레

마아할)#그리고 맛있게 보이고(뵈키 타아봐 후 라에이나임) *그리고 그 나무가 탐스러운 것을(뵈네흐마드 하에쯔) *지혜롭게 해주기에(레하쓰킬)/그래서 그녀가 그 열매를 땄다(봐티카흐 미프리요)/**그리고 그녀가 먹었다(봐토할)**//그리고 그녀가 그녀의 남편에게도 주었다(봐티텐 감 레이샤) * 그녀와 함께 있던(이마)/**그리고 그도 먹었**다(**봐요할**)//

7 그래서 그것들이 열려졌다(봐티파카흐나) * 그들의 눈이(에이네이 슈네이햄)/그리고 그들이 알았다(봐예드우)/벗었음을(키 에루밈)/**그들이**(**햄**)//그래서 그들이 엮었다(봐이트페루) *무화과 잎을(알레 테에나)/그리고 그들을 위해 만들었다(봐야아쑤 라헴)/**치마를**(**하고로트**)//

관찰과 해석

1절에서 느닷없이 등장하는 뱀은 독자들을 당황하게 합니다. 그 뱀은 말을 할 수 있고, 사람을 유혹하여 선악과를 먹게 할 만큼 치명적인 지혜를 가졌습니다. 이 뱀을 단순하게 동물로 보아야 할까요, 영적 존재로 보아야 할까요? 만약에 동물이라면 어떻게 하나님의 계명을 알 수 있으며, 사람을 에덴 동산에서 추방당하게 만든 동기가 무엇인지 궁금해집니다. 고대 탈무드에 의하면 원시 상태의 뱀은 오늘날의 뱀과 달리 직립보행을 했고, 음식 섭취에 있어서 사람과 닮았었다고 합니다(B. Sota 9b). 그런 해석은 3:14에서 하나님이 뱀에게 '평생 흙을 먹을 것이라'고 하신 선고에 대한 해석입니다. 신 구약 중간기 요한 히르카누스 시절 씌어진 것으로 보이는 희년서(3:28), 1세기 알렉산드리아의 유대인 철학자 필로의 저작(156), 주후 90년대에 씌어진 요세푸스의 고대기(1:41)에는 모든 짐승들이 본래 말을 할 줄 알았다고 되어 있습니다. 희년서에 따르면 아담과 하와가 쫓겨난 다음에 모든 짐승들도 말하기를 그쳤지만, 그 이전에는 언어도 하나요

말도 하나였기 때문에, 서로 의사소통을 했다고 합니다.[1] 어쨌거나 창세기 3장에 나오는 원시 뱀은 하나님이 만든 동물이었다고 보는 것이 타당합니다(1절). 이 뱀을 사탄의 현현 혹은 사탄에게 조종 받는 자처럼, 사탄과 연관시켜 해석해야 할 근거는 없습니다. 구약 성경에서 사탄에 관해 가장 오래된 기록인 욥기 1:7에도 사탄은 하나님의 심부름꾼이며, 죄인에 대한 고발자일 뿐입니다. 뱀을 사탄의 하수인으로 보는 해석은 요한계시록과 동시대에 씌어진 것으로 보이는 모세의 묵시에 다음과 같이 나와 있습니다.

> "두려워하지 말아라. 너는 단지 나의 도구가 되는 것뿐이야. 내가 너의 입을 통해 말하겠고, 그렇게 하면 너는 그들을 속일 수 있게 될 거야"(16:4).
>
> "후에 하와가 이렇게 회상했다; 악마가 뱀의 입을 통해서 나에게 대답했다" (17:4).[2]

따라서 뱀을 사탄 혹은 사탄의 하수인으로 보는 견해는 창조 이야기 화자의 관점이 아니라 훨씬 후대의 것입니다. 카수토는 창조 이야기의 화자가 인간으로 하여금 하나님의 계명을 어기게 만든 장본인을 뱀으로 묘사한 이유를 토라의 성격에서 찾습니다. 토라가 고대 근동의 신화를 맹목적으로 수용하지 않고, 오히려 유일신교적 교리를 가르치기 위한 방편으로 사용하기 때문이라는 것입니다.[3] 그런 관점에서 창세기 3장의 뱀은 신화적 존재가 아니라 하나님의 피조물이며, 신과 맞서는 존재가 아니라 인간을 속이는 동물로 묘사됩니다. 굳이 근동신화에서의 뱀과 창조 이야기에서의 뱀의 공통점을 찾는다면 우주 질서를 파괴하는 악역이라는 정도입니다.

---

1) 이진희, 유대인과 함께 읽는 창세기, 쿰란출판사, 2002, 45쪽.
2) 위의 책, 45쪽.
3) Cassuto, 앞의 책, 141쪽.

고대 근동 신화와 구약 성경에 나오는 뱀에 관한 이야기를 해보겠습니다.

수메르, 바벨론, 앗시리아 등 메소포타미아 전승에서의 뱀은 마르둑과 티아맛 사이에 벌어진 우주적 전쟁에 등장합니다. 뱀은 여러 다른 모습으로 묘사되는데, 일곱 개의 머리를 가졌던 것으로 알려진 뱀 혹은 용 무슈슈는 바빌론 왕궁 정문의 수호자입니다. 길가메쉬 서사시에서 뱀은 생명나무를 가져가 버립니다. 지하세계의 신으로서 치료의 신이자 에쉬눈나의 신 니나주의 경호원은 뱀입니다. 이집트에서 밤을 주관하는 뱀 신 아포피스는 매일의 우주적 전쟁에서 태양신에 의해 쫓겨납니다. 파라오의 수호자로서 머리에 장식된 우레오스는 코브라입니다. 우가리트와 페니키아의 뱀 전승은 메소포타미아와 이집트의 것을 반영하고 있습니다. 우가리트의 바알 서사시에서 뱀 로탄은 우주적 전쟁에서 바알에 의해 죽임 당하고, 그 결과 바알은 만신전의 수장 엘의 후계자가 됩니다. 그러니까 고대 근동 신화에서 뱀은 "죽음과 지하세계" "생명과 치료"에 관계되어 있습니다.[4)]

이제는 구약 성서를 찾아 보겠습니다.

창조 이야기(창 3)에서 아담과 하와를 유혹했던 뱀(나하쉬)은, 출애굽기에서 모세와 아론이 일으킨 기적에 등장합니다. 하나님의 부르심을 받은 모세는 지팡이로 뱀을 만드는 기적을 통해 야훼 하나님의 능력을 체험합니다. 그 체험은 동족들에게 전해져야 했습니다(출 4:1-4, 28). 그리고 파라오의 마술사들이 만든 뱀은 모세가 지팡이로 만든 뱀에 의해 여지 없이 제압됩니다.[5)] 그것은 파라오의 수호신이 야훼 하나님의 대리자에 의해 패

4) Leslie S. Wilson, *Nachash and Asherah*, 1999, 14-17쪽.

5) 히브리어 성서에는 아론의 지팡이가 괴물(타닌)이 되었다고 되어 있습니다(출 7:9,10). 그 괴물은 다섯째 날에 만들어진 생물입니다(창 1:21).

퇴됨을 보여줍니다. 민수기에서 불 뱀에게 물린 이스라엘을 치료하는 방편으로서 장대에 놋 뱀을 매달아 보게 합니다. 그리고 그 놋 뱀은 민간에서 숭배의 대상이 되었다가 히스기야에 의해 파괴됩니다(왕하 18:4). 그것은 치료와 죽음을 관장한다고 믿어진 뱀이 하나님이 사용하시는 방편일 뿐이라는 이스라엘의 믿음을 반영합니다.

민수기(민 21:6-10)에는 불 뱀(하나하심 하쎄라핌)가 나오는데, 이사야의 환상에 나오는 스랍(쎄라핌)과 이름이 같습니다(사 6:2).[6] 예언서들(사 14:29, 27:1)에서 뱀은 야훼 하나님이 무찌르시는 대상이 됩니다. 고대 근동 신화에서 삶과 죽음, 이승과 저승을 주관하는 뱀 신은 성경에서 하나님으로 대치됩니다.

> "이제는 나 곧 내가 그인 줄 알라 나 외에는 신이 없도다 나는 죽이기도 하며 살리기도 하며 상하게도 하며 낫게도 하나니 내 손에서 능히 빼앗을 자가 없도다"(신 32:39)
>
> "여호와는 죽이기도 하시고 살리기도 하시며 스올에 내리게도 하시고 거기에서 올리기도 하시는 도다"(삼상 2:6)
>
> 성문서와 예언서들에서 뱀 혹은 용은 야훼 하나님에 의해 제압되는 적들입니다.
>
> "날을 저주하는 자들 곧 리워야단(용, 바다괴물, 뱀)을 격동시키기에 익숙한 자들이 그 밤을 저주하였더라면"(욥 3:8)
>
> "내가 바다니이까 바다 괴물(타닌)이니이까 주께서 어찌하여 나를 지키시나이까"(욥 7:12)
>
> "그는 능력으로 바다를 잔잔하게 하시며 지혜로 라합(바다괴물)을 깨뜨리

---

6) 쎄라핌들이 날개가 있다는 것은 불 뱀이 날아다녔다는 묘사를 연상하게 합니다.

시며 그의 입김으로 하늘을 맑게 하시고 손으로 날렵한 뱀을 무찌르시나니"(욥 26:12-13)

"주께서 주의 능력으로 바다를 나누시고 물 가운데 용들(타니님)의 머리를 깨뜨리셨으며 리워야단의 머리를 부수시고 그것을 사막에 사는 자에게 음식물로 주셨으며"(시 74:13-14)

"그 날에 여호와께서 그의 견고하고 크고 강한 칼로 날랜(날아다니는) 뱀 리워야단을 벌하시며 바다에 있는 용(타닌)을 죽이시리라"(사 27:1)

"여호와의 팔이여 깨소서 깨소서 능력을 베푸소서 옛날 옛 시대에 깨신 것 같이 하소서 라합을 저미시고 용(타닌)을 찌르신 이가 어찌 주가 아니시며" (사 51:9)

"인자야 너는 애굽의 바로 왕에 대하여 슬픈 노래를 불러 그에게 이르라 너를 여러 나라에서 사자로 생각하였더니 실상은 바다 가운데의 큰 악어(타닌)라 강에서 튀어 일어나 발로 물을 휘저어 그 강을 더럽혔도다(겔 32:2)

이제는 선악과를 살펴보겠습니다.

선악과를 이름대로 소개하면 '선과 악의 지식 나무 열매'입니다. 그러니까 선악과는 지식을 주는 열매입니다. 그렇다면 '선과 악'의 지식이란 무엇을 가리키는 것일까요? 먼저 성경에서 '선과 악'이라는 단어가 어린 아이에게 사용된 예를 찾아 봅니다. '선악을 분별하지 못하던 너희의 자녀들'(신 1:39), '그가 악을 버리며 선을 택할 줄 알 때가 되면...대저 이 아이가 악을 버리며 선을 택할 줄 알기 전에'(사 7:15, 16). 여기서 '선과 악'은 성인의 지식을 가리킵니다. 또는 '선과 악'이 노인에게 사용된 경우도 있습니다. '내 나이가 이제 팔십 세라 어떻게 좋고 흉한 것(선과 악)을 분간할 수 있사오며 음식의 맛을 알 수 있사오리이까 어떻게 다시 노래하는 남자나 여인의 소리를 알아 들을 수 있사오리이까'(삼하 19:35).

여기서도 '선과 악'은 오감으로 알아낼 수 있는 성인의 분별력을 가리켰습니다. 그런가 하면 '선과 악'이 영적 존재들의 비상한 지식을 가리키기도 했습니다. '내 주 왕께서 하나님의 사자 같이 선과 악을 분간하심이니이다'(삼하 14:17). 한마디로 '선과 악'은 총체적 지식을 가리킵니다. 하나님은 복수심에 불타는 라반에게 '너는 선악 간에(선에서 악까지) 야곱에게 말하지 말라'고 하셨습니다(창 31:24, 29). 그러니까 시시비비를 가리지 말도록 금지하신 것입니다.

다시 본문으로 돌아와서 아담과 하와에게 '선과 악' 개념을 적용해봅니다. 성경의 용례에 비추어볼 때 에덴 동산에서의 아담과 하와가 가졌던 지식은 아직 어린이의 수준이었다고 할 수 있습니다. 구체적으로 말하면 아직 그들에게는-선악과와 생명과일로 상징되는-죽음과 영생에 대한 지식이 없었습니다. 그렇기 때문에 더더욱 하나님의 계명을 따라 행동하는 것이 중요했습니다. 주목할 만한 사실은 하와가 뱀에게 유혹을 받는 현장에 아담이 있었다는 사실입니다(6절). 그것은 아담이 하와가 주는 선악과를 먹었을 뿐 아니라, 뱀의 유혹에 적극적으로 저항하지 않았음을 보여줍니다.

결국 본문은 아담이 하나님의 계명을 어기고 선악과를 먹은 일에 분명한 책임을 묻고 있습니다. 따라서 나중에 아담이 하나님께 선악과 먹게 된 책임을 하와에게 돌린 것은 명백한 사실 왜곡입니다. 또 한가지 주목할 부분은 하와가 뱀에게 하나님의 명령을 재 진술하면서 "그것을 건드리지 마라, 너희가 죽지 않도록"(3절)라고 한 부분입니다.

종종 이 구절은 하와가 하나님의 명령을 왜곡한 것으로 해석됩니다. 실제로 그녀는 하나님의 허락과 금지 조항의 여러 문구를 변경시켰습니다. 이를테면 동산 모든 나무의 열매를 먹을 수 있다는 허락 조항(2:16)에서 '모든'이라는 단어를 뺀 채 그냥 동산 나무의 열매를 먹을 수 있다(3:2)고

했습니다. 그리고 선악과를 먹지 말라는 금지 조항(2:17)을, 동산 가운데 있는 그 나무의 열매를 먹지 말라고 변경했습니다. 동산 가운데에는 선악과뿐 아니라 생명 나무도 있었지만, 하와는 선악과만 언급했습니다. 그러나 "건드리지 마라, 죽지 않도록"이라고 변경시킨 문구가 하나님의 원래 명령을 왜곡했다고 볼 수 없습니다. 카수토는 하와가 "건드리지 마라"고 삽입시킨 문구가 "먹지 말라"와 동의로 해석합니다. 그 예로서 '건드리다'는 의미의 동사 '나가(נגע)'가 금지의 상징으로 사용된 용례를 듭니다. 하나님이 아비멜렉으로 하여금 사래와 접촉하지 못하도록 금지한 것(창 20:6), 아비멜렉이 백성들로 하여금 이삭과 리브가에게 손대지 못하도록 금지한 것(창 26:11)이 그 예가 됩니다. 그리고 한글 성경에서 "죽을까 하노라"로 번역된 구절은 "죽지 않도록"이라는 의미입니다. 따라서 하와가 선악과를 먹는 위험을 왜곡했다고 볼 수 없습니다.

창 3장에서 해석을 요하는 또 한 구절은 "하나님과 같이 되어"(5절)입니다. 여기서 '하나님과 같이 되어 선악을 알 줄'을 '선악을 아는 일에 신들처럼 될 줄을'이라고 해석하는 것이 낫습니다. 만약에 하나님(엘로힘)을 야훼 하나님으로 해석하면, 뒤이어 나오는 "알 줄(요드에이)"이라는 동사가 복수형으로 되어 있는 사실과 맞지 않습니다.[7] 그런데 '엘로힘'을 신적 존재들(천사들)로 해석하면 "선악을 아는 일에 우리 중 하나 같이 되었으니"(22절)과 잘 맞습니다. 주후 11세기의 유대인 주석가 이븐 에즈라도 '엘로힘'을 천사들로 해석했습니다.

선악과 이야기의 핵심은 뱀이 여자에게 탐욕과 질투와 분노를 일으켜 하나님의 계명을 어기게 했다는 것입니다. 그것은 뱀이 하와에게 던진 유

---

7) KJV는 '하나님처럼'을 히브리어 본문대로 'as gods'로 번역했습니다.

혹의 말을 정리해보면 알 수 있습니다. 즉, 선악과를 먹으면 하나님(신들)처럼 지혜롭게 된다(탐욕). 하나님은 인간이 신들처럼 지혜롭게 되기를 원치 않는다(질투). 선악과를 먹어도 죽지 않는 사실은 하나님도 잘 알고 있다(속았다는 느낌-분노)는 것입니다. 그리고 선악과 이야기의 화자는 능숙한 언어 유희를 통해 인간이 맞은 비극을 표현합니다. 하나님처럼 지혜롭게 되기를 원했던 그들이 깨닫게 된 최초의 사실은 자신들의 벌거벗은 모습이었다는 것입니다. 그들은 벌거벗은 모습을 가리기 위해 무화과 잎으로 거들을 만들어 하체를 가렸습니다. 그것이 지혜로운 행동의 시작이었습니다. 치마로 하체를 가린 일을 인간의 맨 처음 지혜로운 행동으로 기록한 것은, 히브리적 지혜의 출발점을 보여줍니다. 지혜와 어리석음, 떳떳함과 부끄러움은 하체를 가리는 행위로 구분됩니다(출 20:26, 사 3:17 참조).

그렇다면 뱀은 거짓말을 했던 것일까요? 뱀은 인간이 선악과를 먹으면 하나님(신적 존재)처럼 되고, 결코 죽지 않고, 하나님도 그 사실을 알고 있다고 했습니다. 실제로 아담과 하와는 선악과를 먹은 즉시 죽지 않았습니다. 오히려 인간은 선악과를 먹었기 때문이라기 보다 생명나무 과실을 먹지 못했기 때문에 죽게 되었습니다. 그런데 선악과를 먹은 이후 지금까지 인간의 지혜는 계속 발전하고 있습니다. 특히 과학 분야에 있어서 인간의 지혜는 고대인들이 신들에게서도 기대하지 못했을 정도로 눈부시게 발전했습니다. 그리고 선악과라는 이름이 말해주듯, 인간이 그 열매를 먹을 경우 지혜롭게 되리라는 것은 하나님이 먼저 알고 있었습니다. 그러나 뱀은 진실의 일부를 은폐했습니다. 선악과를 먹으면 생명나무의 열매를 먹지 못하게 될 것을 말해주지 않았습니다. 신들처럼 지혜롭게 되는 과정은 자신의 부끄러움을 아는 데서 출발해야 한다는 것도 말해주지 않았습니다. 하나님이 선악과 섭취를 금지한 것은 지혜롭게 되기를 막은 것이 아니라, 독립적 지혜를 추구하는 것을 금지한 것이었습니다. 하나님이 인간을 창조한 목적 가운데 하나는 자연을 다스리고 개발하는 것이었습니다. 그것은 지혜를 필요로 하는 작업이며, 하나님은 인간을 축복하므로 그것이 가능하게 했습니다(1:27-28). 계명을 어기고 선악과를 먹은 결과, 인간은 지혜로 자연을 다스리고 또 한편으로는 파괴하고 있습니다. 그 지혜가 긍정적으로 사용되기 보다 파괴적으로 더 많이 사용되는 이유는 처음부터 탐욕으로 지혜를 구했기 때문입니다.

이제는 원죄 교리에 대해 잠시 생각해보겠습니다.

전통적으로 창세기 3장은 인간의 타락 혹은 악의 기원에 관한 설명으로 간주되었습니다. 신구약 중간기에 씌어진 에스라 4서 7, 118에 다음과 같은 구절이 있습니다.

"오 아담, 당신은 어떤 일을 하셨습니까?
죄를 지은 것은 당신이었어도
타락은 오직 당신 것 만이지는 않습니다.
그것은 당신의 후손들인 우리의 것이기도 한 것입니다."[8]

이런 관점은 뱀을 마귀로 묘사하고(계 12:9, 14, 15, 20:2), 창세기 3:15을 그리스도에 대한 예언으로 해석하면서 널리 유포되었습니다. 이런 관점은 창세기 3장이 창조 이야기의 일부가 아닌 구속사의 일부로 보게 만듭니다. 창 3장을 인간 타락의 기원으로 보는 관점은 아우구스티누스에 이르러 원죄 교리로 자리잡습니다. 아우구스티누스의 전형적인 해석은 이렇습니다. "인간의 타락은 더 낮은 실존 수준으로 내려앉는 것으로 이해된다. 이에

8) 클라우스 베스터만, 창조, 분도출판사, 1974, 178쪽.

죄는 어떤 것의 결핍이 아니라 존재의 어떤 실질적인 저락(degradation)으로 이해되어야 할 것이다"(O. Loretz, *Schöpfung und Mythus*, 20-30면). (창조에 대한 그리스도교적 이해에 관한 아우구스티누스계의 전통과 신학적 전통의 영향"참조)[9] 베스터만은 아우구스티누스의 해석이 극히 옳지 못한 전제 즉, 현재 역사가 타락으로 시작되고, 타락에 앞선 "원래의 상태"가 현재 역사와 전적으로 구분되는 이상적으로 무구한 상태였다는데 기초하고 있음을 지적합니다.[10] 이처럼 원죄 교리의 관점에서 창 3장 읽는 것의 문제점을 지적하는 학자들이 더 있습니다. 카수토나 샤마이 같은 유대인 학자들은 창 3장을 토라의 관점으로 보아야 할 것을 강조합니다. 예를 들어 카수토는 창세기 3장의 기록 목적은 세상에 있는 악의 기원을 철학적으로 설명하는데 있지 않으며, 인간의 부패한 마음에 도덕적 교훈을 주는데 있다고 봅니다.[11] 샤마이는 창 3장이 1-11장에 나오는 내러티브의 일부이기 때문에, 하나님의 창조가 통치를 통해 계속되고 있다는 관점(*creatio continua*)으로 해석할 필요가 있음을 강조합니다. 더 나아가 창조 이야기의 동기가 인간의 타락과 형벌보다, 하나님의 선하심과 선택의 자유에 대한 태도에 있다고 주장합니다.[12] 실제로 창세기 3장은 인간의 타락에 관한 설명 이외 많은 주제들이 다루어지고 있으며, 아담과 하와에 대한 하나님의 태도는 심판이라기 보다 교정 혹은 보호의 차원으로 보입니다. 그리고 가인의 후손 가운데 두발가인, 유발처럼 인류 문명의 발전을 주도한 인물들의 이야기는 타락의 관점에서 창 3장을 읽던 독자를 어리둥절하게 만듭니다.

---

9) 위의 책, 179쪽에서 재 인용.

10) 위의 책, 179쪽.

11) Cassuto, Commentary on Genesis I, Magness Press, 1998, 139쪽.

12) Shamai Gelander, *THE GOOD CREATOR Literature and Theology in Genesis 1-11*, Scholars Press, ,1997, 4,9쪽에서 인용.

마지막으로 지식을 추구하던 원 인류와 관계된 유적 하나를 소개하겠습니다. 톰 녹스가 쓴 <창세기의 비밀>[13]이라는 소설로 더욱 유명해진 유적인데요, 터키 동남부 산우르파 북쪽으로 12km 지점에 있는 12,000년 전 '괴베클리 테페(현지어로 배불뚝이 언덕)' 유적입니다. 1963년 시카고 대학과 이스탄불 대학의 공동조사로 세상에 알려지기 시작했고, 1994년부터 2014년까지 독일 고고학자 클라우스 슈미트에 의해 본격적으로 발굴되기 시작했습니다. 이 유적의 특징은 높이 약 5.5미터의 T자형 돌 200개가 20여 개의 원을 그리며 서 있다는 것입니다. 이 돌들의 무게는 각각 약 10~20톤이며, 각종 짐승과 곤충들의 그림이 새겨져 있습니다. 아마도 2000년 이상 신전으로 사용되었을 것으로 추정됩니다.

이 신전이 세워진 시기는 2000년에 걸친 빙하기가 끝나갈 무렵이며, 아직 문자나 청동기 수레바퀴를 사용한 적이 없었습니다. 아직 농업혁명도 일어나지 않았습니다. 그리고 아마도 돌 하나를 옮기기 위해서 약 500명의 사람이 동원되었을 것으로 보입니다. 유적에서는 식용으로 사용되었던 짐승의 뼈가 거의 발견되지 않아서, 다른 곳에서 음식을 가지고 와서 먹을 것으로 추정합니다. 이 유적은 알 수 없는 이유로 오랜 시간에 걸쳐 8000년 전에 의도적으로 매장되었습니다. 아마도 농업 혁명으로 인해 더 이상 신전이 필요 없어졌던 것이 아니었나 합니다.

더욱 놀라운 것은 레이저로 탐사해본 결과 지하에 15,000년 전 조성된 인공구조물이 보인다는 사실입니다. 그때는 메머드가 뛰어 놀던 플라이토세 기간이었습니다. 중요한 것은 이 유적이 지금까지의 가설을 뒤집어 엎는다는 것입니다. 지금까지의 가설은 농업혁명 → 정착생활 → 종교의 탄생 → 부족국가의 순서로 역사가 진행되었을 것으로 보았습니다. 그런데

13) 창세기의 비밀, 톰 녹스, 서대경 옮김, 레드박스, 2010년

괴베클리 테페의 발굴로 종교의 탄생 → 농업혁명 → 정착생활 → 부족국가의 순서로 바뀔 수밖에 없는 처지가 되었습니다. 괴베클리 테페를 건설한 인력은 대규모 정착민이 아니라, 인간에 흩어져 사는 소규모 수렵 채집인이었기 때문입니다.

그 동안 대부분의 역사학자들은 에덴 동산 이야기를 읽으면서, 농업 혁명이 있기 전에 무슨 종교가 있었느냐고 코웃음을 쳤습니다. 그러나 이 유적의 발굴로 인류 역사에서 종교가 가장 먼저 생겨났다는 사실을 부인할 수 없게 되었습니다. 창세기 3장의 관점에서 보자면 아담과 하와의 후손들이 농업 기술을 획득하기 전 종교 생활을 했다고 볼 수 있는 대목입니다.

〈교부들과 함께 성경 읽기〉

뱀은 확실히 단순하지 않은 악마를 나타냅니다. 뱀의 영리함은 뱀이 모든 짐승보다 더 슬기롭다는 사실로 드러납니다. 뱀은 하느님께서 만드신 짐승들 가운데 속해 있지만, 낙원에 있다고는 말하지 않았습니다. 낙원은 행복한 삶을 나타내지만, 뱀은 이미 악마였기 때문에 행복한 삶과는 전혀 무관하였기 때문입니다. 뱀은 진리 안에 머무르지 않았기 때문에 더할 나위 없는 제 행복과는 멀리 떨어져 있었습니다. 그렇다고 여자는 낙원에 있었고 뱀은 없었는데, 어떻게 뱀이 여자에게 말할 수 있었는지 어리둥절해할 필요는 없습니다. 사도가 "여러분은 한때 이 세상의 풍조에 따라, 공중을 다스리는 지배자, 곧 지금도 순종하지 않는 자들 안에서 작용하는 영을 따라 살았습니다"(에페 2.2)고 암시하듯이, 뱀은 육적으로가 아니라 영적으로 낙원에 들어갔습니다(아우구스티누스, 마니교도 반박 창세기 해설 2, 14, 20).[14]

14) 앤드루 라우스, 교부들의 성경주해, 분도출판사, 2008, 130쪽.

낙원에서 분명 영혼이 먼저 반항하기 시작했습니다. 명령을 어기도록 수락하는 과정이 일어났습니다. 이는 뱀이 '너희가 신들처럼 될 것이다'고 말한 이유입니다. 완전한 사람은 죄를 지었습니다. 따라서 육은 사악한 육이 되었고, 육이 저지른 잘못은 사악한 육과 비슷한 모습으로 오신 분에 의해서만 치유될 수 있었습니다(아우구스티누스, 율리아누스 반박 5,4,17).[15)]

하와가 하느님의 말씀을 거슬러 그분에게서 달아나리라는 [타락한] 천사의 말에 유혹되었듯이, 마리아는 하느님의 말씀에 순종함으로써 하느님을 낳으리라는 기쁜 소식을 한 천사에게서 들었습니다. 하와는 하느님께 순종하지 말라고 유혹받[고 타락하였지만]. 마리아는 하느님께 확신을 가지고 순종하여, 동정녀 마리아는 처녀 하와의 대변자가 되었습니다. 인류는 한 처녀의 행위로 죽음의 지배를 받았지만 한 동정녀에 의해 구해졌고, 한 처녀의 불순종은 다른 동정녀의 순종에 의해 제대로 균형 잡히게 되었습니다(이레네우스, 이단반박 5,19,1).[16)]

---

15) 위의 책, 131쪽

16) 위의 책, 133쪽.

재판 받다 3장 8-21절

지금까지 아담과 하와가 선악과 먹은 사건을 살펴보았습니다. 이제는 선악과 사건을 하나님이 어떻게 다루셨는지 생각해보려고 합니다. 유대교와 그리스도교 역사에서 본문은 시대마다 다양한 해석들을 낳았습니다. 먼저 본문을 읽어 보겠습니다.

8 그들이 그날 바람이 불 때 동산에 거니시는 여호와 하나님의 소리를 듣고 아담과 그의 아내가 여호와 하나님의 낯을 피하여 동산 나무 사이에 숨은 지라

9 여호와 하나님이 아담을 부르시며 그에게 이르시되 네가 어디 있느냐

10 이르되 내가 동산에서 하나님의 소리를 듣고 내가 벗었으므로 두려워하여 숨었나이다

11 이르시되 누가 너의 벗었음을 네게 알렸느냐 내가 네게 먹지 말라 명한 그 나무 열매를 네가 먹었느냐

12 아담이 이르되 하나님이 주셔서 나와 함께 있게 하신 여자 그가 그 나무 열매를 내게 주므로 내가 먹었나이다

13 여호와 하나님이 여자에게 이르시되 네가 어찌하여 이렇게 하였느냐 여자가 이르되 뱀이 나를 꾀므로 내가 먹었나이다

14 여호와 하나님이 뱀에게 이르시되 네가 이렇게 하였으니 네가 모든 가축과 들의 모든 짐승보다 더욱 저주를 받아 배로 다니고 살아 있는 동안 흙을 먹을지니라

15 내가 너로 여자와 원수가 되게 하고 네 후손도 여자의 후손과 원수가 되게 하리니 여자의 후손은 네 머리를 상하게 할 것이요 너는 그의 발꿈치를 상하게 할 것이니라 하시고

16 또 여자에게 이르시되 내가 네게 임신하는 고통을 크게 더하리니 네가
수고하고 자식을 낳을 것이며 너는 남편을 원하고 남편은 너를 다스릴
것이니라 하시고

17 아담에게 이르시되 네가 네 아내의 말을 듣고 내가 네게 먹지 말라 한
나무의 열매를 먹었은즉 땅은 너로 말미암아 저주를 받고 너는 네 평생
에 수고하여야 그 소산을 먹으리라

18 땅이 네게 가시덤불과 엉겅퀴를 낼 것이라 네가 먹을 것은 밭의 채소인즉

19 네가 흙으로 돌아갈 때까지 얼굴에 땀이 흘러야 먹을 것을 먹으리니 네
가 그것에서취함을 입었음이라 너는 흙이니 흙으로 돌아갈 것이니라
하시니라

20 아담이 그의 아내의 이름을 하와라 불렀으니 그는 모든 산 자의 어머니
가 됨이더라

21 여호와 하나님이 아담과 그의 아내를 위하여 가죽옷을 지어 입히시니라

(한글 개역개정)

1급 2급 3급 4급

8 וַיִּשְׁמְעוּ אֶת־קוֹל יְהוָה אֱלֹהִים מִתְהַלֵּךְ בַּגָּן לְרוּחַ הַיּוֹם וַיִּתְחַבֵּא

봐이트하베 하욤 레루아흐 베간 미트할레흐 엘로힘 아도나이 콜 - 에트 봐이슈메우

1급 2급 2급 3급 3급 4급

הָאָדָם וְאִשְׁתּוֹ מִפְּנֵי יְהוָה אֱלֹהִים בְּתוֹךְ עֵץ הַגָּן׃

하간 에쯔 베토흐 엘로힘 아도나이 미프네이 붸이쉬토 하아담

1급 2급 1급 2급 3급

9 וַיִּקְרָא יְהוָה אֱלֹהִים אֶל־הָאָדָם וַיֹּאמֶר לוֹ אַיֶּכָּה׃

아예카 로 봐요메르 하아담 - 엘 엘로힘 아도나이 봐이크라

1급 2급 3급 1급 2급 2급

10 וַיֹּאמֶר אֶת־קֹלְךָ שָׁמַעְתִּי בַּגָּן וָאִירָא כִּי־עֵירֹם אָנֹכִי וָאֵחָבֵא׃

봐에하베 아노히 에롬 - 키 봐이라 바간 샤마아티 콜하 - 에트 봐요메르

3급 3급 1급 2급 2급 3급 2급

11 וַיֹּ֕אמֶר מִ֚י הִגִּ֣יד לְךָ֔ כִּ֥י עֵירֹ֖ם אָ֑תָּה הֲמִן־הָעֵ֗ץ אֲשֶׁ֧ר צִוִּיתִ֛יךָ

찌뷔티하 아쉐르 하에쯔 - 하민 아타 에롬 키 레하 히기드 미 봐요메르

1급 2급

לְבִלְתִּ֥י אֲכָל־מִמֶּ֖נּוּ אָכָֽלְתָּ׃

아할타 미메누 - 아홀 레빌티

3급 2급 3급 1급 2급

12 וַיֹּ֖אמֶר הָֽאָדָ֑ם הָֽאִשָּׁה֙ אֲשֶׁ֣ר נָתַ֣תָּה עִמָּדִ֔י הִ֛וא נָֽתְנָה־לִּ֥י

리 - 나트나 후 이마디 나타타 아쉐르 하이샤 하아담 봐요메르

1급 2급

מִן־הָעֵ֖ץ וָאֹכֵֽל׃

봐오헬 하에쯔 - 민

2급 3급 1급 2급 3급

13 וַיֹּ֨אמֶר יְהוָ֧ה אֱלֹהִ֛ים לָאִשָּׁ֖ה מַה־זֹּ֣את עָשִׂ֑ית וַתֹּ֙אמֶר֙ הָֽאִשָּׁ֔ה

하이샤 봐토메르 아씨트 조트 - 마 라이샤 엘로힘 아도나이 봐요메르

1급 2급

הַנָּחָ֥שׁ הִשִּׁיאַ֖נִי וָאֹכֵֽל׃

봐오헬 히쉬아니 하나하쉬

3급 2급 3급 3급 1급

14 וַיֹּאמֶר֩ יְהוָ֨ה אֱלֹהִ֥ים ׀ אֶֽל־הַנָּחָשׁ֮ כִּ֣י עָשִׂ֣יתָ זֹּאת֒ אָר֤וּר אַתָּה֙

아타 아루르 조트 아씨타 키 하나하쉬 - 엘 엘로힘 아도나이 봐요메르

2급 2급 1급 2급 2급

מִכָּל־הַבְּהֵמָ֔ה וּמִכֹּ֖ל חַיַּ֣ת הַשָּׂדֶ֑ה עַל־גְּחֹנְךָ֣ תֵלֵ֔ךְ וְעָפָ֥ר תֹּאכַ֖ל

토할 뵈아파르 텔레흐 게혼하 - 알 하싸데 하야트 우미홀 하베헤마 - 미홀

1급

כָּל־יְמֵ֥י חַיֶּֽיךָ׃

하예이하 예메이 - 콜

3급 1급 2급 2급 3급 3급 4급

15 וְאֵיבָ֣ה ׀ אָשִׁ֗ית בֵּֽינְךָ֙ וּבֵ֣ין הָֽאִשָּׁ֔ה וּבֵ֥ין זַרְעֲךָ֖ וּבֵ֣ין זַרְעָ֑הּ ה֚וּא

후 자르아 우베인 자르아하 우베인 하이샤 우베인 베인하 아쉬트 뵈에바

1급 2급 2급

יְשׁוּפְךָ֣ רֹ֔אשׁ וְאַתָּ֖ה תְּשׁוּפֶ֥נּוּ עָקֵֽב׃ ס

아케브 테슈페누 뵈아타 로쉬 예슈프하

2급 2급 3급 3급

16 אֶל־הָאִשָּׁה אָמַר הַרְבָּה אַרְבֶּה עִצְּבוֹנֵךְ וְהֵרֹנֵךְ בְּעֶצֶב תֵּלְדִי

텔디 베에쩨브 뵈헤로네흐 이쯔보네흐 아르베 하르바 아마르 하이샤 - 엘

1급 2급 2급 3급 1급

בָנִים וְאֶל־אִישֵׁךְ תְּשׁוּקָתֵךְ וְהוּא יִמְשָׁל־בָּךְ׃ ס

바흐 - 임숄 뵈후 테슈카테흐 이쉐흐 - 뵈엘 바님

2급 3급 2급 3급 3급

17 וּלְאָדָם אָמַר כִּי־שָׁמַעְתָּ לְקוֹל אִשְׁתֶּךָ וַתֹּאכַל מִן־הָעֵץ אֲשֶׁר

아쉐르 하에쯔 - 민 봐토할 이슈테하 레콜 샤마타 - 키 아마르 울레아담

3급 2급 3급 1급 2급 2급 3급

צִוִּיתִיךָ לֵאמֹר לֹא תֹאכַל מִמֶּנּוּ אֲרוּרָה הָאֲדָמָה בַּעֲבוּרֶךָ בְּעִצָּבוֹן

베이짜본 바아부레하 하아다마 아루라 미메누 토할 로 레모르 찌뷔티하

1급 2급 2급

תֹּאכְלֶנָּה כֹּל יְמֵי חַיֶּיךָ׃

하예이하 예메이 콜 토할레나

1급 2급 1급 2급

18 וְקוֹץ וְדַרְדַּר תַּצְמִיחַ לָךְ וְאָכַלְתָּ אֶת־עֵשֶׂב הַשָּׂדֶה׃

하싸데 에쎄브 - 에트 뵈아할타 라흐 타쯔미아흐 뵈다르다르 뵈코쯔

2급 2급 2급 3급 2급 3급

19 בְּזֵעַת אַפֶּיךָ תֹּאכַל לֶחֶם עַד שׁוּבְךָ אֶל־הָאֲדָמָה כִּי מִמֶּנָּה

미메나 - 키 하아다마 - 엘 슈브하 아드 레헴 토할 아페이하 베제아트

1급 2급 2급 1급

לֻקָּחְתָּ כִּי־עָפָר אַתָּה וְאֶל־עָפָר תָּשׁוּב׃

타슈브 아파르 - 뵈엘 아타 아파르 - 키 루카흐타

1급 2급 3급 1급 2급 3급

20 וַיִּקְרָא הָאָדָם שֵׁם אִשְׁתּוֹ חַוָּה כִּי הִוא הָיְתָה אֵם כָּל־חָי׃

하이 - 콜 엠 하이타 후 키 하봐 이쉬토 쉠 하아담 봐이크라

1급 2급 3급 4급

21 וַיַּעַשׂ יְהוָה אֱלֹהִים לְאָדָם וּלְאִשְׁתּוֹ כָּתְנוֹת עוֹר וַיַּלְבִּשֵׁם׃ פ

봐얄비쉠 오르 쿠트노트 울레이쉬토 레아담 엘로힘 아도나이 봐야아쓰

이제 분리 액센트를 따라 직역한 히브리어 본문을 읽어 보겠습니다. 1급 액센트를 표시한 (//)과, 2급 액센트를 표시한 (/)와, 3급 액센트를 표시한 (*)와, 4급 액센트를 표시한 (#)를 모두 적용해봅니다. 히브리어 어순과는 조금 다르지만, 1 급 액센트가 있는 단어는 **고딕**처리를 했습니다. 히브리어 본문에서 그 단어가 (//) 바로 앞에 있다고 보시면 됩니다. 문장의 맨 처음에 나오는 2급 액센트가 전체 문장의 1/4 비중을 차지하고, 두 번째로 나오는 2급 액센트가 1/8을 차지하고, 세 번째로 나오는 2급 액센트는 1/16을 차지하는 원칙을 따라 읽어봅니다.

8 그들이 들었다(봐이슈메우)#여호와 하나님의 소리를(에트 콜 아도나이 엘로힘)* 동산을 거니시는(미트할레흐 베간)/**그 날의** 바람이 불 때(레루아흐 **하욤**)//그래서 아담이 숨었다(봐이트하베 하아담)#그리고 그의 아내가(뵈이쉬토)*낯으로부터(미프네이)*야훼 하나님의(아도나이 엘로힘)/가운데로(베토흐)/**그 동산의** 나무(에쯔 **하간**)//

9 그래서 그가 부르셨다(봐이크라)*야훼 하나님이(아도나이 엘로힘)/**아담을**(엘 **하아담**)//그리고 그에게 말씀하셨다(봐요메르 로)/**네가 어디에 있느냐**(**아예카**)//

10 그가 말했다(봐요메르)/당신의 소리를 내가 들었습니다(에트 콜하 샤마아티)/**동산에서**(**바간**)//그래서 두려웠습니다(봐이라)* 왜냐하면 제가 벗었기 때문에(키 에롬 아노히)/**그래서 제가 숨었습니다**(**봐에하베**)//

11 그가 말씀하셨다(봐요메르)/누가(미)* 네게 이야기했느냐(히기드 레하)/**네가** 벗었음을(키 에롬 **아타**)//그 나무로부터(하민 하에쯔)*내가 너에게 명령한(아쉐르 찌뷔티하)*그것을 먹지 말라고 금지한(레빌티 아홀 미메누)/**네가 먹었느냐**(**아할타**)//

12 그가 말했다(봐요메르)/**아담이(하아담)**//그 여자(하이샤) *당신께서 내게
주셔서 나와 함께 있는(아쉐르 나타타 이마디)/그녀가 그 나무로부터 내
게 주었습니다(후 나트나 리 민하에쯔)/**그래서 제가 먹었습니다(봐오헬)**//

13 야훼 하나님이 말씀하셨다(봐요메르 아도나이 엘로힘) * 여자에게(라이
샤)/대체 네가 무슨 일을 **저질렀느냐**(마 조트 **아씨트**)//말하였다(봐토메
르) *그 여자가(하이샤)/뱀이 나를 꾀었습니다(하나하쉬 히쉬아니)/**그래
서 제가 먹었습니다(봐오헬)**//

14 야훼 하나님이 뱀에게 말씀하셨다(봐요메르 아도나이 엘로힘 엘 하나하쉬)
* 네가 이렇게 하였기 때문에(키 아씨타 조트)/네가 저주 받는다(아루
르 아타) *모든 가축보다(미콜 하베헤마)/그리고 모든(우미콜)/**들**짐승보
다(하야트 **하싸데**)//너는 배로 다닐 것이다(알 게혼하 텔레흐)/그리고 네
가 티끌을 먹을 것이다(뵈아파르 토할)/**네 삶의** 모든 날 동안(콜 예메이
하예이하)//

15 그리고 적개심을(뵈에바)#내가 둘 것이다(아쉬트) *너 사이와(베인하) *
여자 사이에(우베인 하이샤)/너의 후손 사이와(우베인 자르아하)/**여자의
후손** 사이에(우베인 **자르아**)//그가(후) * 네 머리를 부술 것이다(예슈프
하 로쉬)/그리고 너는(뵈아타)/**발꿈치를** 부술 것이다(테슈페누 **아케브**)//

16 여자에게 말씀하시기를(엘 하이샤 아마르) *내가 크게 늘리겠다(하르바
아르베) *네 고통과 네 잉태를(이쯔보네흐 뵈헤로네흐)/고통 중에(베에쩨
브)/네가 **후손을** 낳을 것이다(텔디 **바님**)//네 남편을 향한(뵈엘 이쉐흐)
*갈망(테슈카테흐)/그러나 그는(뵈후)/ **너를** 다스릴 것이다(임숄 **바흐**)//

17 그리고 아담에게 말씀하셨다(울레 아담 아마르) *네가 청종했기 때문에
(키 샤마타) *네 아내의 소리를(레콜 이슈테하)/그리고 먹었다(봐토할) *

그 나무로부터(민 하에쯔)/네게 명령한(아쉐르 찌뷔티하) * 이르기를(레모
르)/ 먹지 말라 **그것으로부터**(로 토할 **미메누**)//저주 받는다 땅이(아루라
하아다마) * 너 때문에(바아부레하)/네가 수고해서(베이짜본) * 그것을
먹을 것이다(토할레나)/**네 삶의** 모든 날(콜 예메이 **하예이하**)//

18 그리고 가시와 엉겅퀴가(뵈코쯔 뵈다르다르)/**네게로** 나올 것이다(타쯔미
아흐 **라흐**)//그래서 네가 먹을 것이다(뵈아할타)/**밭의** 채소를(에트 에쎄브
하싸데)//

19 네 코가 땀에 젖을 때(베제아트 아페이하) *너는 빵을 먹을 것이다(토할
레헴)/네가 돌아갈 때까지(아드 슈브하) * 흙으로(엘 하아다마)/왜냐하면
그것으로부터(키 미메나)/**네가 취해졌기** 때문이다(**루카흐타**)//티끌이기
때문에 네가(키 아파르 아타)/티끌로(뵈엘 아파르)/**네가 돌아갈 것이다**(**타
슈브**)//

20 아담이 이름 지었다(봐이크라 하아담) * 그의 아내의 이름을(쉠 이쉬토)/
하봐라고(**하봐**)//왜냐하면(키) * 그녀가 ~이었기 때문이다(후 하이타)/
살아있는 모든 자의 어머니(엠 콜 **하이**)//

21 야훼 하나님이 만드셨다(봐야아쓰 아도나이 엘로힘)# 아담을 위해 그리
고 그의 아내를 위해(레아담 울레이쉬토) * 가죽 겉옷을(쿠트노트 오르)/
그런 다음 그들에게 입히셨다(**봐얄비쉠**)//

관찰과 해석

이 본문은 재판(judgment)이 주제가 되어 있습니다. 먼저 전체 단락의 구조를 살펴보겠습니다. 8절부터 10절까지는 죄인 혹은 용의자에 대한 소환(summon)입니다. 그리고 11절부터 13절까지는 범법 행위에 대한 심문

(inquest)입니다. 그리고 14절부터 21절까지는 입증된 범죄에 대한 판결(verdict)입니다. 세부적으로 보면 14, 15절은 뱀에 대한 두 가지 형벌의 선고입니다. 16절은 여자에게 내린 두 종류의 형벌입니다. 17절부터 19절까지는 아담에 대한 형벌의 선고인데, 총론 격의 17절과 각론 격의 18-19절로 구성되어 있습니다. 20-21절은 재판 후기(epilogue)입니다. 그리고 본문은 다음과 같이 교차대구 형식으로 기록되어 있습니다.

A 죄인의 소환(8-10절)
　B 아담에 대한 심문과 변론(11-12절)
　　C 여자에 대한 심문과 변론(13절)
　　　D 뱀에 대한 선고(14-15절)
　　C′ 여자에 대한 선고(16절)
　B′ 아담에 대한 선고(17-19절)
A′ 재판 후기(20-21절)

위에서 관찰한 단락의 구조를 기초로 간단히 본문을 요약해 보겠습니다.

앞의 단락에서 아담과 하와는 선악과를 먹은 다음 최초의 지식-벗었음을 깨닫고 치마를 만들어 입었습니다. 이제는 하나님이 그들의 범법 행위에 대해 심판하려고 찾아 오십니다. 아담과 하와는 하나님을 두려워하여 나무 사이로 숨습니다. 하나님은 모든 것을 아시고, 수사적 질문을 던지며 고백을 유도하십니다. 아담과 하와는 범죄를 시인하지만, 자신들의 의로움에 대해 변명합니다. 하나님은 아담과 하와를 범죄하도록 유혹한 뱀에게 먼저 선고합니다. 그리고 여자에게 먼저 형벌을 선고하고, 아담에게도 형벌을 선고합니다. 재판이 끝나고 아담은 여자에게 이름을 붙여줍니다. 하나님은 아담과 하와에게 튼튼한 옷을 지어 입히십니다.

이제는 중요 단어들과 관용적 표현들을 살펴보겠습니다.

8절의 첫 단어는 '그들이 들었다(봐이슈메우)'입니다. '듣다'는 의미의 이 동사는 10절에서 다시 등장합니다. 그리고 하나님의 계명에 청종해야 함을 가르치기 위해 3:17에서 다시 한 번 반복됩니다. 이 단어는 구약 성경에서 토라와 관계되어 매우 중요하게 취급됩니다(신 6:4, 왕하 17:14). 이제는 '그 날 바람이 불 때(레루아흐 하욤)'를 살펴보겠습니다. 이 말을 직역하면 '그 날의 바람에'입니다. 이것은 '오후에 일상적인 바람이 불 때'를 가리킵니다.[1] 구약 성경은 종종 정오를 '날이 뜨거울 때에'(창 18:1)로, 저녁을 '여인들이 물을 길으러 나올 때'(창 24:11) 등으로 묘사합니다.

지중해와 맞닿아 있는 산악 지역 이스라엘에서는 오후 3-4시경 바다에서 육지로 서늘한 바람이 불어 옵니다. 탈무드에 의하면 아담과 하와가 범죄한 시간은 오후 3-4시였다고 합니다. 카수토 같은 학자는 그 때가 특정한 시간은 아니지만,[2] 선악과를 먹은 날 오후라고 생각합니다. 왜냐하면 2:17에서 아담이 선악과를 먹는 그 날에 죽을 것이라고 하나님이 말씀하셨기 때문입니다. 따라서 하나님의 심판이 선악과를 먹은 당일에 행해졌으며, 바람이 부는 시점은 뜨거운 때(창 18:1)를 지나 바람이 일고 시원해지기 시작하는 오후라는 것입니다.[3] 8절에서 흥미로운 단어는 하나님의 거니시는 '소리'입니다. 발자국 소리를 연상하게 하는 이 단어는 하나님에 대한 신인동형적(anthropomorphic) 표현입니다.

그러면 야훼 하나님의 소리가 무엇이었을까요? 흔히들 하나님의 발자국 소리라고 생각합니다. 사무엘서를 읽어보면 다윗이 뽕나무 꼭대기에서 걸

---

1) U. Cassuto, 앞의 책, 153쪽.

2) 특정한 시간이 아니라고 보는 이유는 우선 전치사 레(ל)가 바람 앞에 쓰인 것이 어색하고, 바람(루아흐)이란 단어가 우가릿어에서 차용된 단어로서 '오후'를 의미한다고 보기 때문입니다. 카수토의 책 154쪽.

3) U. Cassuto 앞의 책 154쪽.

음 걷는 소리를 들을 것이라고 했기 때문입니다(삼하 5:24). 하지만 본문은 정확히 무슨 소리였는지 말하지 않고 '야훼 하나님이 거니시는 소리'라고 묘사합니다. 타르굼 옹켈로스에는 '주 엘로힘의 메므라(말씀의 힘)의 소리'를 들었다고 신인동형적 표현을 기피했습니다.[4] 8절에서 우리의 궁금증을 자아내는 것은 아담과 하와가 숨은 나무가 무엇이었느냐는 것입니다. 분명히 아담과 그의 아내는 한 나무 가운데 숨었습니다(8절). 이 역시 카수토는 선악과 아래일 것으로 봅니다. 그 이유는 '가운데(베토흐)' '나무(에쯔)' '그 동산(하간)'이라는 단어는 앞서 여러 번 반복된 구절로서 선악과를 연상하게 한다는 것입니다.

14절에는 뱀이 배로 다니며 평생 흙(티끌)을 먹을 것이라는 저주가 나옵니다. 배로 다니며 흙(티끌)을 먹는 다는 말은 모두 비천한 신분이 될 것이라는 은유입니다. 14절을 액센트를 따라 읽어보면, 1급 액센트를 중심으로 앞의 문장은 들 짐승 중에 가장 비천한 존재가 되리라는 선언이고, 뒤의 문장은 구체적인 내용입니다. 그 구체적인 내용이 2급 액센트를 중심으로 '배로 다닐 것이다'와 '평생 흙을 먹을 것이다'로 대등하게 나와있습니다. 먼저 배로 다니는 존재가 얼마나 부정하게 취급되는지 살펴봅니다. "곧 땅에 기어 다니는 모든 것 중에 배로 밀어 다니는 것이나 네 발로 걷는 것이나 여러 발을 가진 것이라 너희가 먹지 말지니 이것들은 가증함이니라"(레 11:42).

이제는 흙(티끌)을 먹는다는 표현을 찾아 보겠습니다. "그의 원수들은 티끌을 핥을 것이며"(시 72:9하) "네 발의 티끌을 핥을 것이니"(사 49:23중) "뱀은 흙을 양식으로 삼을 것이니"(사 65:25) 이처럼 비천한 존재들에 대한 묘사에서 티끌을 핥는다는 표현이 사용되었습니다.

4) 배철현, 앞의 책, 129쪽.

15절에서 '상하게 하다(슈프)'는 단어는 '타박상을 입히다' '쳐부수다'는 의미를 가지고 있습니다. 이 단어는 '뱀이 쉿소리를 내다'는 의미의 동사 '나샤프(נשף)'와 연결됩니다.[5)]

16절에서 '너는 원하고(트슈카테흐)'를 직역하면 '너의 갈망'입니다. 이 단어가 들어 있는 전체 문장의 구문은 '.....가......을 원하지만, ...은......을 다스릴 것이다'입니다. 이 같은 형식의 문장은 '죄가 너를 원하나, 너는 죄를 다스릴지니라'(4:7)에서도 반복됩니다. 70인역, 페쉬타, 고대 라틴역은 '너의 갈망(테슈카테흐)'을 '너의 돌아섬(테슈바테흐)'로 바꾸어 읽었습니다. 일반적으로 이 구절은 여자가 성적으로 남편을 갈망하기 때문에 남편들이 가혹하게 다루어도 복종할 수 밖에 없다는 식으로 해석됩니다.

수잔 포(Susan Foh)는 여자의 욕망이 남자에 대한 갈망이 아니라 독립을 위한 욕망(오히려 남편을 지배하려는 욕망)이라고 주장합니다.[6)] 이것은 창 4:7에서 가인에게 죄를 향한 욕망이 있지만 그것을 다스려야 한다는 명령과 조화를 이룹니다. 따라서 여자의 독립을 향한 욕망과 그녀를 다스리라는 명령이 대조를 이루게 됩니다. 그러나 성경에서 이 단어는 창세기 3:16, 4:7과 아가 7:11(한글성경 7:10)에만 나오므로 해석의 어려움이 있습니다. 같은 절에서 '자식을 낳을 것이며(텔디 바님)을 직역하면 '아들들을 낳을 것이며'입니다. 그러나 '바님'이 '후손'을 가리키기도 하기 때문에, '후손을 낳을 것이며'로 번역하는 것이 나아 보입니다.

18절에 나오는 '가시와 엉겅퀴'는 2장 5절에서 언급된 '들의 초목(씨아흐 하싸데)'과 평행되는 어구입니다. 당연히 '밭의 채소' 역시 2장 5절의 '밭의 채소(에쎄브 하사데)'과 평행을 이룹니다. 2장 5절에서 이것들이 '아직(테렘)' 나오지 않았다고 했는데, 이제 인간의 범죄 이후 등장하게 됩니다.

---

5) 배철현, 앞의 책, 130쪽.
6) Susan Foh, WTJ, 1974/75, 376-83쪽.

19절에서 한글 성경이 '먹을 것'이라고 번역한 '레헴'은 빵을 가리킵니다. 이제부터 인간은 경작을 통해 곡물을 재배하고, 빵을 만들어 먹게 됩니다. 따라서 18절의 밭의 채소는 곡식을 가리키는 것으로 보아야 합니다.

20절에서 '하와(하봐)'를 직역하면 '삶' 혹은 '생명'입니다. 따라서 70인역에서도 헬라어로 생명을 뜻하는 '조에(Ζωή)'로 번역했습니다. 이 단어는 더 고어 형태인 '하야(חיה)'에 어원을 두고 있는 것으로 보입니다. 따라서 이 단어의 뜻은 '살아 있게 하는 자'입니다. 이 단어의 변형인 아람어 '히브야(חויא)'는 '뱀'이란 의미를 가지고 있습니다.[7] 아담의 갈비뼈와 '살아 있게 하는 자'와의 관계는 2장에서 이미 다루었습니다.

21절에 나오는 '가죽옷(쿠트노트 오르)'를 직역하면 '가죽 외투(튜닉, 가운)'입니다. 이 단어는 요셉의 채색 옷(창 37:3), 제사장의 속옷(출 39:27)을 가리킬 때 사용되었습니다. '오르'는 피부(살가죽)라는 의미도 있어, 타르굼 옹켈로스에는 이 구절을 '그들 살가죽에 영광의 옷을 만들어 그들에게 입히셨다'고 해석했습니다. 차명 요나단 타르굼에는 죄를 지은 결과 인간이 손톱처럼 딱딱한 피부를 잃어버리고 벗은 것처럼 느끼게 되자 하나님이 뱀의 껍질을 씌웠다고 되어 있습니다. 동물로 만든 가죽옷은 동물 살해를 전제로 하기 때문에 랍비들이 미드라쉬에서 그렇게 해석했습니다.

본문에는 언어 유희(word play)가 자주 사용되었습니다. 이런 언어유희는 실낙원 이야기를 세심한 배려 속에 기록했음을 알게 해줍니다. 이를테면 아담은 하나님의 금지 명령을 듣지(샤마아) 않고, 아내의 말을 듣고(샤마아) 선악과를 먹었다가, 하나님의 소리를 듣고(샤마아) 두려워 숨습니다. 인간을 유혹하여 하나님의 계명을 어기게 만든 뱀은 흙(아파르)을 먹게 되며,

---

7) 배철현, 위의 책, 130쪽.

흙(아파르)으로부터 만들어진 인간은 다시 흙(아파르)로 돌아가 생의 주기를 마치게 됩니다. 모든 들 짐승 중에서 가장 영악했던(아룸) 뱀은 모든 들 짐승 중에 가장 저주(아루르)를 받았습니다. 금지된 나무(에쯔)로부터 먹은 하와에게는, 임신의 고통(이짜본)을 크게 더하여, 고통(에쩨브) 중에 자손을 낳게 됩니다. 그리고 아담은 코(얼굴)에 땀이 흐르도록 수고하여(이짜본) 음식을 먹게 됩니다.

또한 본문에는 수사적 질문(rhetoric question)들이 발견됩니다. 9절에서 하나님이 아담에게 '네가 어디에 있느냐'라고 물으신 것, 11절에서 '누가 너의 벗었음을 네게 알렸느냐'는 질문, '그 나무 열매를 네가 먹었느냐'는 질문, 13절에서 여자에게 '네가 어찌하여 이렇게 하였느냐'는 질문 모두 수사적 질문입니다. 다시 말해서 하나님이 몰라서 묻는 것이 아니라, 아담과 하와로 하여금 스스로 고백하도록 던지는 질문입니다. 이런 종류의 수사적 질문은 현자들이 제자들로 하여금 스스로 지혜를 깨우치게 하기 위해 자주 사용되었습니다. 복음서를 읽어 보면 예수 그리스도도 자주 수사적 질문을 제자들에게 던졌던 것을 알게 됩니다.

그런데 본문의 이야기에는 많은 신학적 주제들이 들어 있습니다.

첫째, 에덴 동산을 성소의 원형으로 묘사하고 있습니다. 좀더 구체적으로 살펴보자면, 하나님이 에덴 동산에 거니시다(미트할레흐)는 말은 이스라엘의 성소에 거하시는 하나님에 대한 묘사와 같습니다(레 26:12, 신 23:14, 삼하 7:6-7).[8] 그리고 아담과 하와에게 옷을 입히셨다(얄비쉠)는 말은 성경에서 명예롭게 된 신하에게 왕들이 옷을 입히거나(창 41:42, 삼상 17:38), 제사장들에게 거룩한 옷을 모세가 입힐 때 사용되었습니다(출 28:41, 29:8,

8) 고든 웬함, 앞의 책, 196쪽.

40:14, 레 8:13).[9] 이것은 에덴 동산 묘사에 사용된 어휘가 성소의 묘사에 사용된 어휘와 평행을 이루고 있음을 보여 줍니다. 제사장들은 제단에 나아갈 때 속옷을 입어야 하며, 이스라엘 백성들은 용변을 볼 때 뒤 처리를 깨끗하게 해야 했습니다. 왜냐하면 하나님이 이스라엘 진중에 다니셨기 때문입니다(신 23:13-15). 다음 단락에서 소개되겠지만, 에덴 동산 동쪽에 그룹들과 불 칼을 두신 이유는 거기가 하나님이 거하시는 성소의 입구로 간주되었기 때문입니다. 성소는 언제나 동쪽을 향해 있습니다. 또한 에덴 동산에서 하나님이 아담과 하와를 재판하신 것은, 성소에서 신성한 재판이 행해지는 것을 상기시킵니다(민 5:11-31).

둘째, 뱀과 여인의 후손 사이에 싸움이 있을 것이라는 예언입니다. 이 예언은 마틴 루터 이후 원시 복음으로 해석되어 왔습니다. 70인역, 차명 요나단 타르굼, 네오피티 타르굼, 타르굼 옹켈로스에 대한 해석에는, 뱀을 사탄의 상징으로 받아들이고 메시아 날들에 있을 승리를 예상합니다.[10] 그러나 창세기의 저자가 그와 같은 신학적 이해를 가졌다고는 보기 어렵습니다.

셋째, 인간의 범죄에 대한 하나님의 태도입니다. 중요한 것은 아담과 하와는 저주를 받지 않았다는 사실입니다. 저주는 뱀과 땅이 받았으며(14, 17절), 아담과 하와는 불순종에 상응하는 벌을 받았습니다. 그들은 에덴에서 쫓겨났으며, 여자는 임신의 고통을 크게 받았고, 남자는 척박한 땅을 경작하며 고생하게 되었습니다. 그럼에도 불구하고 남자의 노동과 여자에게 주어진 출산의 고통 자체가 벌은 아닙니다. 아담은 선악과를 먹기 이전에 이미 에덴 동산에서 일을 했으며, 하와 역시 처음부터 출산의 고통이 면제되어 있던 것처럼 보이지 않습니다. 다만 선악과를 먹은 이후 출산의 고통이

9) 위의 책, 208쪽에서 인용.
10) 위의 책, 203쪽에서 인용.

더 커졌을 뿐입니다. 더더욱 출산 자체를 형벌로 보는 것은 전적으로 옳지 않습니다. 왜냐하면 생육하고 번성하여 땅에 흩어져 살라고 한 것이 하나님의 계획과 축복이었기 때문입니다. 그런 점에서 본문은 계속적 창조(creatio continua)의 관점에서 하나님의 통치를 말하고 있습니다. 구약 성경은 자주 자녀의 출산을 하나님의 축복으로 간주합니다. 흥미로운 것은 선악과를 먹은 인간에 대한 재판에서 '죽음'이라는 단어가 명시적으로 사용되지 않았다는 점입니다. 단지 "영원히 살게 되지 못하도록" "땅으로 돌아갈 때까지" "흙으로 돌아갈 것이니라"는 식으로 죽음을 암시하고 있을 뿐입니다. 오히려 이런 표현들은 선악과를 먹은 것에 대한 형벌이라고 하기보다, 인간의 생의 주기를 묘사하는 것처럼 보입니다. 인간은 선악과를 먹은 결과 영원한 삶으로의 기회를 놓치고, 흙으로 돌아가는 과정에 남겨지게 된 것입니다.

그리고 인간이 선악과를 먹은 이후에도 하나님과의 관계가 아주 끊어진 것이 아니었습니다. 하나님은 아담과 하와에게 옷을 지어 입히셨으며, 하와는 모든 산 자의 어머니가 되었습니다. 나중에 하와가 가인을 낳고 "내가 야훼를 통해(에트 아도나이) 남자를 얻었다"고 한 사실이, 그것을 단적으로 말해줍니다. 그리고 야훼 하나님이 아벨의 제사를 받으셨고, 살인자 가인을 재판하신 것도, 여전히 창조주로서 인간의 삶에 개입하시는 사실을 보여줍니다. 인간의 범죄가 하나님의 창조와 섭리 질서를 깨뜨릴 수 없다는 것입니다.

인간과 뱀에 대한 하나님의 재판에서 가장 주목할 만한 사실은 범죄에 뒤따르는 형벌입니다. 하나님은 뱀과 아담에 대한 형벌을 선언하기 전에 먼저 "네가 이런 짓을 하였으니" "네가 먹지 말라고 한 나무로부터 먹었기 때문에"라고 말씀하십니다. 그것은 토라에서 수없이 반복되는 바, 하나님의 명령과 그에 뒤따르는 상벌 조항의 기초 원리가 됩니다. 즉, 창조 이야기의 화자는 실낙원 이야기를 통해, 원 독자들이 야훼 하나님의 계명을 지키는 일이 무엇보다 중요함을 상기시키고 있습니다. 흥미로운 것은 아담과 하와에게 왜 금지 명령을 어겼는지 질문한 하나님이, 뱀에게는 질문 없이 바로 저주를 내리고 있다는 사실입니다. 뱀에게는 최후 진술을 할 기회조차 주어지지 않았습니다. 메소포타미아 신화에서 뱀이 반신반인의 신분임을 생각해보면, 본문에서 원 독자들로 하여금 그 같은 개념을 받아들이지 못하도록 주의를 기울였음을 알게 됩니다. 다시 말해 뱀은 단순히 하나님이 지으신 들 짐승에 지나지 않았다는 것입니다. 이로써 악의 기원에 관한 독자의 궁금증은 실낙원 네러티브에서 풀리지 않습니다.

〈교부들과 함께 성경읽기〉

아담과 하와가 명을 어긴 뒤 참회하려고 애썼다면, 그들이 명을 어기기 전에 지녔던 것을 되찾지는 못해도 땅과 자신들에게 내려진 저주를 피할 수는 있었을 것입니다(시리아인 에프렘, 창세기 주해, 2, 32, 2).[11)]

하느님께서는 첫 남자가 죄를 지은 뒤, 그가 입은 이 보잘것없는 옷들을 만드셨다고 합니다. '하느님께서 가죽 웃옷을 만들어 아담과 그의 아내에게 입혀주셨습니다' 이것은 짐승을 취해 만든 가죽 웃옷이었습니다. 이를테면, 죄인들에게는 이 옷을 입는 것이 필요했기 때문입니다. 그것은 '가죽 웃옷'이라고 합니다. 그 옷은 살이 썩어 생긴 사람의 피부와 그의 약점 때문에 그가 받은, 죽을 수밖에 없는 운명을 상징합니다. 그

11) 앤드루 라우스, 교부들의 성경주해, 분도출판사, 140쪽

러나 여러분이 이 옷으로 이미 씻겨지고 하느님의 율법으로 깨끗해졌다면, 그때 모세는 "너희의 부끄러움이 결코 나타나지 않고"(탈출 20,26), "죽을 것을 생명이 삼키도록"(2 코린 5,4) 여러분을 썩지 않는 옷으로 입힐 것입니다(오리게네스, 레위기 강해 6,2,7).[12]

12) 앤드루 라우스, 앞의 책, 153쪽.

에덴에서 쫓겨나다 3장 22-24절

지금까지는 선악과 사건에 대한 하나님의 심판을 살펴보았습니다. 이제 그 결과로 인간이 에덴 동산에서 쫓겨나는 장면을 생각하겠습니다. 존 밀턴은 이 이야기를 테마로 <실낙원>이라는 불후의 명작을 남겼습니다. 단테의 신곡이 가톨릭의 대표적 문학 작품이라면, 실낙원은 개신교와 청교도 정신을 이상적으로 대변하는 작품이 되었습니다.

22 여호와 하나님이 이르시되 보라 이 사람이 선악을 아는 일에 우리 중 하나 같이 되었으니 그가 그의 손을 들어 생명 나무 열매도 따먹고 영생할까 하노라 하시고

23 여호와 하나님이 에덴 동산에서 그를 내보내어 그의 근원이 된 토지를 갈게 하시니라

24 여호와 하나님이 그 사람을 쫓아 내시고 에덴 동산 동쪽에 그룹들과 두루 도는 불칼을 두어 생명나무의 길을 지키게 하시니라 (한글개역개정)

2급 2급 3급 3급 3급 4급

22 וַיֹּאמֶר ׀ יְהוָה אֱלֹהִים הֵן הָאָדָם הָיָה כְּאַחַד מִמֶּנּוּ לָדַעַת טוֹב

토브 라다아트 미메누 케아하드 하야 하아담 헨 엘로힘 아도나이 봐요메르

1급 2급 2급 3급 3급 3급 4급 1급

וָרָע וְעַתָּה ׀ פֶּן־יִשְׁלַח יָדוֹ וְלָקַח גַּם מֵעֵץ הַחַיִּים וְאָכַל וָחַי לְעֹלָם׃

레올람 봐하이 뵈아할 하하임 메에쯔 감 뵐라카흐 야도 이슐라흐 - 펜 뵈아타 봐라아

2급 2급 3급 1급 2급 3급

23 וַיְשַׁלְּחֵהוּ יְהוָה אֱלֹהִים מִגַּן־עֵדֶן לַעֲבֹד אֶת־הָאֲדָמָה אֲשֶׁר לֻקַּח

루카흐 아쉐르 하아다마 - 에트 라아보드 에덴 - 미간 엘로힘 아도나이 봐예샬헤후

1급

מִשָּׁם׃

미샴

3급 4급 1급 2급

24 וַיְגָ֖רֶשׁ אֶת־הָֽאָדָ֑ם וַיַּשְׁכֵּן֩ מִקֶּ֨דֶם לְגַן־עֵ֜דֶן אֶת־הַכְּרֻבִ֗ים וְאֵ֨ת

봐예가레쉬 하아담 - 에트 봐야슈켄 미케뎀 레간 - 에덴 에트 - 하크루빔 뵈에트

3급 2급 2급 2급 1급

לַ֤הַט הַחֶ֙רֶב֙ הַמִּתְהַפֶּ֔כֶת לִשְׁמֹ֕ר אֶת־דֶּ֖רֶךְ עֵ֥ץ הַחַיִּֽים׃ ס

라하트 하헤레브 하미트하페헤트 리슈모르 에트 - 데레흐 에쯔 하하임

이제 분리 액센트를 따라 직역한 히브리어 본문을 읽어 보겠습니다. 1 급 액센트를 표시한 (//)과, 2급 액센트를 표시한 (/)와, 3급 액센트를 표시한 (*)와, 4급 액센트를 표시한 (#)를 모두 적용해봅니다. 히브리어 어순과는 조금 다르지만, 1급 액센트가 있는 단어는 **고딕**처리를 했습니다. 히브리어 본문에서 그 단어가 (//) 바로 앞에 있다고 보시면 됩니다. 문장의 맨 처음에 나오는 2급 액센트가 전체 문장의 1/4 비중을 차지하고, 두 번째로 나오는 2급 액센트가 1/8을 차지하고, 세 번째로 나오는 2급 액센트는 1/16을 차지하는 원칙을 따라 읽어봅니다.

22 말씀하셨다(봐요메르)# 야훼 하나님이(아도나이 엘로힘) * 보라 그 사람이(헨 하아담) * 되었다(하야) *우리 중 하나처럼(케아하드 미메누)/ 지식(라다아트)/ 선과 악의(토브 봐라아)//이제는(뵈아타) 그의 손을 뻗지 못하도록(펜 이슐라흐 야도) * 그래서 취하여(뵐라카흐) * ~마저(감) * 생명 나무로부터(메에쯔 하하임)/그래서 먹고(뵈아할)/ 영원히 살게 될까봐(봐하이 레올람)//

23 그를 내보내셨다(봐예샬헤후) * 야훼 하나님이(아도나이 엘로힘)/에덴 동산으로부터(미간에덴)//경작하도록(라아보드) * 땅을(에트 하아다마)/ 그가 취해졌던(아쉐르 루카흐)/ 거기로부터(미샴)//

24 그가 쫓아내셨다(봐예가레쉬)/그 사람을(에트 하아담)//그리고 거주하

게 하셨다 에덴 동산 동쪽에(봐야슈켄 미케뎀 레간 에덴)#그룹들을(에트 하크루빔)* 그리고 불 칼을(뵈에트 라하트 하헤레브)*스스로 회전하는(하미트하페헤트)/지키기 위해(리슈모르)/길을(에트 데레흐)/생명 나무의(에쯔 하하임)//

관찰과 해석

먼저 주요 단어와 어구들을 살펴보겠습니다.

22절에는 한글 성경에서 생략된 단어가 있습니다. '그가 그의 손을 들어'라는 문장 바로 앞에 있는 '뵈아타'라는 단어입니다. 이 단어는 담화 표시어로서, 대부분의 영어 성경에서 'and now'로 직역했습니다. 이런 종류의 담화 표시어는 2:23에서 아담이 하와를 처음 만났을 때 '이번에는(조트 하파암)'이라고 한 것과 같은 기능이라고 보시면 됩니다. 그리고 22절에서 '우리 중 하나같이 되었으니'라는 표현은 풍자(sarcasm)로 보아도 무방합니다. 왜냐하면 아담이 선악과를 먹고 실제로 하나님처럼 지혜롭게 된 것이 아니었기 때문입니다. 따라서 이 말은 뱀의 거짓말을 믿고 계명에 거역한 인간을 풍자하는 표현으로 보는 것이 더 자연스럽습니다.

그런데 아담이 에덴 동산에서 추방된 것을 설명하는 두 단어가 22절과 23절에 나옵니다. 22절에서는 '내보내다(샬라흐)'는 동사가 사용되었고, 23절에서는 '쫓아내다(가라쉬)'는 동사가 사용되었습니다. 당연히 내보내는 것보다 쫓아내는 것이 더 강력한 표현입니다. 일종의 점층법이라고 할 수 있는 두 동사의 사용은, 파라오가 이스라엘 백성을 보낼 것이라는 예언에도 사용되었습니다. '그가 너희를 내보낼(샬라흐) 때에는 반드시 다 쫓아내리라(가라쉬)'(출 11:1하). 22절에서 '펜 이쉴라흐 야도(그의 손을 뻗지 못하도록)'라는 말이 나오는데, 3:3에서 '펜 테무툰(죽지 않도록)'이라는 말과 같은 관용적 표현입니다.

24절에는 '그룹들(하크루빔)'이라는 명사가 나옵니다. 그룹은 인간의 얼굴과 사자의 몸통과 독수리의 날개와 소 혹은 사자의 다리를 가지고 있는 전설적 짐승입니다. 고대 근동에서 그룹은 성소의 전통적 수호자들입니다. 히브리어 '그룹'은 아마도 아카드어 쿠리부(kuribu)에서 차용되었을 것으로 보입니다.[1] 아카드어와 남부 셈어에서 k-r-b에는 '축복하다'는 의미가 있는데, 히브리어에서는 '축복하다'가 b-r-k입니다.[2] 구약 성경에서 그룹은 다음 성경 구절들이 보여주는 것처럼, 하나님의 이동 수단인 바람 천사입니다. '바람 날개로 다니시며, 바람을 자기 사신으로 삼으시고'(시 104:3,4) '그룹을 타고 날으심이여 바람 날개 위에 나타나셨도다'(삼하 22:11). '그룹 사이에 좌정하신 이여'(시 80:1). 또한 그룹은 지키는 천사입니다. 에스겔 28장은 에덴 동산의 또 다른 버전인데, 거기서도 여전히 그룹은 지키는 천사입니다. '너는 기름 부음을 받고 지키는 그룹임이여 네가 하나님의 성산에 있어서 불타는 돌들 사이에 왕래하였도다'(겔 28:14). '너 지키는 그룹아'(겔 28:16).

24절에는 '불 칼(라하트 하헤레브)'도 나옵니다. 그룹 천사를 언급한 시 104:4에는 '불꽃으로 자기 사역자를 삼으시며'라는 표현이 나옵니다. 이 구절에서 '불꽃'을 직역하면 '타는 불' 즉 화염이 됩니다. 그러니까 이 구절을 창세기 3:24과 비교하면, 불 꽃이 곧 불 칼이라고 해석할 수 있습니다. 히브리어로 창 3:24의 '불 칼'에서 불(라하트)이나 시 104:4의 '불 꽃'에서 '불(로헤트)'나 같은 단어입니다. 그러니까 그룹과 불 칼(꽃)이 같이 나올 때는 하나님이 계신 곳을 지키는 수호 천사들을 의미했다고 보면 됩니다. 그렇다면 구체적으로 '불 칼'은 무엇을 가리켰던 것일까요? 카수토는 불

1) 고든 웬함, 앞의 책, 210쪽.
2) 배철현, 위의 책, 132쪽.

칼이 번개를 가리켰다고 생각합니다.[3] 그렇게 보는 이유는 그 불 칼이 두루 돈다는 데 있습니다. 이처럼 불 칼을 번개로 보는 관점은 현대 영역본 성경을 통해서도 확인됩니다. KJV, JPS, RSV, NAS 같은 전통적 영어역본은 모두 '두루 도는'을 'turned everyway'로, NIV, NLT 같은 현대 영어역본은 'flashing(flashed) back and forth'로 번역했습니다.

다윗은 하나님이 자신을 모든 원수에게서 건지신 것을 노래하면서, 그룹과 번개를 함께 언급했습니다. '그룹을 타고 날으심이여 바람 날개 위에 나타나셨도다.....화살을 날려 그들을 흩으시며 번개로 무찌르셨도다'(삼하 22:11,15).[4] 번개가 성소에 접근하는 자들을 막는 도구라는 것은 하나님이 시내산에 강림하신 사건 묘사에서도 확인할 수 있습니다. '우레와 번개와 빽빽한 구름이 산 위에 있고 나팔 소리가 매우 크게 들리니 진중에 있는 모든 백성이 다 떨더라'(출 19:16). 그런데 여기서 '그룹들과 불 칼을 두어(샤칸).....지키게(샤마르)하시고'라는 표현은, 의미상 '그 사람을 .....두어(누아흐)....지키게(샤마르)하시고'라는구절(2:15)과 평행을 이룹니다. 여기서 사용된 동사 '샤칸'은 '누아흐'처럼 '정착하다'는 의미를 가지고 있습니다. 특히 '샤칸'은 하나님의 성막을 가리키는 명사 '미쉬칸'의 어근이 됩니다. '누아흐' 역시 하나님이 성소에 머무르심을 묘사할 때 사용되는 동사입니다.

오늘 본문은 창조 이야기 II의 후기(에필로그)이자, 아담 이후 초기 인류의 역사에 대한 서언과도 같은 성격을 띱니다. 먼저 22절은 실낙원의 원인을 밝히고 있습니다. 즉, 인간이 저지른 실수가 계명을 어기고 지혜를 추구했던 것임을 한 번 더 상기시켜줍니다. 22절 앞부분에 나오는 '이 사람'

---

3) 카수토, 앞의 책, 176쪽.

4) 야훼 하나님이 비를 내리는 신이라는 믿음에서, 히브리인들은 바알 신화에서 비를 내리는 신으로 간주되었던 바알의 번개 창을 든 이미지를 사용했을 수도 있습니다.

과 '우리 중 하나'라는 표현은, 피조물과 신적 존재의 극명한 대조를 보여줍니다. 그럼으로써, '우리 중 하나 같이 되었으니'라는 표현이 풍자이든 아니든, 인간이 금지된 신의 영역에 들어오려고 했다는 아이러니를 묘사하고 있습니다. 고대인들은 참된 지혜가 신에게 속한 것이라고 생각했습니다.[5] 그것을 잘 보여주는 본문이 욥기의 결론 부분(38, 39장)입니다. 거기에는 하나님만이 알고 있는 지식들이 질문 형식으로 나열되어 있습니다. 신적 존재만이 총체적인 지식을 가지고 있다는 생각은 다윗 앞에 불려온 드고아의 여인을 통해서도 확인됩니다. '내 주 왕께서 하나님의 사자 같이 선과 악을 분간하심이니이다'(삼하 14:17).

그리고 만약 인간이 지혜를 가질 수 있다면, 하나님이 선물로 주실 때만 가능하다고 믿었습니다. 열왕기 저자는 솔로몬이 지혜로웠던 이유가 하나님께로부터 지혜를 받았기 때문이라고 기록했습니다. '내가 네 말대로 하여 네게 지혜롭고 총명한 마음을 주노니 네 앞에도 너와 같은 자가 없었거니와 네 뒤에도 너와 같은 자가 일어남이 없으리라'(왕상 3:12). 어쨌거나 22절 후반부에서는 '~할 까 하노라(하지 않기 위해)'는 표현을 통해 인간이 낙원에서 추방된 경위를 설명합니다. 즉, 한 번 계명을 어기고 선악과를 먹은 인간이 또 한 번 계명을 어기고 생명 과일까지 먹는 일이 없도록 특단의 조치가 필요했다는 것입니다. 이전에는 선악과가 금지된 열매였는데, 계명을 어긴 이후에는 생명 과일도 금지된 열매가 되었습니다.

23절은 '땅을 갈 사람이 없었다'는 구절과(2:5) 평행을 이룹니다. 여기서 언어 유희를 볼 수 있는데, 손을 내밀어(샬라흐) 선악과를 먹은 인간이 생명 나무에게도 손을 내밀지(샬라흐) 못하도록 하나님이 낙원에서 내보내셨습니다(샬라흐). 이제부터 인류는 원시 농경시대로 진입하게 되고, 신석기

5) 이집트에서는 신의 '카'를 받은 파라오만이 신성한 지식을 가질 수 있었습니다. 그 신성한 지식에는 천문, 지리, 기후 등이 포함되었습니다.

시대 농업혁명이 일어나기까지[6] 곡물 재배로 힘든 노동의 시간을 보내게 됩니다. 24절이 보여주는 것처럼, 원래 사람이 정착했던 에덴 동산은 그룹들과 불 칼이 정착하는 곳이 되었고, 동산을 지키는 의무 또한 그룹들과 불 칼에게로 이임되었습니다. 하나님이 그룹들과 불 칼을 에덴의 동쪽에 정주시키셨다는 것은, 성소의 입구가 동쪽을 향해 나 있었다는 사실을 상기시킵니다. 만약 불 칼이 카수토의 해석대로 번개를 의미한다면, 인간들은 폭풍우 바람과 번개를 뚫고 신의 영역에 진입하기가 불가능해졌다고 해석할 수 있겠습니다.

〈교부들과 함께 성경 읽기〉

예수께서는 여러분에게 하느님의 낙원에 이르는 길을 보여 주시기 위해, 모든 길의 방향을 바꾸고 생명 나무에 이르는 길목을 지키는 커룹과 불 칼을 여러분이 어떻게 지나갈 수 있는지 보여 주시기 위해, 순교하는 동안 여러분과 함께 계십니다. 커룹과 불 칼이 생명 나무에 이르는 길목을 지킨다고 해도, 실은 생명 나무 자체를 지킵니다. 생명 나무에 이르는 길목 방향을 어울리지 않게 틀 수는 없습니다. 불 칼은 예수 그리스도라는 기초 위에 나무와 풀이나 짚(1코린 3,11-12참조)으로 세워지고, 불붙기가 매우 쉽고 더 많이 태우는 부정의 나무로 세워진 이들을 단단히 잡습니다. 커룹은 본디 불 칼로 잡을 수 없는 이들을 맞아들입니다. 그들은 불붙을 수 있는 것은 어느 것으로도 세우지 않았기 때문입니다. 커룹과 불 칼은 생명 나무와, 동쪽에 심겨지고 땅에서 생겨난 하느님의 모든 나무로 그들을 호위할 것입니다(오리게네스, 순교 권면 36).[7]

---

6) 라멕의 아들 두발가인이 대장장이가 되었다는 사실은 농업혁명이 본격적으로 이루어진 시대를 보여줍니다(4:22).

7) 앤드루 라우스, 앞의 책, 157쪽.

참고도서

존 왈튼 지음, 김 인철 역, 창세기 1장의 잃어버린 세계, 그리심, 2011년

마크 해리스 지음, 장재호 옮김, 창조의 본성, 두리반, 2016년

U. Cassuto, Commentary on Genesis I, Magness Press, Jerusalem, 1998년

John H. Stek, What Says The Scripture?, Portraits of Creation, Eerdmans, 1990년

김의원 지음, 하늘과 땅, 그리고 족장들의 톨레돗, 총신대학교출판부, 2004년

Simon J. De Vries, "Chronology of the Old Testament" IDB 1;586a, 587a

William L. Holladay, Jeremiah V. 2, Hermenia;Mineapolis;Fortress, 1989년

김진섭, 고대근동학의 배경에서 본 창조 이해, 103쪽, 통합연구 45, 통합연구학회, 2005년

John Sailhamer, Genesis Unbound(Sisters, Ore.:Multnomah, 1996)

David Toshio Tsumura, Creation and Destruction, Winona Lake, Indiana, Eisenbrauns, 2005년

김경래, 구약성경난제 I, 대장간, 1999년

김정한, 과학자와 함께 읽는 창세기, IVP, 1997년

변순복, 랍비들이 말하는 토라 창세기 이야기, 로고스, 2003년

앤드루 라우스, 교부들의 성경주해 구약성경 I, 하성수 옮김 분도 출판사,2008년

클라우스 베스터만, 창조, 분도출판사, 1991년

James P. Allen "The Cosmology of the Pyramid Texts." Pages 1-28 in *Religion and Philosophy in Ancient Egypt*. Edited by William Kelly Simpson. Yale Egyptological Studies 3. New Haven: Yale Egyptological Seminar, Department of Near Eastern Languages and Civilizations, Graduate School, Yale University. 1989

James P. Allen *Genesis in Egypt: The Philosophy of Ancient Egyptian Creation Accounts*. Yale Egyptological Studies 2. New Haven: Yale Egyptological Seminar, Department of Near Eastern Languages and Civilizations,

Graduate School, Yale University. 1988

배철현, 타르굼 옹켈로스 창세기, 한님성서연구소, 2001년

G. Von Rad, Genesis: A Commentary,Philadelphia:Westminster, 1972

주원준, 구약성경과 신들, 한님 성서연구소, 2012년

조철수, 수메르 신화, 서해문집, 2003년

James Legge, *The Notions of the Chinese Concerning God and Spirit*(Hong Kong:Hong Kong Register Office) 1852

Othmar Keel, *The Symbolism of the Biblical World:Ancient Near Eastern Iconography and the Book of Psalms*, New York, Seabury Press, 1978

Papyrus Insinger, *Ancient Egyptian Literature*, trans. Miriam Lichtheim (Beekeley:University of California Press, 1980), 3:210. John Walton

Benjamin R. Foster, *Before the Muses: An Anthology of Akkadian Literature*, 3rd. ed. (Bethesda, Md.:CDL Press, 2005) pp436-86, John Walton

존. H. 세일해머, 김 동진 역, 서술로서의 모세오경, 새순출판사, 1997년

김진섭, 모세오경, 한국성경학연구소, 2006년

강성열, 고대 근동 세계와 이스라엘 종교, 한들출판사, 2003년

고든 웬함 지음, 박영호 옮김, 창세기(상), 솔로몬, 2001년

Victor A. Hurowitz, *YHWH's Exalted House, Temple and Worship in Biblical Israel*, John Day, ed. T&T Clark, 2007

Walter C, Kaiser Jr. 외, *Hard Sayings of the Bible*, IVP, 1996

이진희, 유대인과 함께 읽는 창세기, 쿰란출판사, 2002년

Leslie S. Wilson, *The Serpent Symbol in the Ancient Near East*: Nachash and Asherah, 1999,

Shamai Gelander, *THE GOOD CREATOR Literature and Theology in Genesis 1-11*, Scholars Press, ,1997

창세기의 비밀, 톰 녹스, 서대경 옮김, 레드박스, 2010년

Bereshith Rabba iii 1; for the variant readings consult Theodor's edition

창세기 1장의 잃어버린 세계

- 존 왈튼은 휘튼 칼리지의 구약 교수이다. 그는 구약 성경과 고대 근동의 배경에 대해 창세기 주석, 문화적 맥락에 있어서 고대 이스라엘의 문헌, IVP 배경주석(구약)을 포함한 많은 저서를 집필했다.

존 H. 왈튼(JOHN H. WALTON)
김 인 철 역

이 책은 과학과 신앙, 진화론과 창조론 사이에서 갈등하는 지성인 혹은 교양인이 읽으면 좋을 것이다. 달리 말하자면, 지적 설계와 젊은 지구 이론만이 창조론을 대변하는 유일한 창구가 아니며, 진화론 또한 비평 불가의 신성한 진리의 영역이 아니라는 것이다. 저자에 따르면 기존의 창조론이나 진화론 모두 과학의 영역을 벗어나 입씨름을 하고 있다. 하나님의 존재와 역할, 우주의 목적과 같은 것은 과학적으로 입증 혹은 반증될 수 있는 쟁점이 아니기 때문이다. 따라서 저자는 창조를 과학적으로 입증해 보려는 창조론이 과학적으로 미숙함을 지적한다. 아울러 창조를 과학적으로 반증해보려는 진화론의 형이상학적 주제넘음을 꼬집는다. 그러나 이것이 이 책의 전부가 아니다.

이 책의 가장 탁월한 특징은 창조 이야기를 저자와 원 청중original audiences의 입장에서 읽도록 도와주는데 있다. 이것이 내가 이 책을 번역하면서 몇 번이고 마음속으로 "옳소"를 외쳤던 이유이다. 저자는 창조 이야기를 원 문화의 맥락에서 읽게 해주기 위해 이집트와 메소포타미아의 관련 고대 문헌들을 폭 넓게 인용했다. 이제 이 책을 읽기만 하면 된다. 비평과 감탄은 독자의 몫이다. 서투른 번역이지만 꼼꼼히 읽어주면 더 좋을 것 같다. 논증적인 글의 특성을 살려 유려하게 번역하기보다 정확하게 하는데 더 초점을 맞추었기 때문이다. (역서 서문)